異文化コミュニケーション論

グローバル・マインドとローカル・アフェクト

八島智子／久保田真弓 著

松柏社

はしがき

　グローバル人材の養成や多文化の共生が課題となる社会において、大学の教養科目や専門科目において、「異文化コミュニケーション論」「コミュニケーション論」「多文化共生論」「国際コミュニケーション論」といった科目が開講されるようになってきました。本書は、このような科目で使うことを想定しています。しかし、私たちは、こういった科目の目的が、単に専門知識を系統立てて整理するいわゆる概論のようなものにとどまるべきではないと考えています。そのため本書では、アクティビティやディスカッションを盛り込むことで、読者のコミュニケーションプロセスそのものへの理解や多文化への気付きを促すように、実践的な側面も持たせています。

　単に書物から知識を得るだけでなく、自分とは違う人とのコミュニケーションを図りそのプロセスを意識することは、自分や他者のアイデンティティを理解することにもつながります。また、そういう積み重ねを通して、「文化」を国籍や人種、民族と同義とする固定的な捉え方を見直し、その構築性や流動性に気付いていくことになるでしょう。この意味で本書は、これまでの「異文化コミュニケーション論」の書籍とは少し違うアプローチで内容を提示し、読者のコミュニケーションに対するセンシティビティや異文化に対応する能力（異文化間コンピテンス）の涵養も目指したつもりです。

　著者の一人、八島は、異文化接触と第二言語習得のインターフェースでの研究をすると同時に、学部と大学院で教員養成のための「異文化コミュニケーション論」を教えてきましたが、他者との対話に開かれた心と多角的思考こそが、多文化共生に向けても、柔軟で豊かな発想を生み出すうえでも、21世紀を生きる若者に求められる大切な資質であると考えます。

　久保田は、青年海外協力隊よりガーナへ理数科教師として派遣されたのが契機で、異文化コミュニケーション研究に関心を持つようになりました。そのため、文化をとらえる際には、必ず発展途上国

の人々をも視野に入れることを強調しています。また、視覚や言語情報に偏りがちな情報化社会では、特に意識してさまざまな立場の人々と出会い、人間の五感を通して異文化コミュニケーション能力を育むべきだと考えています。

　本書は、異なった専門領域を持つ学生にコミュニケーション論を教えてきた二人の経験をベースに、議論を通してつくられた共同作品です。そこから生まれたキーワードが、グローバル・マインドとローカル・アフェクトです。互いの専門分野を考慮し、第1章、第4章、第6章、第8章を久保田が、第2章、第3章、第5章、第7章を八島が主担として執筆しました。序章と第9章はまさに議論しながらまとめあげた文字通りの共同執筆です。二人のあいだの議論は、対話とコミュニケーションの貴重なプロセスだったと思っています。執筆してみて、「異文化コミュニケーション論」の中で扱わなければならない事柄の多さに改めて気付きました。重要であるにもかかわらず十分にカバーできていない内容があるとすれば、著者の責任であり限界でもあります。

　また著作権等の問題があり、一部、広告や写真など十分な視覚教材を掲載することがかないませんでした。しかし、その分、濱崎祐貴氏にわかりやすいイラストを書いていただきました。お忙しい中こちらの要望通りに描いてくださいました。心よりお礼申し上げます。

　最後に、この本の草案から完成に至るまで、忍耐強くお付き合いいただきました、松柏社の森有紀子氏に心から感謝いたします。

2012年9月吉日

序章　グローバリゼーションと多文化社会を生きる力 ... 001
　コラム 1 多文化化する生活空間 ... 002
　グローバリゼーションとグローバル・マインド ... 004
　多文化化する日本とローカル・アフェクト ... 005
　多文化社会を生きる力＝コミュニケーションの力 ... 008
　研究分野としての「異文化コミュニケーション」 ... 009
　コラム 2 境界とコミュニケーション ... 010
　本書の構成と各章の内容 ... 012
　グローバル・マインド、ローカル・アフェクトと異文化コンピテンス ... 017

第1章　コミュニケーションとサイン ... 019
　アクティビティ ... 020
　1　コミュニケーションの成功と失敗 ... 022
　2　情報通信技術とコミュニケーション分析 ... 023
　3　コミュニケーションの特質 ... 033
　4　進化から探る人間のコミュニケーション ... 036
　ワンポイント・スタディ　聞き手の重要な役割「受け手効果」 ... 040
　5　コミュニケーションの捉えなおし ... 041
　ディスカッション ... 049

第2章　文化について考える ... 051
　アクティビティ ... 052
　I　文化の共有、継承、変化：プロセスとしての文化 ... 054
　　1　文化的実践への参加と文化の共有・継承・変化 ... 054
　　ワンポイント・スタディ 1　ハビタス ... 056
　　2　規範意識としての文化 ... 057

3　スキーマ・スクリプトとしての文化 059
　　4　儀式的コミュニケーションとしての文化 063
　　5　道具としての文化 064
　II　価値観や行動様式の文化比較 066
　　1　価値観と文化クラッシュ 067
　　2　文化と価値観 070
　　ワンポイント・スタディ2　文化の一般的傾向と個人の傾向について 077
　III　グローバル化と変容する文化 080
　　1　新たなコミュニティの文化 080
　　2　文化とパワー 082
　　ディスカッション 083

第3章　言語によるコミュニケーション 085
　アクティビティ 086
　1　言語と認識 087
　　ワンポイント・スタディ1　記号（シンボル）としての文化 090
　　ワンポイント・スタディ2　言語と思考 091
　2　人称代名詞と対人コミュニケーション 092
　3　コミュニケーション・スタイル 094
　　コラム　アイム・ソーリー法：訴訟社会のアメリカに変化？ . . . 099
　4　コミュニケーションの調整とコード・スイッチング 102
　　ワンポイント・スタディ3
　　制限コード(restricted code)と複雑コード(elaborated code) . . . 104
　5　言語とラベル：人をなんと呼ぶか 105
　6　多言語使用と言語政策 105
　　ワンポイント・スタディ4　文化資本としての言語能力 108
　　ワンポイント・スタディ5　英語の覇権の問題と英語教育 111
　　ディスカッション 113

第4章　非言語コミュニケーション 115
I　非言語コミュニケーションの要素 116
　アクティビティ **1** 116
　1　非言語コードの分類 118
　2　非言語コミュニケーション分類の見方 119
　3　非言語コード 120
　アクティビティ **2** 123
　ワンポイント・スタディ　「あいづち」の意味の違い 127
　コラム　理屈抜きの「ゆとろぎ」 133
　4　ネット社会における非言語コードの解釈 143
II　非言語コミュニケーションの特徴と言語との関係 146
　1　非言語コミュニケーションの特徴 146
　2　言語メッセージと非言語メッセージの関係 149
　3　ダイナミックなコミュニケーション 151
　4　非言語コミュニケーションとサインとの関係 154
　ディスカッション 155

第5章　アイデンティティとコミュニケーション 157
　アクティビティ 158
　コラム **1**　アイデンティティ・トーク 160
　1　アイデンティティとコミュニケーション 161
　2　マルチプル・アイデンティティ 162
　3　ナショナル・アイデンティティ 162
　4　人種アイデンティティと民族的アイデンティティ 163
　5　民族的アイデンティティの発達過程 166
　ワンポイント・スタディ　さまざまなアイデンティティの考え方 168
　6　選べるアイデンティティ、選べないアイデンティティ 169
　コラム **2**　コミュニケーションに開くアイデンティティ 170

   7　文化的自己とアイデンティティ 172
   8　言語とアイデンティティ 173
   9　グローバル化と複雑化するアイデンティティ 175
   ディスカッション 178

第6章　メディアでつくられる文化 181
   アクティビティ 182
   1　メディア・リテラシー 183
   2　メディアとステレオタイプ 186
   3　広告がつくり出す現実 188
   4　テレビCMで好まれる外国イメージ 191
   5　テレビ番組がつくる「異文化」 194
   6　新たな文化を生み出せるメディア 196
   7　言語と絵の融合表現：マンガ文化 197
   8　デジタル化の進化と「アニメ」：ディズニーとポケモン 200
   ディスカッション 204

第7章　グローバル化する世界の異文化接触 207
   アクティビティ 208
   1　異文化への移動と心理 210
   2　異文化ストレス 214
   3　異文化接触の多様なモデル 220
   4　異文化への移動とアイデンティティ交渉 224
   5　日本国内で出会う多文化 228
   ディスカッション 234

第8章　コミュニケーションの阻害要因 235
　　アクティビティ 236
　1　「皆同じ」という前提 237
　2　ステレオタイプ 239
　3　偏見 240
　4　差別的行為 247
　　コラム　外国人お断り 248
　5　エスノセントリズム（自民族中心主義、自文化中心主義）........ 250
　6　評価的な態度と極度の不安 251
　7　言語・非言語解釈の違い 252
　8　暗示的な（インプリシット）コミュニケーション 252
　9　差別的まなざし 254
　　ディスカッション 257

第9章　多文化とうまくつきあうために 259
　1　グローバル・マインドとローカル・アフェクトとしての異文化コンピテンス 260
　2　グローバル・マインド 261
　3　ローカル・アフェクト 264
　　ワンポイント・スタディ　共生する身体 266
　4　文化の問答 268
　5　異文化コンピテンスに関する問答 273
　6　異文化コンピテンスは、どのように訓練できるのか 274
　7　グローバリゼーションの時代に備えて 283

引用・参考文献 286
人名索引 301
事項索引 305
著者紹介 320

序章

グローバリゼーションと多文化社会を生きる力

序章では、グローバリゼーションが進展する現在の世界で、なぜ異文化コミュニケーションを学ぶことが必要なのかについて考えます。また、多文化化、グローバル・マインド、ローカル・アフェクト、コミュニケーションのコンテキスト、文化の共有と継承、パワー、メディアなどのキーワードを用いて、本書がどのような考え方で書かれているのか、そして各章で何を学ぶのか、についても手短にまとめます。

コラム 1　多文化化する生活空間

　グローバリゼーションの結果、たとえば私たちの周囲で次のようなことが起こっています。

- 日本の会社に勤めていると思っていたら、いつのまにか上司がフランス人になっていた。フランスの企業に買収されたらしい。

- 海外出張のない仕事を求めて、エアコンの部品を製造する工場に就職したが、日本の工場は閉鎖、タイに製造部門を移転した。その工場で現地の人に技術を指導することになった。

- 大手のスーパーマーケットに就職したところ、食品加工部門の非正規従業員に多くの外国人がいる。アジアの人、南米の人の指導も自分の責任範囲だ。

- 良質安価で成功を収める大手の衣料品販売チェーンでは、バングラデシュが中国に次ぐ製品の供給源になっている。100円ショップが成り立つのは、労働賃金が安価なアジアの国々を製造の拠点としているからだ。

- 年をとった母の介護をしてくれる人はインドネシア人だ。

- ホームレスに毎週炊き出しのカレーライスを配給するのは、敬虔なクリスチャンのフィリピン人である。

- 就職した会社は日米合弁会社だ。普段の言語は日本語だが、部長以上の出る会議は英語でやっているようだ。文書も英語が多い。

- 英語を勉強するため、カナダでホームステイした。滞在先は中国系（香港からの移民一世）の家庭であった。食事もアジア風で食べやすかった。

- ある理系の研究者は、日本の大学は研究環境が整っていないので、シンガポールの研究機関に就職した。逆に分野によっては日本の方が環境が整っているからと日本に来る研究者もいる。研究者に国境はなくなりつつある。

- 最近の過疎農家ではフィリピンなどのアジアから嫁いでくれなくては成り立たない。町の役所では、地元の行事や習慣になじんでもらうため定期的に講習会を企画している。

- 毎年長野県のレタスの収穫をするのは、中国からの研修生だ。研修生として安い賃金で黙々と働いてくれる季節労働者がいなければ、均一の価格でレタスは供給できない。

- ピアノを弾いてその音色をYou Tubeにアップしたところ、それを聞いたスイス人から連絡があり、メールのやりとりが始まった。その後日本に遊びに来た。

- 裁判では多言語の法廷通訳の人材不足が問題になっている。

- 大手家電量販店では、中国人や韓国人の店員が、中国や韓国からの観光客の応対をしている。日本人職員も毎朝中国語の挨拶を練習する。

グローバリゼーションとグローバル・マインド

　グローバリゼーションということばをよく耳にするようになってきました。グローバリゼーションとは、経済や社会の活動が、国家や地域の境界を越えて地球規模に拡大していくことによって引き起こされるさまざまな現象をさすことばです。インターナショナリゼーション（国際化）が国と国との関係が緊密になる状態をさすのに対し、グローバリゼーションということばは国家の枠組みを超えた現象をさします。特に1990年代以降、情報通信技術の急速な発展に伴い、経済活動は、国境を越えて拡大、拡散しています。こうした状況においては、好むと好まざるとにかかわらず、グローバリゼーションはもはや避けられない現実となっています。金融危機や、多国籍大企業の合併吸収、サービスや投資の自由化、さらには、地球温暖化などの環境破壊、国際的テロの拡大、インフルエンザの流行など、現在の深刻な問題はすべて、国境を越えて波及し、我々の日々の生活に影響を及ぼします。

　グローバリゼーションの時代を生きるためには、「意識のグローバリ

ゼーション」が必要となります。これは、地球規模で連動して起こるさまざまな現象が私たちの生活に与える影響を察知するために意識の改革が必要であることを意味します。地球規模での物事の動きを意識できるからこそ、国境を越えた経済活動に参入したり、また身近な生活への影響を察知して対応できるとも言えましょう。また、上で述べたような地球規模で取り組むべき問題に対応するうえでも、世界の状況を的確に把握し、行動できる人、相手の立場を理解しコミュニケーションを通して利害を調整できる人材が必要となるでしょう。つまり国単位で物事を見て行動する国際人というより、グローバル・マインドを備えた市民が求められるのです。

　その際、グローバル・マインドという認知的側面に加えて、感性も必要になります。たとえば国際会議で自国の実情を説明する場でも、グローバル社会の動向を見すえた論理的で説得力のある説明に加えて、ローカルから立ち上がった実情について熱意を持って伝えることが必要です。そのためには、ローカルに生きる人々の思いを心とからだで受け止め、他者と共有するための感性が必要です。私たちは、これをローカル・アフェクトと呼ぶことにします。グローバリゼーションの進行に伴い、私たちに求められる能力もますます多様化し複雑化しているのです。

■ 多文化化する日本とローカル・アフェクト

　特に本書に関係が深いグローバリゼーションの現象として、国境を越える人の移動があります。戦争を逃れて移動する人々、職を求めて新天地を探す人、その他、ビジネス、結婚、教育などさまざまな理由で人は地球上を移動したり、移動せざるを得ない状況に追いやられたりします。その結果、世界の多くの地域で多文化背景を持った人と出

会うことが日常的になってきました。このような現象は日本にも波及し、いろいろな職業の場に、学校に、地域に多文化の背景を持った人が入ってきています。コラム1で述べたように、日本の社会は、すでにさまざまな国の人と共存しなければ成り立たなくなっていると言っても過言ではないでしょう。自分は海外には行かないので異文化の人とは関係がないと思っていても、知らず知らずのうちにどこかで直接・間接的に利害関係にあったり恩恵を授受しているのです。病院に行けばインドネシア人の看護師にお世話になるかもしれません。国技である相撲は、外国出身の力士で支えられていますし、野球、サッカーなどの世界でも、活躍できる場を求めて、国境を越えて選手が動きます。プロスポーツ界に見られるこうした現象が他の多くの分野でも起こる可能性があります。人が教育を受け、仕事をし、活躍するフィールドはすでに国境を越えて広がっているのです。

　グローバリゼーションに伴い日本が多文化化している状況を数字で見てみましょう。日本では少子化が進み、2005年より自然増加数は、マイナスの一途をたどっています。そこで国策として1990年に日系ブラジル人や日系ペルー人の受け入れを開始し、人口減をくいとめ労働力を確保しようとしました。日本全国の在留外国人（旧登録外国人）者数の推移を見ると、2002年末の185万人から2022年末の308万人へと20年で1.7倍となっています。そして2020年からの新型コロナウイルスの影響で一時減少したものの2023年6月末には322万人となり、過去最高を更新しています。国籍別では、中国が約79万人で全体の24.5％を占めトップ、続いてベトナム52万人(16.1％)、韓国41万（12.8％）、フィリピン31万（9.6％）、ブラジル21万（6.5％）と続きます。2006年末まで一位だった韓国・朝鮮籍の人々は、国際結婚や帰化のため統計上は減少しています。しかし、これは、韓国・朝鮮籍の人々が日本国籍を取得したということで、日本国土からいなくなったというわけではあり

ません。韓国・朝鮮にルーツを持つ人々のほかに、在留登録をする人々の国籍が多様になり、日本の多文化化が確実に進んでいるといえます。

　このような人の動きは、皆さんにとって身近な学校でも見られます。文部科学省の2022年の調査によると、公立小・中・高等学校に在籍する外国人児童生徒数は114,853人で、そのうち47,619人が日本語指導の必要な外国人児童生徒です。私たちの身近に日本語が分からず四苦八苦している子どもたちが大勢いるということです。身近な異文化との出会いに必要な感性がローカル・アフェクトです。相手の立場に立って共感する心、柔軟性のある身体と感性、弱者を抑えつける力への怒りなどのアフェクトは、グローバルな観点からものを見るマインドと同様に大切です。総務省では多文化共生社会を提唱、観光庁では訪日観光客の倍増計画、文科省では留学生30万人受け入れ計画を提案などと国策としても多文化化の方向性が明確に示されています。国策で示しても受け入れる人の心が変わらなければ、共存は不可能です。ローカル・アフェクトを備えた市民の育成を考えていかなければならないのです。

　一方、日本人、特に若い人が海外に出て異文化と接触する機会も増えています。語学研修を目的として、高校生や大学生が短期のホームステイなどに参加する数は増加の一途をたどっています。また2010年の統計資料によると、16万人弱の高校生が修学旅行や研修で海外に行っています。訪問先は、韓国、マレーシア、中国、シンガポールなどのアジアの国がほとんどです。アジア諸国は、一般の観光を目的とした海外旅行でも人気があります。このようにますます身近になっているアジアの国々と日本との関係も視野に入れて、これからの異文化コミュニケーションを考えていく必要があるでしょう。

　その点、アメリカ（その他カナダ、オーストラリア、シンガポール）などの移民立国では、文化背景が異なる人々との異文化コミュニケー

ションはかねてより国内問題でもありました。多民族国家だからこそ異文化コミュニケーションの研究がアメリカで発達したのです。人が海外に出るときの問題だけでなく、国内での異文化接触時の問題を解決することが必要だったためです。このように多民族国家としての豊富な経験を持つ国が、思考錯誤しつつ辿ってきた多文化共生への道のりは、多文化化する日本に多くの示唆を与えてくれます。

■ 多文化社会を生きる力＝コミュニケーションの力

　コラム1で述べたように、多文化化していく日本においては、多様な人との出会いやコミュニケーションをする機会があります。かつてのように「あ・うんの呼吸」や「察し」「それとなく伝える」ことが難しくなっています。人の意図をくみ取ったり、人の心を思いやるという、従来から日本人が得意としていたコミュニケーション様式を大事にしながら（この能力が低下しているという指摘もありますが）、互いに自分の意図をことばで明確に伝え合う能力を養うことがますます必要となっていくでしょう。

　また多様な人との出会いや共存と言うとき、相手は必ずしもアメリカ人や中国人とは限りません。もっと身近な、「異世代」「異性」「異職種」間のコミュニケーションが異文化間のコミュニケーションの第一歩なのです。私たちはどちらかというと自分と似たような人と一緒にいたい、自分と考え方や感じ方の違う人とは話したくないと思いがちです。多文化社会を生きる力には、自分の周りの（いろいろな意味で）自分と異なる人を理解しようとすることが含まれます。人と対話し、自分の考えを相手に理解してもらうことは、相手の目から見た自分を見ることになり自分をよりよく理解することにもつながります。「言わなくても分かりあえる」と思っていた相手も、話してみると「全然分かっ

ていなかった」ことに気づくかもしれません。人に説明しようとして自分の考えがまとまっていないことに気づくこともあります。多様な人との対話は、他者の心に近づくだけでなく自分の考えや意識の輪郭を明確にするのです。このようなコミュニケーションの訓練が多文化社会を生きる力となるのです。

■ 研究分野としての「異文化コミュニケーション」

　文化背景の異なる人同士のコミュニケーションの問題を扱ってきたのが、異文化コミュニケーション論という実践的な学問分野です。「異文化コミュニケーション（intercultural communication）」ということば自体が生まれて50年余りの若い研究分野です。先に述べたようにアメリカ国内の異文化接触に加え、ビジネスマン、留学生、平和部隊、旅行者、駐在員として海外に行った際にその目的が成就するように、また誤解や摩擦を極力少なくするために、理論構築し実践に応用されてきたものだと言えます。

　従来の研究では、日本人、アメリカ人、中国人という国籍の違う人々の行動様式を比較する研究が行われてきました。つまり対峙する人々の文化の違いがコミュニケーションの問題を引き起こすという前提があり、その差を理解することで、異文化間のコミュニケーションを円滑に進める示唆を得ようとしてきたのです。このような観点は、日本が国際化を進めるうえで、日本人が他の国の人々とどのように効果的なコミュニケーションを行うか、日本が国際的なプレゼンスをどのように維持し、貢献ができるかどうかを考えるうえで役立つと言えるでしょう。つまりインターナショナリゼーションの視点です。しかし、本章でも述べてきたとおり、グローバリゼーションの結果として、文化の境界が曖昧になっているという指摘があり、その捉え方が変わっ

てきました。つまり文化を地理的境界に囲まれた均質なものとして捉えることが難しくなっているのです。このため異文化コミュニケーションで扱う文化には、民族、ジェンダー、地域差、年齢差、性的指向など、さまざまな点で異なる人々のあいだのコミュニケーションが含まれるようになっています（Martin & Nakayama, 2007）。もちろん「ジェンダーによる違い」「黒人と白人の違い」というような比較研究もありえます。それに対し、こういう枠組みを用いること自体が、文化の境界を固定化したり人にカテゴリーを押しつけたりすることになるという批判もあります。一方で、ある不利なカテゴリーを押しつけられた人が立ち上がるためには、そのカテゴリーを戦略的に用いて団結することも必要です。

　本書では、伝統的な文化比較研究の成果を基盤としながら、グローバリゼーションの中で立ち現れる複雑な現象を説明できるような考え方も取り入れていきます。

コラム 2　境界とコミュニケーション

「あなたなんかに、分かるわけないでしょ。（私と違ってあなたは男だから。）」

「あなたなんかに、分かるわけないでしょ。（私と違ってあなたは白人だから。）」

「あなたなんかに、分かるわけないでしょ。（私と違ってあなたは結婚していないから。）」

「あなたなんかに、分かるわけないでしょ。（私と違ってあなたには子どもがいるから。）」

「あなたなんかに、分かるわけないでしょ。（私と違ってあなたは

健常者だから。)」
「あなたなんかに、分かるわけないでしょ。(私と違ってあなたは学歴があるから。)」
「あなたなんかに、分かるわけないでしょ。(私と違ってあなたは被災していないから。)」
「あなたなんかに、分かるわけないでしょ。(私と違ってあなたは成功者だから。)」
「あなたなんかに、分かるわけないでしょ。(私と違ってあなたはムスリムだから。)」
「あなたなんかに、分かるわけないでしょ。(私と違ってあなたは日本人だから。)

　文化とは人間の集団が共有しているものですが、生活様式・歴史・価値観など共有するものが多いほどコミュニケーションは円滑で誤解が生じにくくなります。逆に、共有するものが少ないほどコミュニケーションのハードルは高いと言えます。たとえば、熟年夫婦の会話では、「おい、あれ」「はい、どうぞ」で会話が成り立ちますが、初対面の人との会話では、このように簡単にはいかないでしょう。ましてや文化背景の異なる人々とのコミュニケーションでは、明快に話さなければ、自分の思いが伝わらないということがあるでしょう。
　さらにコラム2が示すように、私たちは、自分で勝手に思い込んで、相手は自分と異なるのであなたには決して自分のことが分かるはずはないと、線を引いたり、壁をつくったりします。そこに物理的な線や壁があるわけではありません。たとえば「あの災害で身内を失っていないあなたに私の気持ちが分かるわけないでしょ」と私は思います。ここでこれを強くことばにして言い放てば相手と一線を引いて会話を

ストップさせてしまうこともできます。しかし、たとえ「あなた」に「私」の気持ちを分かることはとても難しいとしても、「私」は「あなた」にそのつらい気持ちを少しでも伝えようとすることはできるはずです。また、「あなた」も「私」の置かれた状況に身を置いてみて、そこから世界を見ようとすることにより、「私」の気持ちに近づいたり、その気持ちに寄り添うことはできるはずです。このように私たちは、相手を理解し自分を理解してもらおうという思いをもって話すことはできます。しかし、共通項が少ないと壁を越えるのにより大きな努力が必要になることは確かです。

　このように私たちは無数の線を人とのあいだに引くことができますし、線を引き直して共通項を探すことができます。あるいは、線を越えようとすること、壁を抜けようと努力すること、それがコミュニケーションの真髄ではないでしょうか。文化背景が異なる人とのコミュニケーションの成立には、それだけエネルギーがいるのです。相手の視点から見ようとするマインドと、直感的で身体的（embodied）な理解を生み出すアフェクトが必要です。

■ 本書の構成と各章の内容

●コミュニケーションと文化の共有・継承

　コミュニケーションとは、前節で述べたように、人と人が線を引き直したり、線を越えようとすることにより、互いに理解し合うプロセスです。これは主に言語、非言語メッセージの意識的・無意識的なやりとりを通して行います。このコミュニケーションのプロセスについては第1章「コミュニケーションとサイン」で詳しく扱います。

　一方、文化とはあるコミュニティに属す人々が共有することば、行動様式、ものの感じ方やその表現の方法、考え方、価値観などをさし

ます。それらは、個人が成長し社会化（socialize）していく過程で獲得し内面化するもので、コミュニティやグループが共有するパターンとして継承されていきます。しかし、その内面化の仕方には個人差があり、また時代とともに変化していくものでもあります。私たちは日常のコミュニケーションを通して文化を継承します。ここでコミュニケーションという概念が大変重要になるのです。別の言い方をすれば、私たちは日常の文化的実践に参加することにより、他者とのコミュニケーションを通して、その文化の型を引き継ぎ、文化の一員となっていきます。そして同時にそのコミュニティの文化を再生産していきます。しかし、人が少しずつその型にずれを生じさせることで、文化は変化していきます。この文化の共有と継承のメカニズムを中心に考え、その結果、「日本人の行動」「フィリピン人の生活様式」というように語られるパターンが見られることなどについては第2章「文化について考える」で扱います

　文化とコミュニケーションの関係を考えるうえで、まず具体的な言語使用上の問題を見ていきましょう。つまり、どのように会話を始め、維持するか、議論や交渉を進めるかというようなコミュニケーション・スタイルの問題があります。ことばが持っている意味の範囲の違いや連想の違いもあります。これについては第3章「言語によるコミュニケーション」で扱います。また、私たちは身振り・手振り、顔の表情、目線など言語以外の多くの手段を用いてコミュニケーションを行います。海外に行った時にことばが分からなくても身振り手振りで通すことがありますが、同じジェスチャーでも意味が異なり誤解されてしまうという問題もあります。ジェスチャーには、文化により違うものもあれば、文化を越えて普遍的なものもあります。また、結婚式など儀式の捉え方、参列する際の服装や決まり事なども地域や文化によって異なります。これについては第4章「非言語コミュニケーション」で考えます。

●文化間の移動とアイデンティティ

　すでに述べたとおり、文化間の移動が盛んになったことによって生まれるひとつの課題は、さまざまな文化背景の人が共存していくことにあります。同時に、一人の人が複数の文化の境界で生きたり、複数の言語を用いて生活することが珍しくなくなってきました。こういった事象とその影響については第7章「グローバル化する世界の異文化接触」で考えます。日本は移民立国でないまでも決して単一民族国家ではありません。海外にルーツを持つ人の中には日本で生まれ育っても外国籍の人もいれば、アメリカで20年暮らして行動様式としてはアメリカ的であるのに日本国籍という人もいます。力士やサッカー選手の中には日本に帰化した外国出身の人たちが活躍しています。こうした社会の現実を見るとき、異文化間の移動の結果起こるアイデンティティの変容や揺れなど、その複雑さについて考えていくことが大事だと強く感じます。アイデンティティの問題は、グローバル時代の文化やコミュニケーションを考える際の重要な視点を提供してくれます。「アイデンティティとコミュニケーション」の問題については第5章で扱います。

●パワーとコミュニケーション

　最近の研究の傾向として、コミュニケーションの場で必ず生まれる民族間の力差、ジェンダーや階級差、年齢差、母語話者と第二言語話者の力差にも目が向けられるようになってきました。それぞれの属性によるコミュニケーション・スタイルの違いを扱うだけでなく、役割に内在する力差、あるいはコミュニケーションの場で生じる力関係は、人が話す量や頻度にも影響します。さらに「話す権利」(Bourdieu, 1991)、すなわち誰の言うことが聞いてもらえ、信じてもらえるのか、

ということにも関わるのです。黒人と白人、男と女、上役と部下などのコミュニケーションを考えるとき、この視点は重要です。そしてそれは、政治や社会状況などマクロのコンテクストと密接に結びついています。グローバル化する世界において、異文化コミュニケーションの様相はますます複雑化しています。文化の違いに帰属させるだけでは解決できない問題も多いので、本章ではこういった観点も盛り込んでいきます。

●コンテクストとダイナミックなコミュニケーション

　前項のパワーの問題と関連しますが、コミュニケーションは真空で起こるわけではありません。すべてのコミュニケーションは、その参加者の関係性の歴史や社会的状況の影響を受けながら起こります。たとえばクラスメートの「今日飲みにいかない？」という誘いでも、いつそれが言われるかによって、コミュニケーションのコンテクストが異なります。重要な試験の前なら、人の気持ちを考えない無神経な誘いと受け取るかもしれないし、終わった後ならうれしい誘いとなるかもしれないのです。コンテクストによってメッセージの意味や、それが聞き手にどういう影響を与えるかは変わるのです。またコンテクスト自体も変化していきます。刻々と進行するコミュニケーションの中で、言語・非言語メッセージが、相手の反応によって変化しながら、どのような意味を持っていくかを考える視点も必要になります。本書では文化によって一定のパターンが見られるコミュニケーションと、コンテクストによって変わったり、相互作用の中で刻々と変化するコミュニケーションの双方に焦点を合わせるというスタンスをとります。

●メディア・リテラシー

　グローバリゼーションの中で文化とコミュニケーションの問題を考えるにあたり、これまで主に対人コミュニケーションについて考えてきましたが、メディアの影響について言及しないわけにはいきません。ひとつのコミュニティで価値観や規範を共有していくうえで大きな影響力を持っているものとして、メディア、たとえば、新聞、雑誌、テレビドラマ、コマーシャル、音楽、映画、小説、カラオケ、インターネット、携帯電話などがあります。これらを介して得る情報を批判的に見る目を養うことが必要です。

　またメディアを通して知る世界は、すべて人を介してつくられた世界です。しかし、しばしば私たちは、つくられた世界を信じてそのように現実の社会を見てしまいます。時には、作り手自身も無意識にメディアに影響されて偏った考えで制作し続けることもあります。たとえば、英語学校の宣伝では、人種やジェンダーはどのように描かれているでしょうか。メディアの中の表象が黒人や女性など、特定のグループに対するステレオタイプに結びつくことが多いので、メディアをチェックしながら、ステレオタイプや偏見のプロセスも考えていく必要があります。くわしくは第6章「メディアでつくられる文化」で考えましょう。

　ところで、ステレオタイプや偏見は、日々接するメディアだけで形成されるわけではありません。多文化社会のなかで日々生活していると誰もがちょっとあの人は苦手だなと思うときがあります。ある程度の偏見は誰にでもあるものと考え、それが差別行為につながらないように考えることは重要です。偏見は持ってはいけませんと高らかに唱え学習するのではなく、誰の心にも単純に好き嫌いがあり、違和感があるものを避けようとする自分があることに気づく必要があります。そうすることにより自分とは違う他者とのコミュニケーションが豊か

になるでしょう。そのメカニズムについて第8章「コミュニケーションの阻害要因」で扱います。

■ グローバル・マインド、ローカル・アフェクトと異文化コンピテンス

　さて本書では以上に述べたようにさまざまなトピックを扱いますが、最後はグローバル・マインド、ローカル・アフェクトとしての異文化コンピテンスについて考え、本書のまとめとします。多文化化に伴う状況の変化を察知し柔軟に対応できること、たとえば、自分のエスノセントリズムやステレオタイプに自覚的になり制御しようとすること、さまざまなコミュニケーション・スタイルを持った人に対して適切な反応ができること、自分の感情や行動を必要に応じて調整できること、相手の観点を理解しながら必要な自己主張ができることなどが一例です。第9章の「多文化とうまくつきあうために」で、世界の人々と出会い相互理解を進めるうえで必要となる基本的なコンピテンスとその訓練法を考えます。

　それでは第1章から、グローバル・マインドとローカル・アフェクトを持った市民を目指して、一緒に考えていきましょう。

インドネシアの小学校でのボランティア活動
折り紙相撲を教える日本人大学生
©国際教育交換協議会（CIEE）日本代表部

第1章

コミュニケーションとサイン

アクティビティ

　4〜6人のグループをつくってください。「コミュニケーション」ということばを、模造紙などなるべく大きな紙の中央に書き、次に「コミュニケーション」から連想されることばをいくつか書き、線でつないでください。さらにそのことばから連想されることばを書き、線でつなぐというように作業を続けていってください。また、出てきたことば同士にも関連があったら、そのあいだも同じように線でつないでください。グループで15分くらい話し合いながら書いた後、全体を見渡して、それぞれのグループが考える「コミュニケーション」とは何かを文章にしてみましょう。

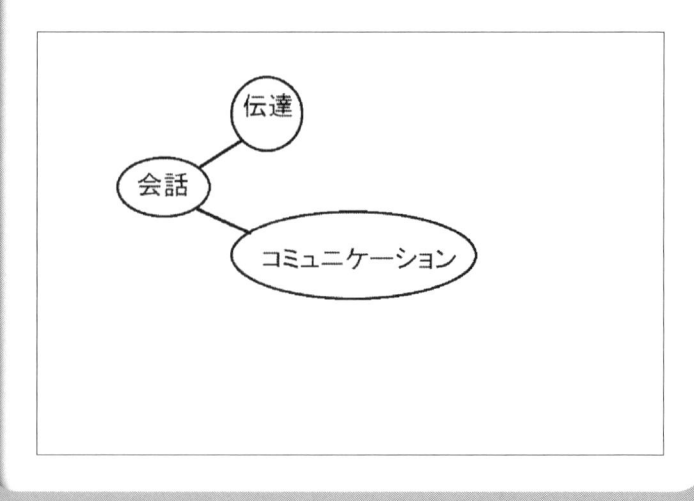

アクティビティの結果はどうなりましたか。コミュニケーションということばは、いろいろな場面で使われているので考えやすかったかもしれません。コミュニケーションと聞いて、会話、意思伝達、情報交換などと多くの機能を連想したことでしょう。また、自分自身のコミュニケーション能力について振り返った人もいるのではないでしょうか。「得意」「苦手」などということばは出てきませんでしたか？
　筆者（久保田）の「コミュニケーション論」という授業で大学生300人に自分自身のコミュニケーション能力をどう評価するか尋ねたところ、212人は苦手意識を持っており、得意だと答えた人はわずか81人でした。人間が生きていくうえでコミュニケーションは避けて通れないものなのに、苦手意識が先行してしまっては、日々の生活もままなりません。また、逆に、皆さんが「コミュニケーション」を、日々誰もが行っていることではなく何か特別なことと捉えているので「苦手」という単語が出てきたのかもしれません。いずれにしろグループで話し合うことにより、皆が「コミュニケーション」についてどういう意味で捉えているかが見えてくるはずです。
　ドイツの言語学者であり作家であるペルクゼン（2007）は、「グローバリゼーション」「コミュニケーション」「発展」「情報」など40の単語を取り上げ、これらは「プラスチック・ワード」だと命名しています。つまり、新しい現象が生じたらそのつどおもちゃのプラスチックの積み木を組み合わせるようにして容易に使うことができるが、それがかえって人々の自由な考えを束縛し、概念を空虚なものにしてしまっているというのです。このような「プラスチック・ワード」の特徴は、1) コンテクストに依存しない、2) 科学用語に似ている、3) 同意語を排除する、4) 指示対象が希薄、5) 命令調に聞こえる点です。つまり「コミュニケーション」ということばを使っていると力強くかっこよく聞こえますが、実際に何が起きているのか、何をさしているのか、

見えにくくしてしまう危険性があるのです。

このような用語の使い方にも注意しながら、本章では、「コミュニケーション」について考えていきましょう。

1 コミュニケーションの成功と失敗

「コミュニケーションに成功した」とは、どういう時に使うのでしょうか。自分が思った通りに相手が理解してくれ、行動してくれた時でしょうか？そもそも成功することを期待する背景には、成功することが難しいと感じられることを試みたところうまくいったので「成功した」と感動するのではないでしょうか。たとえば、2009年12月に出発した日本の宇宙飛行士野口聡一さんが、地上から400キロメートル離れた国際宇宙ステーションに5カ月半滞在していた際に、最先端の通信技術を使って地上にいる日本の小学生のさまざまな質問に答えてくれたときです。

このように「コミュニケーション」という用語を使うときには、ことばを仲介する技術や機器などに着目してコミュニケーションの成功や失敗を考えたりします。その背景には、コミュニケーションの現象を科学的に捉えようというこれまでの学問の姿勢があります。科学的に捉えることで、成功か失敗かがはっきり分かるからです。しかし、時代が変わるにつれ、成功・失敗では割り切れない、コミュニケーションに含まれる感情、身体、意識の問題の重要性も取り上げられるようになりました。また、コミュニケーションを媒介するメディアが文字、電話、ラジオ、テレビの時代から携帯電話などパーソナル・メディアへと技術発展し、それに伴い人間のコミュニケーションの捉え方が多様化してきました。そこで、次節からコミュニケーションを科学的に分析したこれまでの結果を踏まえ、コミュニケーション研究の歴史を

辿りながら、コミュケーションの本質について考えていきます。

2 情報通信技術とコミュニケーション分析

1940年代にコミュニケーションを科学的に分析するということで最初に利用されたのがシャーノンとウィーバーのモデルです。その後さまざまなコミュニケーション・モデルが開発され1948年から81年の間に発表された主なものを数えても21個あります（田村, 1999）。コミュニケーション・モデルというのは、実際に起きている現象を捉えるときの視点を定めるという意味で有用ですが、反面、利用範囲は限定的になるので、それぞれのモデルの特徴を踏まえて理解することが重要です。

2.1.1 線的モデル（The Linear Model）

物理的に離れている人と会話ができる電話は、1876年、グラハム・ベルにより発明されました。遠くの人同士が対面しなくても会話ができるようになる画期的な発明でした。その後、ベル電話会社に勤めるアメリカのクロード・シャーノン（Claude Shannon）は、コミュニケーション（通信）の数学理論を考え、1948年に論文として発表しました。彼の関心は、電話回線を考える際に極力雑音源を減らすなどの通信技術や機器改善の部分でした。その後ロックフェラー財団の重役等を務めるウォレン・ウィーバー（Warren Weaver）が、シャーノンの数学理論に人間同士のコミュニケーション理論の基礎となるような解説を付け加え1949年に共著の本として出版しました。以来、そのなかに出てくる図1-1がシャーノンとウィーバーのモデルと呼ばれ一躍有名になりました。このモデルは、非常に簡素で、コミュニケーションの基本的構成要素を把握するのに便利なものです。しかし、利用するには

限界もあります。それでは詳細を見てみましょう。

　シャーノンは、通信と確率論の視点から、情報を確率的に発生する事象として捉えています。たとえば次の会話例を見てみましょう。田中さんは、親友である鈴木さんの彼氏が誰であるのか探り当てたいと思っています。だいたいの鈴木さんの交友範囲から、16人までは目星をつけました。こんな状況のときに田中さんは、鈴木さんに電話をして確認しようと思っています。

　　田中「彼って部活の子、ゼミの子？」
　　鈴木「部活の子」（16の半分である8人に絞り込む）
　　田中「体育系それともサークル系？」
　　鈴木「体育系」（8の半分である4人に絞り込む）
　　田中「後輩それとも先輩？」
　　鈴木「後輩」（4の半分である2人に絞り込む）
　　田中「メガネかけてる子、かけてない子？」
　　鈴木「かけてるよ」

この考え方で分かることは、田中さんは、4回の質問で鈴木さんの意中の人を16人から1人に探り当てることができたということです。このようにシャーノンは、不確定要素を減少させ、目当ての人が誰かを予測する際の情報量に関心がありました。それを数式で表すと情報量（16人）が選択肢の数（2つ）の対数になり$Log_2 16=4$、つまり4ビットの情報（4回の質問で誰か分かる）として表されることになります。これが数学モデルと言われる所以です（Shannon & Weaver, 1949）。このようにシャーノンが考えた情報は、一般的に皆さんが考える「情報」の意味とはかなり違います。技術者のシャーノンは、ことばの意味そのものには関心がなかったのです。この数式モデルを人間のコミュニケー

ションの理解に役立てようとしたのが、ウィーバーで、二人の共同作業からシャーノンとウィーバーのモデル図1-1ができあがったのです。

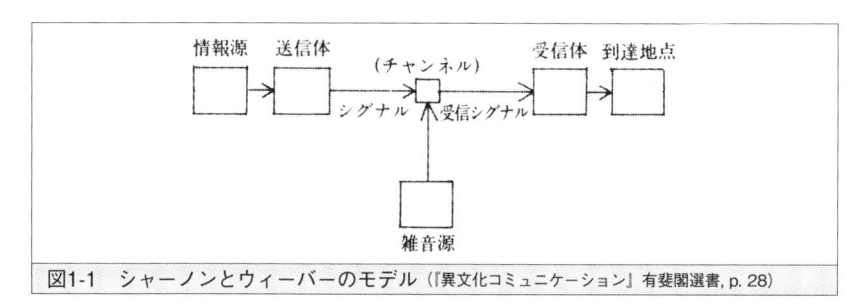

図1-1　シャーノンとウィーバーのモデル（『異文化コミュニケーション』有斐閣選書, p. 28）

　このモデルは、電信、電報、ラジオ、電話などの通信を念頭に考えられ、6つの構成要素があります。1) 情報源：メッセージを構成する文字・声・音源などになります。2) 送信体：メッセージを送るために電気信号など何らかの信号に変えるところです。3) チャンネル（媒体）：メッセージはチャンネルを通って運ばれます。4) 受信体：送信体の逆で受け取った信号をメッセージに換え、受信者に届けます。5) 到達地点（受信者）：メッセージが届いたところをさします。さらに、電話などの通信技術の精度を上げるために雑音源（ノイズ）を最大限減少させることが要請されていました。ノイズが多ければ、聞こえにくくなり、何度も同じことを繰り返し言わなければなりません。そこでノイズと冗長な会話の関係がこれで分かります。

　また、これらの構成要素をつなぐ矢印に注目してください。情報は左から右へ一方向に流れていることを示しています。したがって、このモデルは、線的モデルとも言われます。ウィーバーは、人が話す場合は、自分の頭が情報源、相手の頭が到達地点、自分の声のシステムが送信体、相手の耳と情報を受け取る神経系が受信体であると述べています（Shannon & Weaver, 1949, p. 7）。しかし、一般的な人間の会

話では、話し手と聞き手は固定化しておらず、情報が一方向に流れる状況は、かなり限定されています。たとえば、朝、学生が先生と会ったときに「おはようございます」「おはよう」と挨拶を交わしたとします。このモデルでは、このような簡単な会話でも二者の相互作用なので説明できません。現在は、人間同士の対面コミュニケーションより、ロボットとのコミュニケーションなどにこのモデルは活用されています。

2.1.2 相互作用モデル（The Interactional Model）

コミュニケーション学者、ウィルバー・シュラムは、人間のコミュニケーションでは、どちらが話し手でどちらが聞き手という固定的な役割はなく、もっと循環的にメッセージがやりとりされると考えました。そこで、1954年に考えられたモデルが図1-2で、相互作用モデルと言われます。シュラムはこのモデルの前後で部分を図解して説明していますが、すべてが図1-2のモデルに組み込まれているわけではないので、解釈には注意が必要です。では、具体的に見ていきましょう。

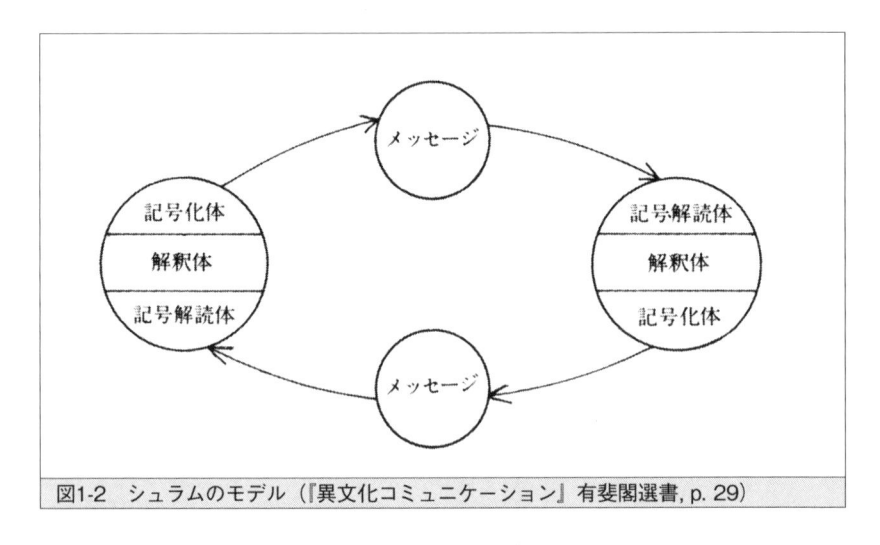

図1-2　シュラムのモデル（『異文化コミュニケーション』有斐閣選書, p. 29）

このモデルでは、メッセージがキャッチボールのようにやりとりされています。そして、頭の中では、メッセージを送るときに、たとえば日本語ということばに記号化する記号化体、または、メッセージを受け取って解読化するための解読体、そして、その両方を結び付け理解するための解釈体が働いていることを示しています。さらにメッセージを受け取ってからそのメッセージを理解したという意味のフィードバックが、いわゆる返事として送られると考えられました。ただし、メッセージと同時にではなく、メッセージを受け取ってから返事として送られるものと考えています。また、このようなフィードバックは、言語であったり非言語（後述）であったり、意図的であったりそうでなかったりすることがあります。フィードバックは、受け手がメッセージを受け取ったか、どのくらい話し手の意図どおりに理解したかを示す重要な判断材料となります。また、間違いを自分ですぐ気づいて言い直すのもフィードバック機能です。図1-2には、これらフィードバックについて図示されていませんが、シュラムは、新聞やラジオなどマス・コミュニケーションを念頭にモデルを構築し、説明しています。

　さらに、話者は、自分の文化や過去のさまざまな体験を担って会話に臨みます。そのような互いの経験の場（a field of experience）が共有されていればいるほどコミュニケーションはスムーズにいきます。しかし、このモデルでは、経験の場（a field of experience）の説明はありますが、図示されてはいません。

　ところで、実際の私たちの会話では、キャッチボールをするようにメッセージのやりとりをしているわけではありません。むしろ話しながら相手の反応つまりフィードバックを多チャンネルで同時に受け、それに応じてことばの語尾を決めていることが多いのではないでしょうか。また、夢中に話していて誰かの発言と重なるということもよくあります。このシュラムのモデルは、現在では、携帯メールのやりと

りなど限定された条件のもとでのみ利用できるかも知れません。

2.1.3 交流モデル（The Transactional Model）

人間のコミュニケーションには、言語メッセージだけでなく服装やしぐさ、表情などの非言語メッセージもあります。言語と非言語メッセージは、同時に発することができます。また、自分で発したことばは自分にも聞こえますから、発した直後に間違いに気がつけば言い直すことも可能です。そのように考えると私たちのコミュニケーションは、単にメッセージをボーリングのように投げっぱなしにしたり、キャッチボールのように投げたり受け取ったりするような単純なものばかりではないということが分かるでしょう。また、ことばの意味は、ことばそのものの中にあるのではなく、受け取る人の心にあります。すなわち人は、自らの価値観や信念に基づいて発言したり相手のメッ

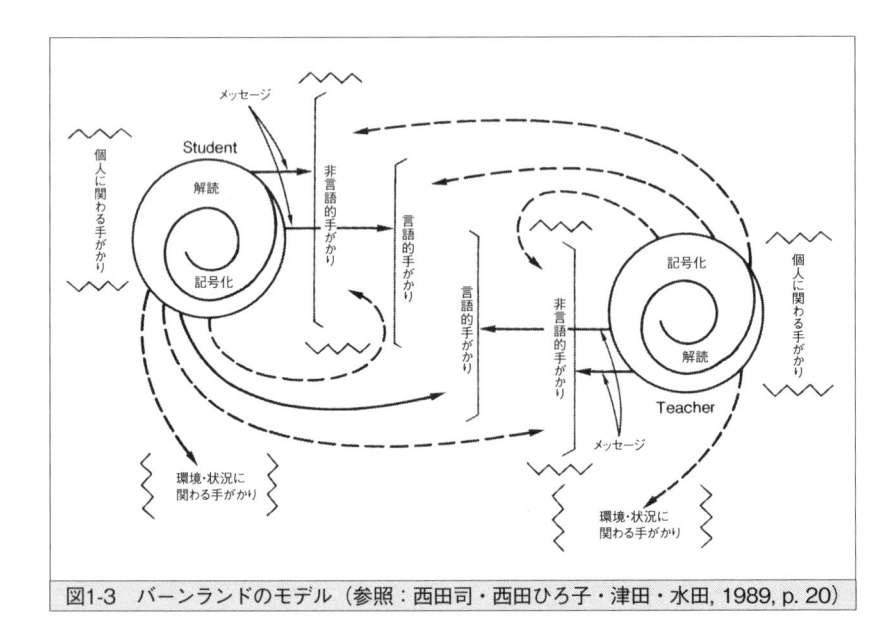

図1-3　バーンランドのモデル（参照：西田司・西田ひろ子・津田・水田, 1989, p. 20）

セージを理解します。そこで考えられたのが図1-3で示すバーンランドの交流モデル（Barnlund, 1968）です。

　このモデルでは、言語だけでなく非言語によるメッセージも示されています。会話の内容を理解するうえで「言語的手がかり」、「非言語的手がかり」、「個人に関わる手がかり」、「環境・状況に関わる手がかり」が無限にあるので、それらを参照してメッセージを発したりそのメッセージの意味を解釈したりしています。図の中の用語を囲んでいる〰〰〰という記号は、これらの手がかりが無限にあるという意味です。実線が物理的に発せられたメッセージで、点線が知覚されたものを表します。さまざまな手がかりの中には、自分だけが気づくもの、相手だけが気づいているもの、または両者ともに気づいて知っているものがあるということを意味しています。交流モデルでは、コミュニケーションの過程で話者の二人が双方に協力し合って、共通の意味をつくり上げていくことが前提とされています。そのために二人の話者は、同時にメッセージをやりとりしながらも言語や非言語などの手がかりを最大限に活かすことになります。

　2.1.2の相互作用モデルでは、話者の各人が経験の場を持ち、それらの共通項が多いほど誤解のないコミュニケーションができると考えられていました。一方、この交流モデルでは、各話者が個々に持っている経験の場は、コミュニケーションの過程を経ることにより次第に重なり合うと考えます。言い換えれば、話者は、互いの経験の場を重ね合わせるプロセスによって、共通の意味を新たに構築するということです。たとえば、住まいや家族の話をするにしても、東京のマンションに家族3人で住む田中さんと、ブラジルにおいて大家族で農場を営むダ・シルバさんでは、経験の場の違いから家や家族に関してイメージするものがまったく異なるでしょう。その経験の場を重ね合わせていくプロセスがコミュニケーションだということになります。この点が、

相互作用モデルと交流モデルとの大きな違いです。

2.1.4 日本人の遠慮—察しコミュニケーション・モデル

　日本人のコミュニケーション学者、石井敏（Ishii, 1984; 石井他, 1987）が考えた遠慮—察しコミュニケーション・モデル（図1-4）は、アメリカで開発された種々のコミュニケーション・モデルを参考に日本人に見られるコミュニケーションの特徴を加味して作成されたものです。太郎と花子という二人のコミュニケーションで、たとえば、太郎は遠慮して言いたいことをすべて言わないが、そこは状況や非言語情報から判断して、太郎の言わんとすることを花子は察して受け取るというものです。または、逆に花子が遠慮してすべてを言わなくても、太郎には言いたいことが大方理解できるというものです。

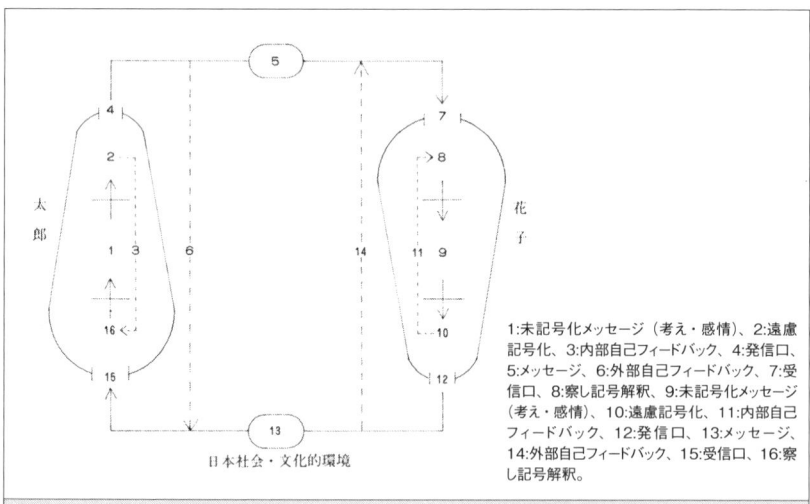

1:未記号化メッセージ（考え・感情）、2:遠慮記号化、3:内部自己フィードバック、4:発信口、5:メッセージ、6:外部自己フィードバック、7:受信口、8:察し記号解釈、9:未記号化メッセージ（考え・感情）、10:遠慮記号化、11:内部自己フィードバック、12:発信口、13:メッセージ、14:外部自己フィードバック、15:受信口、16:察し記号解釈。

図1-4　日本人の遠慮—察しコミュニケーション・モデル（『異文化コミュニケーション』有斐閣選書, p. 126）

このモデルの形状では、4と12の発信口が7と15の受信口より小さくなっていることが、多くを言わなくても理解されるということを表しています。および3と11に見られるように内部自己フィードバックが書かれている点が特徴的になります。相互作用モデルでフィードバックの重要性を示しましたが、ここでは、発話前に話者がどのように表現したらよいかなど自問し、適切だと思われる表現を選択するという意味で内部自己フィードバックが記述されています。適切な表現の選択は、誰でも行う実践ですが、文化心理学的に日本人のコミュニケーションの特徴としたところにこのモデルでの内部自己フィードバックの意義があります。

　遠慮がちに発信されたメッセージを理解するには、ある程度の人間関係や互いの背景知識が必要なので、このようなコミュニケーションは、当事者以外の人には分かりにくいやりとりと言えるかもしれません。

最近はこのように遠慮してものを言ったり察して解釈するという機会が減ってきているのでこのモデルが利用できるコミュニケーション現象も限定的になってきているかもしれません。しかし、すべてを言わないで伝えるという日本のコミュニケーションの特徴をよく捉えているとも言えます（第3章参照）。

2.2　コミュニケーションの構成要素とコミュケーション・モデルの限界

　いくつかコミュニケーション・モデルを紹介しましたが、これらから、モデルの機能、およびコミュニケーションの構成要素が見えてきます。モデルの機能としては、1) コミュニケーション現象の過程や構成要素を把握しやすくなり、そのメカニズムが理解しやすくなります。2) 次のコミュニケーション状況を予測できます。さらに、3) 新しい現象を発見することにもなります。特にコミュニケーション現象を科学的に

分析し検証しようとする研究者には有用です。

　コミュニケーションの構成要素には、聞き手、話し手、メッセージ、チャンネル、ノイズ、記号化、解読化が必須のものとしてあげられます。またノイズは、4種類考えられます。1) 外の騒音や室内の温度など物理的なノイズ、2) 話し手や聞き手のある事象に対する偏見、バイアス、事前に形成された態度など心理的なノイズ、3) 話し手や聞き手が病気、疲労、空腹状態であるか否かの生理学的ノイズ、4) 俗語、特別なことばの言い回しなどの意味的なノイズ、です。

　このようにコミュニケーション現象を部分に分け、モデルを当てはめて考えることにより、話し手の話し方や信憑性、メッセージの構成の仕方や効果、ノイズの影響、メッセージの聞き手への影響など、焦点を絞った研究が行われてきました。モデルの変遷を見ても線的モデルから、相互作用モデル、交流モデルと移り変わり、時代背景による関心事や研究方法により着眼点が変わっていっていることが分かります。コミュニケーションを学問として科学的に分析するために、さまざまなコミュニケーション・モデルが開発されたのです。

　しかし、いくつものモデルを考案しても人間のコミュニケーション現象は捉えきれません。複雑な現象を単純な線でモデル化しようとしても結局は、上記で見てきたようにモデルそのものが複雑になっていくだけで使いにくくなってしまいます。また、研究の方向性として、モデルを使って人間のコミュニケーションを要素に細分化し、その機能を科学的に実証研究するというアプローチには、限界があることが認められるようになってきました。個人のコミュニケーションの特質やメッセージなどを単体で見るのではなく、二人以上で構築される、個人を越えたコミュニケーション現象を捉える必要性が認識され、研究の視点も変わってきたのです。

　さらに携帯電話やメール、携帯型テレビやカメラ、携帯オーディオ

端末などパーソナル・メディアの技術発展に伴い人間の五感が延長されています。このようなパーソナル・メディアとの関連からも人間のコミュニケーションについては考えていかなければなりません。そのため情報通信学に加え、社会心理学、文化人類学、言語学、認知科学などの知見を踏まえて学際的に研究されるようになってきたのです。次節では、そのような学際的な知見を踏まえて、人間のコミュニケーションの特質を考えます。

3 コミュニケーションの特質

3.1 コミュニケーションでは、動的な過程に着目する

コミュニケーションは、常に進行している動的（ダイナミック）な過程（プロセス）をさします。常に進行しているのでいつ始まりいつ終わったかということは言えません。単に便宜上、時間で区切って考えることがあるだけです。たとえば、授業ならば9時に始まり10時半に終わるので、9時に教師が教壇に立ち、話し始めた時点から教師と学生との教室におけるコミュニケーションが始まったと便宜上考えるだけです。

3.2 コミュニケーションは、相互作用・相互構築に意義がある

人間が活動したり、行動したりする際には、誰かに働きかけたり働きかけられたりします。コミュニケーションでは、その過程での働きかけに着目します。2節で見たように自分の過去の経験や学習したことが無意識に活かされ作用したりします。また、コミュニケーションは、相互作用性（intereaction）に特徴があります。コミュニケーションする二人の話者は互いにメッセージを交換するだけでなく、相互に影響し合って（intereaction）います。そして、コミュニケーションは、二

者が意見を相互構築（transaction）することで一人では考えられなかった気づきや考えを生み出すような作用、個人の枠を越えるような作用があります。メッセージの意味を互いに解釈し、確認し、交渉し、共有しあうだけでなく、新たに構築することもあるのです。このようにコミュニケーションは、アクション性に富んだもので、単にことば（刺激）に反応（reaction）するだけではありません。

3.3 コミュニケーションの修復もコミュニケーションで行う

　コミュニケーションは、常に動的に進行しているので、取り消しもやり直しもできません。携帯メールでのやりとりなら、送信前にゆっくり文言を考えたり、相手によっては受信メールを読まずに「削除」したりすることができます。しかし、対面のコミュニケーションでは、言い間違えたら、気づいた段階で、言い直すしかないのです。携帯メールのように作成中のメッセージを途中で削除し、何もなかったことにするというようなことは対面ではできないのです。

3.4 コミュニケーションには、計数性（デジタル）と類推性（アナログ）という特徴がある

　言語コミュニケーションで使われる言語は、主にシンボルで構成されており、学習しなければ、理解できません。また、言語は、音に依存しているので発声していなければ何も聞こえません（手話は例外です）。つまり、連続して表出できない性質を持っており、それを総称して計数性（デジタル）の特徴があると考えます。

　一方、人間の動作は、箸を右手にとって茶碗を左手に持ち口の前に運び・・・と連続して表出できます。音声とは異なり、動作が途切れて何も見えなくなるということはありえません。また、「お箸はペンを握るように握って」というように動作は、何か他の形に似せて表現で

きるので、類推性（アナログ）に富んでいると考えます。
　一般にコミュニケーションは、言語コミュニケーションと非言語コミュニケーションに大別されます。そこで前者は、計数性（デジタル）と非連続性に、後者は、類推性（アナログ）と連続性に特徴があるとされていますが、厳密にはこのように簡単に区別はできません。詳細は、各章で見ていきましょう。

3.5　コミュニケーションは、メッセージの内容と人間関係から理解する必要がある

　どのようなコミュニケーションにもメッセージの内容と人間の関係性の側面があります。たとえば、親子の関係が良好であれば、「こっちに来なさい」という親から子へのメッセージは、たいして驚くことはないでしょう。居間で切っているすいかを一緒に食べようというくらいの意味です。しかし、たびたび帰省し、小遣いをねだっている状況では、父親の「こっちに来なさい」の一言には、怒られるのを覚悟しなければなりません。言語メッセージでは、同じ「こっちに来なさい」という表現ですが、二者（親子）の関係が変われば、声の調子も言い方も変わってきます。このようにコミュニケーションはメッセージの内容と人間関係の両面から理解されなければなりません。

3.6　コミュニケーションの背景には、コンテクストが必ずある

　言語や非言語メッセージは、無機質な空間で交わされるわけではありません。その背景には必ずコンテクストがあります。コンテクストには、話者の文化背景、人間関係、気分、情報の共有度合い、場の状況（環境要素のほか私的、公的、第三者の存在なども含む）などのようなメッセージを解釈するうえで手がかりとなる情報が含まれます。言いかえれば、同じ言語や非言語メッセージでもコンテクストによっ

て意味解釈や評価が変わってしまうほど影響力のあるものです。

4 進化から探る人間のコミュニケーション

　前節で示したような、コミュニケーションに特質がある現象をどのように捉えたらよいのでしょうか。その輪郭を探るために、本節では人間のコミュニケーションを考える前に、他の動物やことばをまだ話せない乳児とのコミュニケーションを取り上げて考えてみましょう。

4.1　昆虫のコミュニケーション

　エンマコオロギの鳴き声が聞こえると日本人は、秋の風情を感じます。人間の脳は大脳だけでも数百億個の神経細胞から成り立っているのに対し、コオロギは、10万個程度だそうです。「虫けら同様に扱われた」と表現することもありますが、それだけ単純な動物です。しかし、神経の情報処理の観点から見れば、ON｜OFFのデジタル信号として処理されており（長尾, 2004）、先ほどのシャーノンとウィーバーのモデルにも通じます。そこでコオロギの求愛行動を考えてみましょう。

　まず、エンマコオロギの鳴き声の仕組みですが、右の羽にやすりのようにギザギザした部分があり、それを左の羽のヘリについている突起でゴシゴシこすって音を出します。この音の出し方には二通りあり、大きな音のチャープと小さな音のトリルというのがあります。メスがそばにいないときは、チャープを10回それに続けてトリルを2回鳴らします。これは「呼び鳴き」と言ってメスを誘う鳴き声です。

写真1-1　エンマコオロギ

メスが近くに来たらチャープを5、6回、トリルを30回鳴らします。これを「求愛鳴き」と言います。それが私たちに耳慣れたコロコロコロ・コロ・コロの音色になります。「呼び鳴き」と比べて、羽を小刻みにこすり、トリルを30回も鳴らすので、それだけ消費するエネルギーも必要になってくるのではないでしょうか。一年しか寿命のないエンマコオロギにとってメスと出会うための求愛鳴きは、それほど必死なものなのでしょう。

　このような動物のコミュニケーション手段の多くは、生得的です。種を存続させるために最低限、必要不可欠なもので、目的があって意図して行動するというより、外界への単なる反応として行動をとっています。ですからことばというより信号として情報を相手に送っていると言えます。しかし、たとえ信号でもエンマコオロギは、相手に求愛を伝えるのにトリルの数を増やしています。それだけエネルギーを使っているのが分かります。人間のコミュニケーションでも相手に伝えるには、「エネルギー」すなわち「努力」がいることを覚えておく必要があるでしょう。相手にこれを伝えたいという思いがなければメッセージは伝わらないのです。単にことばを発してもことばに思いがなければ伝わらないのです。

4.2　チンパンジーのコミュニケーション

　人間に一番近い動物は、ボノボやチンパンジーです。500万年前までは、人間と共通の祖先を持っていました。人とチンパンジーは、分類学上では、同じ尻尾がないエイプ（ape）に区分されます（松沢, 2002）。チンパンジーは、人間のようにことばを使って話すことはできませんが、接触、視覚、聴覚、笑いを通してコミュニケーションをとることができます。たとえば、チンパンジーの赤ん坊は、生まれた時から母親にしがみつき、母親は、自分の子どもを抱きしめます。この

ようにしがみつき抱きしめる親子の関係は、霊長類に共通するコミュニケーションの基盤です。さらに、母親と子どもはお互いに見つめあい、生後3ヶ月くらい経つと相手の顔を見てにっこりとほほ笑むようにもなります。また、母親を顔写真で見分けることもでき好んで母親を見るようになるそうです（松沢, 2002）。

　さらにチンパンジーは、好物のアリをとるのに細長い小枝を使うなど道具を使うことが知られています。生息する地域の気候や自然環境によってどのような食べ物をどのように食べるかという食物と道具の使用方法が異なる「文化圏」があるようです（松沢, 1995, p. 174）。また、地域によって出会いの挨拶も違うそうです。たとえば、マハレのチンパンジーは向き合った片手同士、こちらの左手と向こうの右手を高く掲げて、残ったほうの手でグルーミングをします。しかし、そういった行動は、マハレにしか見られないのです（松沢, 1995, p. 176）。このように地域によって挨拶や道具の利用方法が違うことが調査で分かっています。もしこれを「伝統」あるいは、「文化」と呼ぶなら、これらはどのように継承されるのでしょうか。

　チンパンジーの親子であるアイとアユムを飼育しながら研究しつづけている京都大学霊長類研究所教授の松沢哲郎氏の考えでは「新しい文化は、群れから群れへと移籍する女（メス）によって伝播される。そして、次の世代の子どもたちがそれを観察して学習する。こうした文化継承の経路が考えられる」そうです（松沢, 1995, p. 178）。チンパンジーの世界でも文化と言えそうな習慣があり、メスによって他の群れに伝播したり、子どもの観察と学習によって次世代に継承されているのが分かります。

　それでは、人間の場合はどうでしょうか。私たちは、チンパンジーと違って、はるかに複雑な言語を操り文化を持ちます。これについては、第2、3章で詳しく見ていきましょう。

4.3　乳児のコミュニケーション

　生後間もない人間の乳児は、ことばを発しません。しかし、前節のチンパンジーのように目で母親を追い、時には笑い声をあげて喜びます。母親は、乳児の泣き声で眠いのか、おなかがすいているのか、同じ姿勢に飽きたのかなどを判断して対応しています。その時に乳児を抱き抱えて様子を見ることがあります。

　鯨岡（2002）によると養育者は、乳児を抱っこする能動の側でありながら、乳児の抱かれ方に合わせて抱かざるを得ない受動性を担っており、乳児も受動的に抱っこされる側でありながら居心地のよいように動いて抱かせる能動性を担っていることになります。この両者の感覚がうまくかみ合って「しっくり」とした抱っこが成りたっています。これは、「能動―受動の交叉モデル」として図1-5のように図示されます（鯨岡, 2002, p.141）。

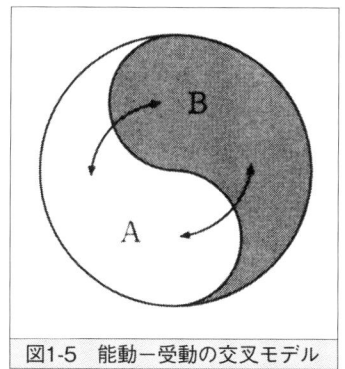

図1-5　能動―受動の交叉モデル

　このように二者間のコミュニケーションで、相手と何か気が合う、波長が合う、一体感が感じられるなどというときには、このような関係が成り立っているわけです。このモデルは、前節のものとかなり違うことがお分かりでしょう。領域Aと領域Bは、直線で半分にされたものではなく、曲線で囲まれています。抱く、抱かれるのように互いに補完される形になっており、それでいて一体感があります。また、凸部分が能動性、凹部分が受動性を表すと考えれば、領域A（たとえば養育者）の部分にも能動性と受動性が同時にあることが分かります。それは領域Bにとっても同じです。さらにAとBが矢印で示すように白

と黒が入れ替わったり、境界がなくなって灰色つまり身体が一体になったりする様子も表されています。一方、乳児がむずかるなど身体が互いに反発しあえば、境界がはっきりと分かるようになります。

　鯨岡（1997）は、このような子どもと養育者のさまざまな関係を観察し、そもそも人間が生まれ、ことばを発するまでの段階でどのようなコミュニケーションが起きているのかを分析し、理論化しています。鯨岡は、養育者と乳児の身体が接触したり、手を握りあったりして直接的に接することにより感じとる身体機能のほかに、物理的に離れていても感じ取る機能について述べています。たとえば、相手がうきうきしたりイライラしたりしていると自分も同じように感じて落ち着かなくなるなどのように視覚や聴覚を通して遠隔でも感受する機能があると述べています。特に遠隔でも相手の気持ちが分かるのは、人には、力動感（vitality affect）（スターン, 1989; 鯨岡, 1997, p. 74）すなわち広義の情動が備わっているからだと言います。

　このようなコミュニケーションの見方は、これまで見てきたコミュニケーション・モデルでメッセージが、常に情報発信者から送られる、つまりコミュニケーションが情報発信者から始まると考えたこととは大きく異なります。この視点は、まだことばを話すことができない乳児と養育者とのコミュニケーションの研究から学べる事柄です（ワンポイント・スタディ参照）。

> **ワンポイント・スタディ**
> 聞き手の重要な役割　「受け手効果」
> 　　乳児と養育者のコミュニケーションの場合、乳児が意図的に養育者に情報を「伝えた」のではなく、「養育者の受け止め方を起点に」してコミュニケーションが始まっていると考えられます（鯨岡, 1997, p. 94）。以下に鯨岡（1997）の説を見ていきましょう。

乳児には、欲求や要求など広義の情動があり、それらは、手足を動かしたり、あくびをしたりなど身体を介して表出されます。また、目の前にあるものに手を伸ばして取ろうとしたりするなど志向性があります。この表出性と志向性を持った身体と身体が出会い、何らかの関係を築き上げるときの一側面がコミュニケーションに他ならないのです。ここで表現ではなく表出、意図ではなく志向というのは、主体の意図的な表現や意図した行為を含みながらも、それをはみ出る面を持つからです。

　一方、養育者は、「いつもすでに」自分の乳児に関心が向いています。つまりメタ水準のレベルでわが子に関心があります。その関心の深さは、たとえば乳児と同居していない祖父母より強いものでしょう。そして、養育者としての気持ちの表出は、祖父母とは異なるものでしょう。養育者は常にこのような状態にあります。一方、乳児によるある感情の表出は、志向性があるので、すでに乳児に深い関心を寄せてしまっている養育者の身体に感応を引き起こします。それが、たとえば空腹であることなどの意味を持つ表現としてまたは意図的行為として養育者に捉えられ伝達されるのです。これを鯨岡は「受け手効果」（鯨岡, 1997, p. 80）と呼んでいます。

　このような乳児と養育者との関わり方の研究から、鯨岡は、「原初的コミュニケーション」（5.1参照）を見出したのです。

5 コミュニケーションの捉えなおし

　私たちのコミュニケーションでは、単に情報の授受をするだけでなく一緒にいるだけで気持ちが落ち着くなど感情を共有するだけで満足できることがあります。たとえば、日本人は、挨拶代わりにお天気の話をします。「やっといいお天気になりましたねえ」「ええ、ずっと続

くといいのですが」。このような会話では、その地区の実際の気温や、天候の変化などを理解して発言したわけではありません。そのときの気分で、雨も上がり思わず出たことばでしょう。また、人と出会ったときの、さし障りのない挨拶ことばとして発したまででしょう。つまり、ここでは、正確なお天気情報の授受を期待しているわけではありません。単に、お天気になって晴れ晴れとした気持ちを確認しあっただけでしょう。このように考えるとコミュニケーション現象をメッセージのやりとりや情報の授受として考えるだけでは、その本質は捉えきれないようです。

5.1 理性的コミュニケーションと感性的コミュニケーション

　人間のコミュニケーションには、理性的コミュニケーションと感性的コミュニケーションがあります（鯨岡, 1997）。理性的コミュニケーションとは、おもに説得、伝達、叱責、疑問、など道具的な目的を持った場面で見られます。報告、連絡、相談などでは、ことばを駆使して状況をなるべく正確に伝え、相手にも正確に理解してもらう必要があります。このような状況では、理性的なコミュニケーションが中心となります。ただし、理性的なコミュニケーションに、まったく情動や感性が伴わないということではありません。たとえば、優秀なセールスマンは、高額な商品を顧客に売る際に、単に商品の高性能を説明するだけでなく、相手の気持ちの動きまで周到に予測し、タイミング良く感情をこめて説明するので、買い手は心を動かしてしまうのです。つまりこれまでコミュニケーション・モデルや理論を用いて分析、研究されてきた言語と非言語のコミュニケーションの成果を巧みに利用して行われている大方のコミュニケーションが理性的なコミュニケーションと言えましょう。相手との相互作用で沸き起こる感情をも理性的にまた合理的に捉え処理しているならば理性的コミュニケーション

となるでしょう。

　一方、ここで提案する感性的コミュニケーションは、気持ちや感情あるいは力動感などの共有が二者の間で見られる素朴なコミュニケーションをさします。非道具的、非実用的な「遊戯的」性格を持つものです（鯨岡, 1997, p. 165）。鯨岡は、この感性的コミュニケーションを乳児と養育者とのコミュニケーションで表れる「原初的コミュニケーション」に関連させて説明しています。「原初的コミュニケーション」とは、「主として対面する二者のあいだにおいて、その心理的距離が近いときに、一方または双方が気持ちや感情のつながりや共有を目指しつつ、関係をとり結ぼうとするさまざまな営み」です（鯨岡, 1997, p. 163）。したがって、子どもと養育者の関係だけでなく、大人になっても夫婦や親友、恋人同士のような心理的に距離の近い間柄では原初的コミュニケーションが見られると述べています。

　一般に、私たちは、成長するにつれ、子と養育者が目を合わせただけでおもわずほほ笑み、うれしさを共有できるという素朴なコミュニケーションスタイルから、ことばを介して効率的にかつ実用的に気持ちを整理して相手に伝える理性的コミュニケーション・スタイルに変容していきます。理性が働きことばを巧みに操れることから、子どものころの素朴な感性は、かなり風化し変容していきますが、それでもその中心部分は、大人になっても存続し続け、理性の影響のもとで「かえってそれを純化した形で感性的コミュニケーションの中に持ち込まれ得るのではないか」と考えられています（鯨岡, 1997, p. 171）。それは単に素朴な感情の表出としての喜びや怒りだけでなく嫉妬、ねたみ、皮肉など屈折した感情をも含むことを意味します。言い換えると乳児の時に見られた原初的コミュニケーションは、大人になり理性的に物事を判断し、理性的コミュニケーションが主流になるとそれを支えるような形で感性的コミュニケーションとして深化していくと考えられ

ています（鯨岡, 1997）。

　理性的コミュニケーションの基底部に感性のコミュニケーションがあるならば、異文化コミュニケーションの分野でも、言語や文化の違いを把握して考えていくこれまでの理性的コミュニケーションからのアプローチのほかに、人間として生きていくうえでさまざまな事象に関心が向き情動が動く人間の本性に着目した感性のコミュニケーションのアプローチがもっとあってもよいでしょう。異文化コミュニケーション場面における「共感」能力の論考を深めるなどもそのひとつの方法かもしれません（例：ハウエル & 久米, 1992）。これまでの研究では、前者のマインドの部分に重点が置かれていましたが、今後は、後者のアフェクトの研究も進めていかなければなりません。

5.2　3種類のサイン

　感性のコミュニケーションを捉えるには、理性のコミュニケーションを媒介する言語すなわち「シンボル」だけでなく、コオロギのコミュニケーションで見たような信号とは何かなどを考える必要があります。そこで、ここでは、「サイン：何かを示すもの」ということばを使って、人間が何かを伝達するときに必要な記号について考えてみましょう。クロンカイト（Cronkite, 1986）は、コミュニケーションを考えるうえで有用なサインとしてシンプトム（symptom）、センブランス（semblance）、シンボル（symbol）の3つをあげています。

5.2.1　シンプトム（symptom）

　シンプトム（symptom）とは、医学用語では、兆候、兆しのことをさします。たとえば、皆さんは、のどがはれたり、熱が出てきたら、まず風邪の兆候と疑うでしょう。熱と風邪は必然的な関係にあるからです。このようにシンプトムは、サインとして「意味されるもの」（指

示物)を表わしますが、その指示物との関係は、必然的なものに限ります。したがって、シンプトムは、生来のサインと言ってもよく、意識してコントロールするのは難しいものです。

　もう少し例を見てみましょう。誰しもお腹が空けば、お腹がグーとなります。飛び乗ろうとした電車の扉が目の前で閉まれば、決まりが悪くて顔が赤くなります。クラスの前でスピーチをすると緊張で声が上ずります。原稿を握った手には汗をかくでしょう。不意に何か物が飛んできたら、よけようと体を倒すでしょう。これらお腹がグーと鳴る、赤くなる、声が上ずる、手に汗をかく、体をよける、などはすべて無意識になかば反射的に起こる生理現象であったり行為であったりします。これらは、生来のサインつまりシンプトムと言えます。教師が、授業時間の終了間際まで話を続けようと思っても、机下の生徒の足が動き、ものをいじり出したら生徒の集中力が途切れたと見てよいかもしれません。シンプトムは、無意識のうちに本人の気持ちを外に表してしまう生来のサインと考えることができます。

5.2.2 センブランス (semblance)

　センブランス (semblance) とは、先の兆候を誇張したものをさします。兆候を真似たもので本人の意思でコントロールできるものです。たとえば、母親が子どもを叱るときにことさら怒った顔をつくることがあります。つまり感情のうえではあまり怒ってはいないのに、子どもを叱るためにわざと怖い顔をすることがあります。これがセンブランスです。本当に怒ったときに生成される怒った顔の表情を誇張して提示しているのです。その他、欧米で見られるキスや抱き合う挨拶(ハグ)もセンブランスです (Liska & Cronkhite, 1995)。その他に、地理を正確に測定して作る地図、指示物に似ている彫刻、写真、絵画などもセンブランスになります。日本語では、擬音語・擬態語が豊富にあ

りますが、これらもセンブランスです。また日本語の「山」という漢字のような象形文字もセンブランスになります。

2003年3月、イラン戦争が終了することをサインとして示すためにメディアは、フセイン大統領の銅像をイラク人が倒すシーンを何度も放映していました。このフセイン大統領の銅像は、ここでのサインの分類で言えば、センブランスということになります。

ある行為や、何かのものに似せたり、それを思い出させるような非言語の動作はすべて、センブランスです。兆候のサインを他の状況で使うために誇張したり、変えたりする能力は、学習により備わる力で、それによって体験を他の人に伝えるなどしてコミュニケーションの力を高めているのです。

5.2.3 シンボル（symbol）

シンボル（symbol）は、象徴や表象とも訳され、「意味されるもの」（指示物）と「意味するもの」（それを指示することば）が恣意的な関係にあるものをさします。言語がその典型的な例です。今、読者が手に持っているものを日本語では、「本」と言い、英語では、「book」と言います。日本語や英語を学習しなければ、「意味されるもの」（指示物）と「本」あるいは「book」という単語とは結びつきません（図1-6、および第3章参照）。同様のことがジェスチャーでも言えます。たとえば、エンブレムがそうです（第4章参照）。手のひらを上にし、親

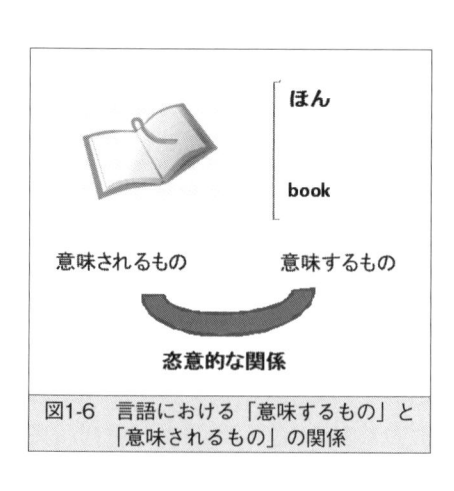

図1-6　言語における「意味するもの」と「意味されるもの」の関係

指と人差し指で輪をつくるジェスチャーは、日本では、お金を表します。しかし、米国では、親指と残りの指をすり合わせるようにしてお金を表現するので共通のジェスチャーではありません。エンブレムは、言語と同じようにシンボルなので、これらの違いは、意味を学習しなければ分からないということになります。

　それでは、3つのサイン、シンプトム、センブランス、シンボルはどのような関係にあるのでしょうか。図1-7を見てください。これらは、シンプトム、センブランス、シンボルの順に連続的に並べられます。動物のコミュニケーションを見てきましたが、動物は本来種の存続のためにコミュニケーションを図るので、記号のタイプでは、シンプトム、つまり一つの記号（信号）がひとつの意味しか持ちません。たとえば、前述のコオロギのコミュニケーションがそうです。ミツバチのダンスコミュニケーションは、ダンスの仕方で蜜源の場所を仲間に伝えることで知られていますが、これも学習したのではなく、持って生まれた生来のサインです。

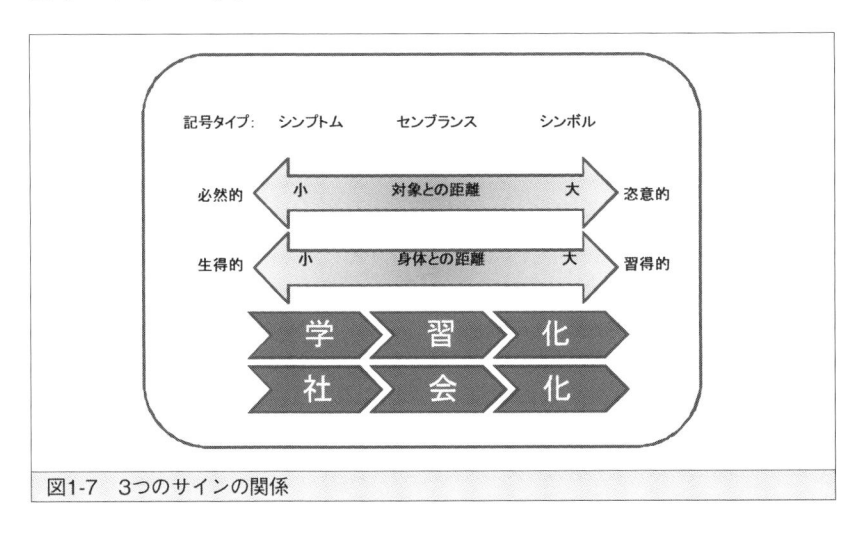

図1-7　3つのサインの関係

人間のコミュニケーションは、シンボル活動だという説明がよくあります。つまり、人間だけが、言語すなわちシンボルを操ることができる動物なのです。たとえば、インターネットという新しい情報技術が開発されれば「インターネット」と命名し、「インターネットの平和的な利用方法」などという抽象的なことも言語を駆使して世界中の人と議論できます。その意味で、人間のコミュニケーションは、シンボル活動だと言えます。

　しかし、第4章で主に扱う非言語コミュニケーションを考えると人間のコミュニケーションは、シンボル活動だけとも言い切れません。コミュニケーションは、身体とも密接に関連しているので、言語と非言語というように「言語」すなわちシンボルを基準に考えてしまうとコミュニケーションの豊かさが理解しにくくなります。そこで、シンプトムとシンボルの間にセンブランスを置いて、これらの連続体でコミュニケーションを捉えようとするのが図1-7の意味です。乳児が成長しことばを獲得していくということは、いろいろな人と接触して学ぶ社会化と学習を通してシンボル活動をするようになるということです。つまり成長とともに、大雑把ですが、シンプトム、センブランス、シンボルへと移行していくことになります。それと同時に、言語を習得したからといってシンプトムを基調としたコミュニケーションがなくなるわけではありません。3つのサイン、シンプトム、センブランス、シンボルによるコミュニケーションは、誰でもいつでもできると考えられます。本章の冒頭でコミュニケーションが苦手な人が多いことを述べましたが、隣の人のお腹が「グー」となったのを聞いて「お腹すいたの？」と話しかけるなどしているはずです。あまりコミュニケーションを難しく考えず、人間が持つコミュニケーションの豊かさを楽しみましょう。コミュニケーションとは、3つのサインに反応した時に起こるものと定義して考えていきましょう。

> **ディスカッション**
>
> 　本文で説明した４つのコミュニケーション・モデル（線的／相互作用／交流／遠慮一察し）の特徴を整理し、それらのモデルで説明できる具体的なコミュニケーションの事例をそれぞれひとつずつあげてください。各自で事例を考えてからグループで話し合ってみましょう。各モデルで厳密に説明できる現象かどうか、余分な要素が含まれていないか、お互いに確認しましょう。

第2章

文化について考える

アクティビティ

日本の文化を表す写真を一枚用意してくださいと言われたら、あなたならどのような写真を選びますか？またその写真を選んだ理由も考えてみてください。

写真1　金閣寺

例：金閣寺
足利義満が建立した、日本を代表する美しい寺。世界遺産でもある。

　上のアクティビティであなたはどのような写真を選びましたか？能や歌舞伎でしょうか？それでは写真2-1と2-2を見てください。これらは日本の文化を表していると思いますか？

　ふとんは日本のポータブルな寝具として海外でも人気が出ています。そのモノとしての側面だけでなく、これは、昼間の活動に使っている同じ部屋で、夜は畳の上にふとんを敷いて寝るという日本の伝統的な生活様式と関係しています。ふとんを干すというのは、お天気の良い日に、ふとんたたきでぱたぱたとたたいて埃を払ってから乾燥させ、布団の湿気を取って清潔に保

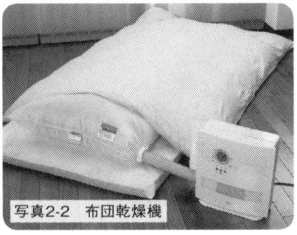

写真2-1　ふとんを干しているところ
©読売新聞社

写真2-2　布団乾燥機

つという生活実践です。このように、この写真は日本の生活実践や価値観を表しています。しかし、最近都会ではマンションなどの景観を損ねるということで、以前ほどふとんを屋外に干さなくなっているようです。家の中で布団乾燥機を使って乾かす人が多くなったという指摘があります。生活実践は、環境や社会の変化によって変わり、それとともに文化も変わっていきます。

本書で扱う文化は、文化遺産というよりこのような日常生活の中で見られる生活の仕方やコミュニケーションの方法、そこで使われる道具（たとえば布団乾燥機）に凝縮された価値観や規範意識などです。

異文化コミュニケーションは、文化背景の異なる人のあいだのコミュニケーションを考えることが目的なのですから、「文化とは何か」という問いはその根幹に関わります。伝統的な異文化コミュニケーション論では、たとえば日本とアメリカや中国の行動様式における「文化の違い」を分析し、それが異文化間のコミュニケーションにどのような影響を与えるのか、またどのようにすれば誤解を回避し相互理解に至れるのかを考えてきました。しかし序章でも述べたように（また第5章参照）、現在、アメリカ文化とはどのようなものなのか？とか日本人とは誰なのか？という問いに答えるのは容易でなくなりつつあります。グローバル化の中で、1つの国の構成員が均質な文化を持っているとは考えにくいからです。

では、多文化化し変化し続ける世界では「日本文化」や「アメリカ文化」の特徴について語ることにもはや意味はないかというとそうではありません。長い歴史の中で培われ継承されてきた「日本人」の生活様式だとか価値観には、変化しにくいものもあります。また制度として長年維持されているものもあります。文化は、「継承・維持」と、「変化」という矛盾する両側面を持っているのです。ですからある時点の「日本人」の生き方の特徴を抽出して、「アメリカ人」や「中国人」のそれ

とマクロレベルで比較してみることは、「文化」にアプローチする有効な方法です。この章では、まずⅠ部で、文化を共有・継承・変化という動的なプロセスとして考えます。そしてⅡ部では、コミュニティが変化し多様化しながらも共有し継承する文化の比較を、価値観や行動様式の特徴に注目して行います。Ⅲ部では、グローバル化する世界では文化をどう捉えるべきなのか、その方向を考えます。

Ⅰ 文化の共有、継承、変化：プロセスとしての文化

1 文化的実践への参加と文化の共有・継承・変化

　この本で考える文化は、一言で言うと「あるコミュニティに属する人の生き方の総体」です。異文化コミュニケーション論においては、文化を「ある集団が、学習を通して共有する、認知・情動・行動のパターンや価値観で、常に変化し、また必ずしも均質ではないもの」と定義しています（たとえばMartin & Nakayama, 2008）。これはどういうことを意味するのか、考えてみましょう。

　日常私たちは、家庭や学校などで人と一緒に食べたり、勉強したり、話したり、働いたりしています。たとえば人によって好んで食べるものや食べ方は違いますが、「日本人が食事をする様子を思い浮かべてください」と言うと、茶碗と箸を使って食べる、時々ナイフやフォークも使う、というような一定の範囲内の行動を思い浮かべるでしょう。また人がどういう時に喜び、どういう時に怒り、何をした時に謝り、どういう時にどのように礼を言うのかについても、ある程度共通の認識があるでしょう。このようにコミュニティの多くのメンバーと似た行動を日々繰り返していくこと、それが文化的実践に参加するという

ことです。私たちは、文化的実践に参加し、他者とやりとりをしながら、そのコミュニティの文化の型を引き継ぎ、文化の一員となっていきます。そして同時にそのコミュニティの文化を生成していきます。たとえば、日常の対人関係において、何か不満を感じたり行き違いが起こった時に、事を荒立てないようにあまり明確に人に反論しないとか、あまりはっきり言わないでそれとなく気持ちを分かってもらおうとすることがあります。このような「日本人的」と言われるコミュニケーションを社会の中で実践することで、私たちは「日本人」になっていきます。同時に、人々が実践に参加した結果そのコミュニケーションの型を再生産し、日本人の行動パターンの循環を生み出し次の世代に継承していくのです。これが文化の学習と共有のメカニズムです。またブルデュー（Bourdieu, 1977）がハビタスという概念で表した身体化された文化です（ハビタスについてはワンポイント・スタディ1を参照）。同じような生活環境で育ち、同じ言語を使い、学校で教育を受け、同じテレビ番組などのメディアに日々さらされることにより、知らず知らずのうちに私たちは多くのものを共有していきます。一方、女性、父親、教師など社会の中で置かれた位置や役割によっても、同様に私たちはそれらしく振る舞い、そのハビタスを形成していきます。人気を博したテレビのコマーシャルで、白い犬がある一家のお父さんとして登場するシリーズ（犬を父親に見立て、家族は女優や男優が普通に演じる携帯電話のCM）があります。このCMが極めて現実離れした設定でありながら、視聴者が犬におやじの姿を重ねることができるのは、「親父らしさ」に関する共通の理解を前提とした、普通の親父が描かれているからです（好井［2010］の分析を参照）。そしてこの広告では、その普通の親父が犬であるという、普通でない状況が人の注意を引きつけます。

　しかし、日本人の中でも、同じ役割の人のあいだでも行動様式は個

人差があり多様です。誰に対してもはっきりとものを言う性格の人もいるでしょう。女性らしさや「～らしさ」の規範に反抗的になって人と違うことば遣いや目立つ服装、突飛な行動をする人もいるでしょう。海外に長期滞在した後帰国した人は、「日本人的な」行動の型からやや外れた振る舞いをするかもしれません。このようにして、それぞれの人が少しずつ行動をずらすことによって、そのコミュニティの文化は少しずつ変化していきます。これが上の定義の「文化は常に変化するもの」というところにつながります。

ワンポイント・スタディ 1
ハビタス

人間の集団においては、意識されないのに、また誰かが指揮するわけでもないのに、一定の規則性が観察されます。ハビタスとは、この社会的な特徴が人の中に入り込んだもの、つまり人が社会的に獲得した性向や行動傾向を意味します（Bourdieu, 1977）。「構造化されると同時に構造化する構造」（p. 72）でもあります。私たちは無意識のうちにハビタスを実践しハビタスを通して、文化の一員となっていきます。そのことで文化を生成する一端を担っているのです。また子どもは、周りの人のやり方を真似ることを通して文化に参加し、いつのまにかその文化のやり方が行動の動機となり感じ方となっていきます。このような人の心に入り込んだ文化と、外の社会構造や、観察できる人の行動パターン、生活様式などをつなぐ概念としてハビタスは有効です。ハビタスは感情的反応として、異なったものに出会う時に違和感を感じさせるだけでなく、それに合わない行動を抑制するのです。たとえば主婦はこうあるべきとか、女性はこう振る舞うべきという意識は、"ジェンダーハビタス"（宮島, 1999, p. 4）として人の心にすり込まれており、あるべきモデルから外れた行動

をするのに歯止めをかけます。それゆえハビタスは、「文化資本」(第3章参照)とともに、不平等として意識されにくい不平等を再生産するしくみと考えることができます(宮島)。しかしハビタスは再生産されながらも変化していきます。

2 規範意識としての文化

　人間の歴史は、それぞれのコミュニティがどのように社会制度をつくってきたのかという歴史でもあります。社会制度とは、慣習やルールによって統制される一連の行動や実践をさします。歴史的にそれぞれの文化が妻や夫という役割をつくり出したり、お金をつくってものの交換のしくみをつくるなど、一定のやり方を制度化してきました。従わないと村を追い出されるなど罰則を与えるのも制度です。その制度の中で、規範意識や価値観が生まれ、それに合うように人の行動を動機づけ、行動様式を収束する方向へ導いていきます。この行動様式は次の世代に継承され文化の特徴が維持されていきます。そして別のコミュニティでは歴史や環境が異なるので、違った制度や慣習、行動様式や価値観の発達が見られ、これが異文化コミュニケーション研究の対象となる文化の違いを生み出します。

　文化の違いが異文化コミュニケーションを困難にするのは、私たちが実践している行動様式の多くは、自分にとってはあまりにも自然なので、違うやり方と出会うと違和感を感じるからです。規範意識が強いと、自分のやり方が正しく、違ったものは間違っていると判断します。食べ物や調理の仕方の地域差は、人が楽しめる「異文化」ですが、「食べてはいけない食材」は文化的慣習によって随分異なり、時に、それを食べない人は食べる人に対して否定的感情を引き起こします。犬をペットとして可愛がる人々は、犬を食べる文化的慣習に眉をひそめま

す。鯨を稀少なほ乳類として保護すべきだと考える人は鯨を食用として捕獲することに強く反発します。
　食べ方やマナーにも微妙な違いがあります。たとえば韓国ではお茶碗を手で持って食べることは行儀が良くないと考えられているので、ある韓国人の留学生がテーブルに置いたまま食べていると、日本のホストマザーから行儀が悪いと注意されたそうです。多分日本人が韓国に行くとちょうど逆のことが起こるのでしょう。また、中国では、鶏肉や魚の骨などは、皿の上に置かないで、テーブルの上に置きます。この習慣を何となく汚いと感じる日本人が多いようです。私たちは自分が慣れ親しみ、無意識で行う行為が自然で、そうでない行動には違和感を感じる傾向があります。このような時に、相手の文化では同じ行動でも異なった意味づけがされるかもしれないと、それは自分が自明と思っている解釈と違うかもしれないと、少し立ち止まって考えてみる必要があります。上の中国の例で食べかすをテーブルの上に置くのは、食べかすをまだ手をつけていない食べ物と同じ皿に置くべきでないというのが理由です。調理方法が異なり、魚も肉も骨ごと切って調理に使うので、食べがらが日本料理では考えられないほどたくさん出るということもあるでしょう。説明を聞くとなるほどと思います。しかし、頭では理解できても違和感はなくならないこともあります。お辞儀があるべき時になかったり、お礼を期待した時にお礼のことばがなかった時にも違和感を感じます。しかし、ここで立ち止まってこの「違和感」の原因を考えることで文化についての理解を深める絶好の機会が生まれるのです（この点については第9章でも扱います）。
　箕浦（Minoura, 1992）は、異文化では、認知・情動・行動がかみ合わないことが多く、それが違和感の原因であると指摘しました。例えばアメリカに滞在していた日本人のいささか亭主関白のビジネスマンが、アメリカではレディファーストで女性のためにドアを開くことが

期待されるのでそう振る舞うものの、感情的にはしっくりきていないケースを例としてあげています。この文化ではこのようにするのだと頭で理解しており、また行動することができても、感情的に違和感があったり、頭では（認知的には）分かっていても行動できなかったりするのです。

　「日本人は四季の移り変わりを繊細に感じる」と言う人がいますが、世界の中で春夏秋冬の移り変わりが感じられるのは日本だけではありません。確かに俳句の中には「季語」を入れるとか、手紙は季節の挨拶から始め、何月にはどのような文句を入れるか決まっているとか、懐石のような伝統的な日本料理の材料や盛りつけの仕方は季節感にあふれているとか、私たちの生活の中に季節感が入り込んでいるのは日本の特徴と言えるかもしれません。衣替えといって、制服を冬服から夏服にする日が（またその逆も）決まっているというように、服装には記号的な側面もあります。また規範的でもあり、筆者（八島）が子供のころ、母親に「6月にウールの服を着るのはおかしい」などと注意されたのを覚えています。このように「四季を感じる日本人の心」というのは、私たちの生活の折々で季節を意識することが文化的実践となっているということを意味するのです。最近は地球温暖化の影響で、季節の変動の予測がつきにくくなっているため、季節と服装に関する規範も緩んでいるようです。eメールが中心の生活では、季節の挨拶も省略されがちです。

3 スキーマ・スクリプトとしての文化

　私たちが何か新たに入ってきた情報について判断したり、評価、推測する時、すでに持っている知識や記憶の影響を受けます。このような知識は構造化されて記憶されています。これをスキーマと呼びます。

たとえば、私たちはお花見というと、4月に桜の開花した公園を散歩したり、満開の桜の木の下に座って、お弁当を食べたりお酒を飲んだりする一連の活動であることを知っています。お花見というと、チューリップやつつじではなく桜でなくてはいけないことも暗黙の了解です。スキーマを形成する知識は文化的実践に参加することを通して蓄積されます。西田（2000）は文化スキーマという観点から行動様式の文化差や異文化コミュニケーションの問題を説明しようとしています。人は自分の慣れ親しんだ文化について、場所や歴史的事実、人物に関する知識や、自己概念、役割、状況に関する知識、物事を行う手順や問題解決のための方略などを体系として持っています。異文化に移動した時や、異なったスキーマを持った人と出会ってコミュニケーションを図る時、スキーマの齟齬がおこりコンフリクトの原因になると考えられます。また、ここでいう手順のスキーマは、社会心理学でスクリプトと呼ぶものに相当します。スクリプトとは物事のやり方についてのシナリオのようなものです。たとえば、私たちは、レストランに行くと、「いらっしゃいませ」と迎えられ席に案内され、席に座ると、ウェイターが水とおしぼりとメニューを運んでくる、そしてメニューを見て注文をするというように、一連の物事の流れを知識として知っています。もしその通り起こらなければ、何か異常が発生したように感じます。レストランのスキーマも文化によって違いがあります。アメリカのレストランでは、客も"Hello""Hi"と挨拶するのが普通です。多分水は頼まないと出てこないでしょう。おしぼりももらえないでしょう。サービスの仕方やチップなどのルールも異なります。文化とは認知的にはこのような手順、手続き、行動様式やその時に経験する情動などを含む記憶されたありとあらゆる知識の集合体と考えることもできるのです。スクリプトの齟齬があると、違和感を感じます。たとえば食事マナーのスキーマが異なると違和感を生むなど、感情や評価に

影響するので、異文化間の誤解の原因になりやすいと言えます。先に述べたように私たちは日々の生活に参加し、文化的実践を行うことで、その文化のやり方を身につけ、そのやり方が自然なものとなっていきます。それがハビタスです。ハビタスは身体化した文化のパターンで、私たちが特に何も考えず日々やっている行為や感じ方、その表し方です。

　自分にとって極めて自然な感情の表現でさえも、文化の影響を受けています。第1章では原初的で素朴な感性的コミュニケーションの大切さについて述べましたが、ここでは文化心理学的な感情を扱います。たとえば、あなたはどういう時に怒りますか？また、その怒りはどのように表現しますか？　日本ではどういう場合なら怒るのが当然とされますか？文化心理学者、北山（1998）は、われわれが日常経験する感情の多くは、生物学的メカニズムの直接の表れではなく、それらと個人の回りにある社会的状況やそれをどう認識するかによって再構成され、「感情」として「意味づけられる」と言います。つまり、感情を「社会的に共有され、集合的に演じられているスクリプトの一種」（p. 80）として捉えるのです。たとえば、身内の死に直面しても薄ら笑いを浮かべるという、日本人の抑制的な悲しみの表現について、ラフカディオ・ハーン（小泉八雲）が「日本人の笑い」と称したのは有名ですが、韓国では、声を上げて泣くことで強い悲しみを表現します。このように、人がいつ、どのような状況で、どのような言語・非言語の表現を用いて感情を表すかには、慣習化した行動様式として言語文化の特徴が見られるのです。ミクロネシアにはイフォラック（Ifaluk）語で「ソング（song）」と呼ばれる怒りの感情があります。この感情について調査したラッツという文化人類学者によると、ソングは、「正当な怒り（justifiable anger）」というような意味で、英語のangerとは明らかに異なった感情だということです（Lutz, 1988）。ソングは、「感情を害す

る原因をつくった人」の行動を変えることを目的としながら、その感情の矛先は、原因となった相手ではなく自分自身に向けられます。つまり感情を害した相手に向かって感情を爆発させるわけではありません。ソングという感情を本当に理解するには、現地でこの感情スクリプトを経験してみること、つまり実際に文化的実践に参加していくことしかないでしょう（感情表出の普遍性と文化差については第4章参照）。

　甘えは、日本（を含むアジアの一部）の文化に特徴的な感情として土居健郎（1971）が提案し有名になった概念です。土居によると、「甘え」で表される感情は本来人間に共通の心理です。しかし、日本語にこのことばがあるように（たとえば英語にはこれに匹敵する語はない）日本人に身近なものであり、日本の社会もこの心理を許容するように構成されているとします。おそらく、「甘え」が使われる文脈や、甘えが前提とされたり、受け入れられる人間関係のあり方などは、日本の文化的実践に参加することによってはじめて実感できると言えましょう。

　感情ではありませんが、「空気を読む」というのも日本の対人関係の特徴を表す表現です。どの社会でも、会話が上手な人も周りを白けさせる人もいますが、その場の空気を感じ取って余計なことを言わない、調和的な言動をするというのは、歴史的に継承されてきた「日本人的な行動」と考えられます。鎖国時代における役割の固定化と社会の非流動性や隣保組織に、衝突を回避し横並びを心がける様式の起源を求める研究者もいます（たとえば東, 1994）。しかしこの価値観が21世紀になっても失われていないことは、若者を観察していると分かります。現に「KY」（空気が読めない人）ということばが流行すること自体、空気を読めない人が増えている現状があると同時に、これが若者の中でも規範であることを示しています。仲間のあいだで浮いた存在にな

りたくないという若者の心理が見え隠れします。文化ハビタスは、このように「指揮者のいないオーケストラ」のごとく（Bourdieu, 1977, p. 72）意図せずして、規則性のある行動を生み出すのです。

　そのような規則性のある行動を生み出したり、社会で価値観が共有されるメカニズムは何か？そのひとつが、シンボル（第1章、第3章参照）による媒介です。たとえば、日本語では「みんなで」ということばが頻繁に使われます。誰もが歌ったことのある「ドレミの歌」の原詞では、"me, the name I call myself（ミは自分をさすことば）"ですが、日本語では「ミはみんなのミ」と訳されています。「みんなの歌」「みんなの体操」など、みんなで一緒にする事の楽しさ、大事さが、つまり集団を重んじるという価値観が、口ずさむ歌やくり返すフレーズを通して、ゆっくりと共有されていくのかもしれません。逆に「KY」ということばは否定的な意味を醸成し、人の行動を抑制するのです。

4 儀式的コミュニケーションとしての文化

　マーティンとナカヤマは、ユダヤ人のぶつぶつ言う（griping）儀式的コミュニケーションを紹介しています（Martin & Nakayam, 2005）。これには一定のスクリプトがあり、そのスクリプトに沿って、集まってぶつぶつ文句を言い合うことで、イスラエルという文化の一員であるという意識が強まると言います。日本でも会社のあとで飲み屋に行って酒を飲みながらぐちを言い合ったり、甲子園球場で風船を飛ばしたり、声を合わせて応援したり、一定のルールを持った集団的な儀式的行為でそのコミュニティのきずなを深めるという働きがあります。春のお花見も会社の同僚や大学のサークルでの仲間意識を高める儀式と言えるかもしれません。私たちはこういった儀式的なコミュニケーションや、日常的な挨拶のスクリプト、お礼を言うスクリプト、謝罪する

スクリプトなど無数の文化的場面に参加することを通して文化を維持し、またその一員となっていきます。

5 道具としての文化

　異文化コミュニケーション論では、文化を認知・情動・行動のパターンや価値観と捉え、建造物や装飾品など目に見えるものだけではないことを強調しています。しかし、人間がつくったものや道具（制度などの人工物のすべて）にはそのコミュニティで暮らす人の歴史や価値観が凝縮されます。（アクティビティの布団乾燥機を思い出してください）。そして人間は道具を使うことで文化を実践していきます。つまり道具は文化が形になったものであると同時に、文化を結晶化し普及させ、持続させるものと言えるのです。たとえば電話など通信システムの発達は、現在の私たちのコミュニケーション行動と切り離せません。人間がつくった携帯電話やインターネットは、人間のコミュニケーションの様式を規定します。私たちは生活で必要となる道具を発達させ、逆に道具の発達により私たちの生活様式やコミュニケーション行動が変わるというように、持ちつ持たれつの関係にあるのです。

　私たちの身の周りは道具であふれています。それらは世代を超えて継承され、改良され、人々の生活を支えていきます。たとえば、調理のための道具、体験を記録するための道具など、人間のつくる道具は、世代を経るごとに累進的に進歩してきました。発達心理学者のトマセロによるとそれまでの世代が蓄積した集団的英知を継承し発展させていく点で人間は他の動物と質的に異なるのです（Tomasello, 1999）。

文化学習──人間の文化の源泉は「他者の心が分かる」能力

　第1章でチンパンジーの世界でも文化と呼べそうな習慣があること

を紹介しました。確かに広い視点に立つと、それぞれの動物の種で、一定の物事のやり方があり一種の文化と言えるものがあるかもしれません。しかし、人間のつくる文化とは質的にまったく異なります。これまで人類学者たちは、人間と他の動物を決定的に分ける特性として、言語を持つこと、道具を使用すること、そして社会組織を形成することをあげてきました。一方、チンパンジーとヒトの遺伝子は99％近く一致していると言われています。この進化的には紙一重という違いが、なぜこのような大きな文化的な違いをもたらすのか？トマセロは、この問いに答えるためにチンパンジーと人の社会的認知の研究を行い、大変興味深い仮説を提示しています（Tomasello, 1999）。人にあって、チンパンジーにはない認知的スキルは、「他者を自分と同じ意図を持った主体として認知し、他者の行動の背後にある意図と、なぜそのような行動をするのか（因果的構造）を見出す能力である」とトマセロは考えます[1]。つまり第1章の「原初的コミュニケーション」で扱った「他者の心が分かる」ということこそ人間が本来遺伝的に持っている特徴ということになります。人間の子どもは親の真似をします。たとえば親の真似をして携帯電話を持って「もしもし」と言ってみたり、お茶を飲んで、父親がビールをひとくち飲んだあとに出す「あーうまい」というような音を発して見せたりします。最初は行動の意味を理解せずに、形だけを真似ていますが、そのうち、その行動の意図や意味を理解して真似をするようになります。また人間の子どもは、生後9ヶ月ごろから、親の目線を追いかけ親が見るものを見ようとします。さらに親に何かを知らせるための指さしが始まります。このようにして、他者の視点からものごとを見ることができるようになるのです。また他の人の心の状態を察したり、人に何か教えたり、情報を共有するという特徴にもつながるのです。つまり「自分以外の人の行動の意図が分かる」いわば、他者の頭の中に入ってその人の目から世界を見るこ

とができる（佐伯, 1995）という生物的特徴を持ったことが人間の文化の根源で、これを基礎に人は言語によるコミュニケーションを行い、文化に参加する能力を発達させていくとトマセロは考えるのです。

II　価値観や行動様式の文化比較

　世界を旅すると実に多様な「生き方」があることに気づきます。少し観察しただけでも、挨拶の仕方、人の表情や目線、歩き方や立ち振る舞い、話し方、生活のペースなどにおいて多様な物事のやり方に出会います。また、海外に出ると時間感覚の違いを感じることがよくあります。日本では電話で修理を頼めばすぐ来てくれ、宅急便も翌日には到着し、レストランや店で長く待たされるということはほとんどありません。これほど客中心で迅速なサービスを提供する国はあまりないので、海外ではフラストレーションを感じることがよくあります。II部では、このような文化的実践に表れた違いを比較したり、また実践の基盤となっている考え方や価値観について考えてみましょう。さらに文化を国家間などマクロレベルで比較することで得られる知見とその問題点についても考えます。

写真2-3　世界を旅すると、多様な生活実践に出会う（北京郊外の食品店街）©八島智子

1 価値観と文化クラッシュ

1.1　教育文化のクラッシュ

　公教育の場である学校は市民や国民をつくるうえで重要な役割を担うところです。つまりここで文化の価値観や規範の多くが伝達されます。本節では、学校や教育における文化の違いと、それに起因する文化のクラッシュについて考えてみます。

　国や地域によって、学校の建物の特徴や教室の配置、机の並べ方など物理的な違いがあるだけでなく、教師の服装や先生と生徒の関係、先生と生徒また生徒同士のコミュニケーションの取り方などが異なります。学校では、その文化で何が大事か、どのような行動が奨励されるかなど、その社会で生きていくうえで必要なことの多くが、明示的に伝えられるだけでなく、日々の生活の中で暗黙のうちに共有されていく場でもあります。その暗黙の前提の異なる人が出会うと文化のクラッシュが起こります。

　身近な文化クラッシュの例では、日本の大学で英語を教えているアメリカ人が、学生が自分からすすんで発言をしないこと、分からないことがあっても手を挙げて質問をしないで隣の学生に尋ねたりすること、意見を言わないことなどに戸惑うというものがあります。確かに北米では、積極的に授業に参加することが期待され、意見や考えを積極的に述べることが社会での評価に関わるので、小さい時から機会があれば何か発言するように社会化されています。一方日本人の学生は活発な意見交換があまり期待されない環境で育つので、この二者が出会うと、期待の齟齬が起こります。しかし、西洋人はみんなアメリカ人と同じコミュニケーションの様式を持っているとも限りませんし、アメリカ人の中にも出身文化によって違いがあり、個人差もあります。日系アメリカ人のコミュニケーション研究者、トム中山はベルギーの大学で教えた時の経験として、授業の中で議論が起こらないなどアメ

リカの授業風景との違いに戸惑ったことを記しています（Martin & Nakayama, 2008）。また、アメリカ先住民の子どもたちは人間関係を重視し、沈黙が多いコミュニケーション・スタイルを特徴とします。このスタイルとアメリカの主流の学校文化で要求される活発な議論中心のスタイルとの不一致が指摘され、結果として先住民の子どもたちの不利になることが問題とされてきました（たとえばCarbaugh, 1995）。

　異文化を移動した子どもたちが直面する課題は、新たな地で交友関係を築くということだけではありません。「教師の役割」「良い生徒として期待されること」などが異なるため、学校文化に適応するには新たな文化モデル（あるいは文化的規範）に合わせていくことが必要になります。また、異文化の学校文化に一旦適応を果たした子どもが、元の文化に戻ると再度クラッシュが起こります。これについては、日本でも帰国子女の再適応の問題として研究が行われてきました（第7章参照）。

1.2　企業文化のクラッシュ

　最近では、日系の企業で外国人が働いたり、日本人が外資系の企業で雇用されることも多くなりました。転勤のない企業に就職したはずだったのに、事情が変わり海外に派遣されることもあります。グローバル化する世界で競争力を持つために、企業は進出した地域に合うよう戦略や組織文化を柔軟に変えて行く必要があるでしょう。またグローバル化する企業では、出身地、民族、ジェンダー、母語などの面で自分と異なる人々と一緒に仕事をする機会も増えるでしょう。職場の状況が大きく変化しつつある中で、どのようなクラッシュが起こるのかを調査し知見を蓄積する必要があります。

　アメリカと日本の組織文化の違いによるクラッシュについては、あ

る程度の研究蓄積があります。個人主義的と言われるアメリカの企業では、個人個人の仕事の責任の範囲が明確であるのに対し、日本の組織では集団主義的な特徴を持ち、グループで仕事をするため、どこからどこまでが誰の責任かが明確でなく、知識やスキルなどもグループで共有されている部分が多いということが指摘されてきました（たとえば林, 1994）。その結果、日本の組織には暗黙の了解とされている事柄が多く、外から入ってきた人には不透明な運営となります。日本人とともに働いた経験のあるアメリカ人へのインタビュー調査によると、企業内での日本人とのコミュニケーションの問題として、「指示を出す時に説明不足」、「前もって確認してこない」、「理解しているのかどうか分かりにくい」などがあげられたそうです（林他, 2010）。これは、エドワード・ホールの指摘する高文脈型コミュニケーションと低文脈型コミュニケーションの問題と関係します（第3章参照）。

　一方、西田（2003）は日本人と日系ブラジル人の企業内コミュニケーション摩擦の内容について、両グループに質問紙調査を行いました。それによると、日系ブラジル人が、日本人の職場の行動で自文化との相違や困難を感じていた事柄の中に、「日本人上司の仕事内容の説明が足りない」という指摘や、「自分や家族のための時間と仕事のための時間の区別」に関するものがありました。調査結果ではブラジル人の方が仕事より家族と自分の時間を大切にする傾向が見られました。しかし、残業などで労働時間を増やすかどうかは、経済状況とも関係します。調査結果は、ブラジル人の中にも残業により稼ぎを増やすことを重視する人もおり、一概に日本人の方が仕事中心とも言えないことを示しています。一方日本人は、ブラジル人の職場での男女交際の仕方や、転職に対する考え方に文化の違いを感じたと報告しています。そのほか、インドネシアの日本の企業において、現地従業員との摩擦として、勤務開始時間が厳守すべきものと考えられない、仕事を休ん

で引っ越しを手伝うなど、仕事より人間関係を重視することが大儀となるなどが経験談として報告されています（鈴木, 1995）。

　以上のような摩擦は、上司や部下、あるいは企業人として期待されるものの不一致、仕事に対する考え方の違いが原因で起こる企業文化のクラッシュと見ることができます。そういった問題解決へのアプローチの基礎となるのが価値観の文化比較という考え方です。これについては次節で扱います。

　以上述べたように、育った文化、長年生きてきた文化が異なる人が出会うと、程度の差はあれクラッシュが起こります。一人一人の出会いでは個人差の影響が大きいので、マクロレベルの文化差だけでは説明しにくいのですが（ワンポイント・スタディ2と図2-1参照）、教育や企業のように組織文化が生成される場では、集団的価値観が原因となるクラッシュが起こります。そういった現象に接近するひとつの方法が、組織を構成する人々がどのような文化的価値観を内面化しているかということを問うやり方です。それぞれの文化の傾向を分析し、それを数量化するなどして抽象的なレベルで比較することで、異文化間の接触で起こる価値観のクラッシュを予測しようというものです。

2 文化と価値観

　価値観とは、何が正しく何が間違っていると考えるか、何が美しくて何が醜いと思うのかなど、何にどういう価値をおくのかという評価の基準となるものです。これは同時に行動の指針となります。信仰が最も大事だと思っている人は、毎日お祈りの時間を持つでしょうし、健康が何よりも大切だと思うと、日々の食事に気をつけ喫煙はしないでしょう。価値観の違いは人間関係にも影響します。一人で読書をしたり音楽を聞くなど個人的な時間や空間を大事にする人が、会社のつ

きあいなどで、集団で物事をする時間が多くなると辟易するかもしれません。それぞれの人は個人的な価値観を持っていますが、それはどこから来るのでしょうか？家族や友人、学校で受けた教育の影響もあります。テレビ番組や読んだ本が影響しているかもしれません。この意味で、個人の価値観は、その人が属するコミュニティ全体の価値観をある程度反映したものになります。たとえば「アメリカは個人主義的な文化で、日本やアジアの国々の多くは集団主義的だ」と言う時は、アメリカ文化や日本の文化で多くの人々が持つ一般的な傾向があるという考えが前提になっています（ワンポイント・スタディ2参照）。伝統的に、文化人類学者や社会心理学者は、文化の価値前提を基盤として文化の特徴を記述し比較してきました。その研究の代表的なものを紹介しましょう。

2.1 文化の価値志向

古くは文化人類学者クラックホーンとストロードベック（Kluckhohn & Strodtbeck, 1961）による文化の価値志向の記述が有名です。これは、どの社会においても人間共通の問題の解決策を見出す必要があることを前提に、一定の幅のなかでどの解決方法が好まれるかについて文化比較を試みたものです。彼らが想定した問題と解決のための選択肢は、1）人間の性質について、本来善であるか、悪であるか、その両方であるか、2）自然との関係について、人間は自然に服従すべきか、自然と調和して暮らすべきか、自然を支配すべきか、3）人間関係について、個人主義的か、集団主義的か、祖先・親族を重視するか、4）人間の活動については、何かを「する（doing）」ことに価値をおくか、現在の状態「である（being）」ことに価値をおくか、「なっていく（becoming）」ことが重要か、5）最後に時間の捉え方では、過去、現在、未来のどれを重視するかの5つです。このように、ある文化で好

表2-1　クラックホーンとストロードベックによる文化の価値志向類型

1	人間の性格	悪	善と悪	善
2	人間と自然の関係	自然が支配	両者の調和	人間が支配
3	人間関係	直系的	集団主義	個人主義
4	好まれる活動形態	being 今あることを重視	being-in-becoming 精神的成長を重視	doing 行動を重視
5	時間的志向	過去志向	現在志向	未来志向

（Kluckhohn & Strodtbeck, 1961にもとづく）

まれる解決策の組み合わせで、その文化の特徴を表そうとしました。これをまとめたのが表2-1です。

　たとえば、2）の人間と自然の関係において、アメリカの主流の価値観は人間が自然を支配することにあると言われてきました。宇宙開発、代理母、クローン、遺伝子組み換えなど、アメリカで積極的に進められるさまざまな事業を見ると、明確にこの傾向を示しているように思えます。同じアメリカでも先住民の文化や、日本文化では、自然との調和に価値を置くと言われています。しかし、すべての先進国はその工業化の過程で多かれ少なかれ自然支配の価値に傾倒し、その結果環境問題を引き起こしてきました。クラックホーンとストロードベックの枠組みは、むしろ現在の世界の諸問題の根底にある価値志向を考えるうえで役立つでしょう。人間関係の次元の個人主義的・集団主義的傾向は、比較文化研究において最もよく使われるものですが、次のホフステッドの価値次元の項で説明を加えます。

2.2　ホフステッドによる価値次元の国際比較

　大規模な文化比較調査の代表的なものとして、ホフステッドが50カ

国と3地域のIBMで働く12万人の社員を対象に行った職場の価値観調査が有名です。30年も前に行われた調査であり、さまざまな批判も受けてきましたが、企業文化の国による違いを考える際の基礎的なデータを提供しています。この研究では、以下(1)～(4)に示す4つの次元にもとづき、53の国と地域を点数化し、相対的に位置づけています（Hofstede, 1980）。後にこれらの次元が西洋中心的だという批判を受けて、アジアの研究者（チャイニーズ・コネクション, 1987）によって提案された「儒教的ダイナミズム」を5次元目として取り入れています（Hofstede, 2001）。

(1) 権力の格差の許容度の次元 (power distance)
　それぞれの国の制度や組織において、力の弱い成員が、権力が不平等に分布している状況をあるべきものとして受け入れる程度を意味します。権力格差の許容度が大きい社会では、貴族や平民といった身分の差や職場における地位の差、力差が受け入れられるということです。権力格差許容度の大きい方から、マレーシア、グアテマラ、パナマ、フィリピンと南米や東南アジアの国が続きます。日本は53地域の中で33位となっています。

(2) 集団主義対個人主義 (collectivism vs. individualism)
　この次元で集団主義度の高い社会は、集団の利害が個人の利害よりも優先されるのに対し、個人主義傾向の高い社会では反対に個人の利害が集団の利害よりも優先されます。また個人のアイデンティティが、個人が何を達成し選択するかにもとづく場合は、個人主義的傾向です。一方、アイデンティティが所属するグループに左右される場合は、集団主義的な傾向が強いということになります。アメリカはこの次元で個人主義度1位、日本は24位となっています。国家の経済力が個人主

義指標のスコアと関連しているという指摘もあり、近代化の程度を表す指標と言えるかもしれません。権力格差許容度を横軸に個人主義度を縦軸に取った場合の各国の分布を図2-1に示しています。これは章末のディスカッションにも用います。

(3) 男性らしさ対女性らしさ (masculinity vs. feminity)

「男性らしい文化」では、自己主張が強い、やりがいを重んじる、達成意欲が強いなど、「男性的」とされる社会役割を尊重し、性別役割がはっきりと分かれています。一方「女性らしい文化」では周囲への配慮や社会環境志向の強い「女性的」な役割を尊重し、社会生活のうえでは男女の役割が重なりあっています。高度成長期の調査だからでしょうか、この次元で日本は「男性らしさ」が第1位となっています。最下位、すなわち最も「女性らしい」とされるのは、スウェーデン、ノルウェー、などの北欧諸国です。この次元の名称自体にジェンダーバイアスがあるとする批判があります。

(4) 不確実性の回避 (uncertainty avoidance)

ある文化の成員が不確実な状況や未知の状況に対して脅威を感じる程度を表す次元です。曖昧さに対して社会がどれだけ寛容かということと、社会で感じられている不安の程度を表す指標になります。1位はギリシア、その後に南米の国々が並びます。日本は7位で比較的不確実性の回避傾向が強い社会として位置づけられています。

(5) 儒教的ダイナミズム (Hofstede, 2001)

地位に応じた序列関係と序列の遵守、倹約、恥の感覚などを含む長期志向性、持続性（忍耐）の次元です。この次元すなわち長期志向性では、1位中国、2位が香港、以下3位台湾、4位日本、5位韓国となっ

ています。この次元のスコアと過去数十年の経済成長率との相関が認められています。

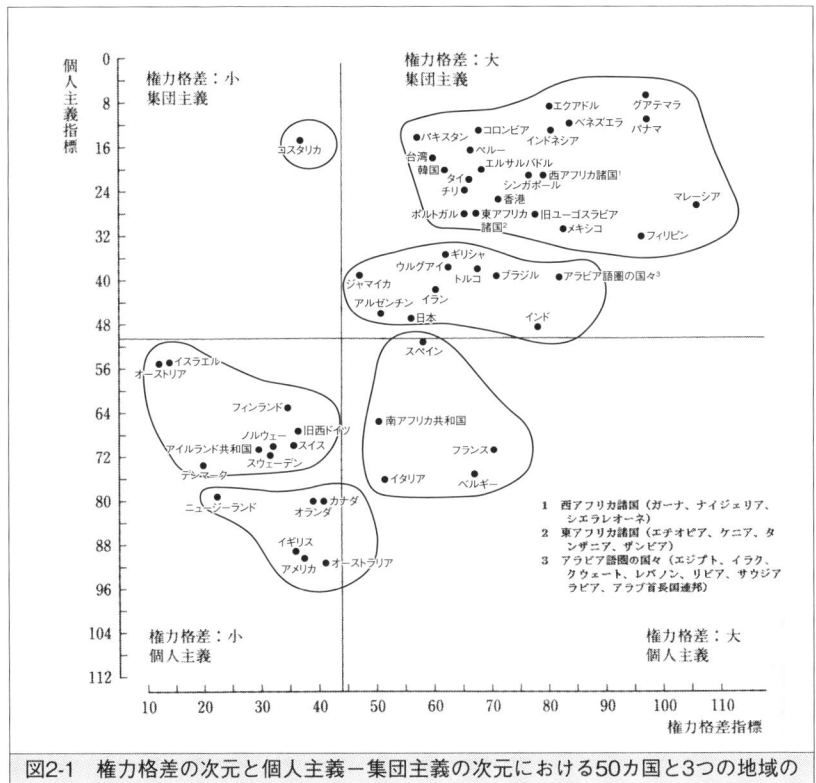

図2-1 権力格差の次元と個人主義－集団主義の次元における50カ国と3つの地域の位置（ホフステッド，1995より）

2.3 最近の価値比較調査について

価値観の国際的比較と変化を調べることを目的とし、イングルハートにより1981年から5回にわたって調査が行われています（Inglehart, R., World Value Survey）。2005年〜2008年に行われた第5回目の調査で

は54カ国、7万7千人が参加しました。この調査の基軸となる二次元の一つ目は、「伝統的」対「世俗的・理性的」という価値次元です。「伝統的」に寄っているほど家族の絆、権威や伝統的・宗教的価値を尊重し、離婚・中絶・安楽死・自殺を否定するのに対し、「世俗的・理性的」はその逆になります。もうひとつは「生存」対「自己表現」という次元です。産業社会から知識社会への移行に伴い、生存できるかどうかを心配する必要はなくなり、安全や経済的な安定を重視する傾向から、主観的な幸福感、自己表現、生活の質を重視する方向へ移行していくことが確認されています。イングルハートは、この変化は、世界の国々が個人の自由と自己表現を尊重する民主主義的な方向に変化する傾向

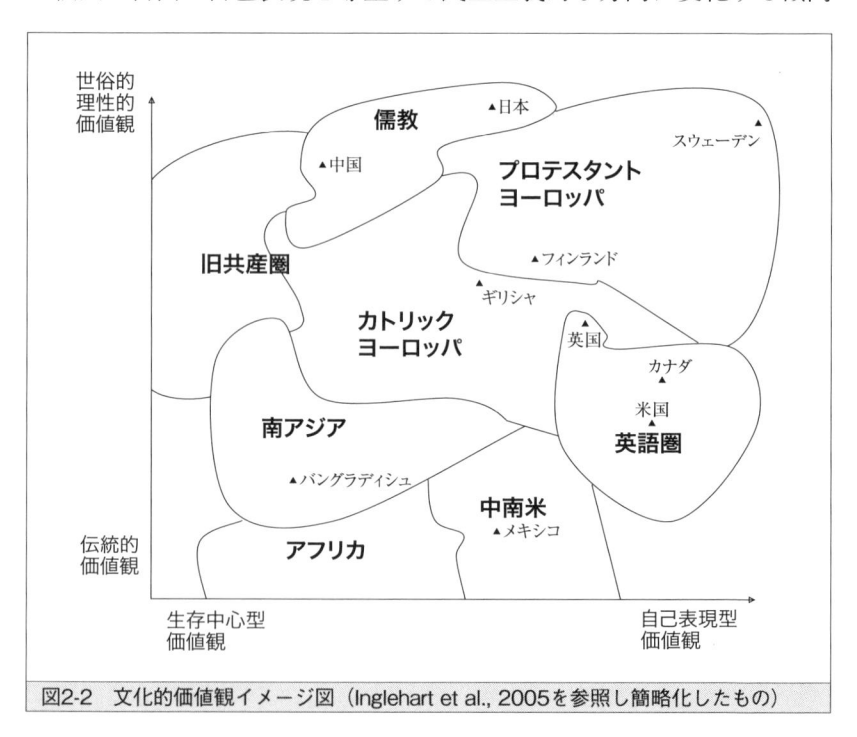

図2-2　文化的価値観イメージ図（Inglehart et al., 2005を参照し簡略化したもの）

の現れと考えています（Inglehart et al., 2005）。全体的には、世界が西洋化に向かっている様子を表しているように見えますが、日本の置かれている相対的な位置など注目すべき点もあります。

　イングルハートは、調査結果をもとに、縦軸に「伝統的」対「世俗的・理性的」価値観、横軸に「生存」対「自己表現」の次元を取り、それぞれの国や地域の調査の結果得た数量を精緻にプロットし、いくつかの国ごとのゾーンに分けられることを図式化して表しています。その図のイメージと日本の相対的位置を示すために、簡略化した図に表してみました（図2-2）。日本は、この調査によると世界で最も世俗的・理性的価値観が高いという結果が出ています。つまり最も宗教心が低く伝統的価値を否定する傾向が現れているのです。一方生存対自己表現の次元では、過去25年ほどのあいだに、自己表現重視の方向にかなり動き、現在では調査国の中で中間ぐらいに位置しています。アメリカは、第一の次元では、日本よりはるかに宗教的・伝統的であるのに対し、自己表現の次元ではこれを尊重する傾向が最も高い国のひとつとなっています。

ワンポイント・スタディ 2
文化の一般的傾向と個人の傾向について

　図2-3に示すように、A文化とB文化の特徴を数量的にマクロに比較し、平均値に有意差があるという言い方ができます。たとえばホフステッドの調査では、個人主義度の指標において、アメリカ人の平均値のほうが、日本人よりも有意に個人主義度が高いことが示されました。しかし、これは平均値の差にすぎないので、私たちが出会う一人一人のアメリカ人がこのグラフのどのあたりに位置するかは分かりません。日本人の平均値より低いアメリカ人に出会うことは十分考えられます。それゆえ、比較文化研究としてマクロに比較

することができても、その知識を持って、出会う相手に当てはめようとすることには問題があります。一方、壊滅的な被害を起こした2011年の東日本大震災の後の避難所での日本人の行動様式が、アメリカで大きな被害を出した2004年のハリケーンカタリーナの被災者と比較されることがありましたが、大勢の人のグループを比較すると、ブルデューの言う「指揮者のいないオーケストラ」のように一定のパターンを見せることがあります。

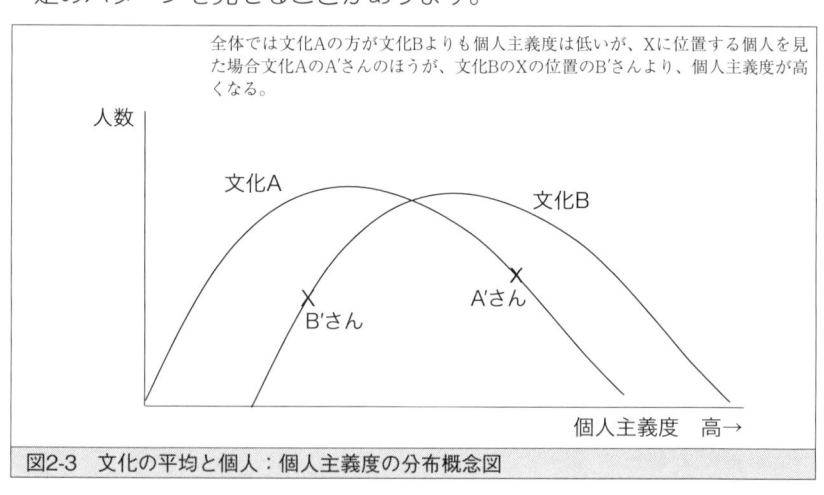

全体では文化Aの方が文化Bよりも個人主義度は低いが、Xに位置する個人を見た場合文化AのA'さんのほうが、文化BのXの位置のB'さんより、個人主義度が高くなる。

図2-3　文化の平均と個人：個人主義度の分布概念図

2.4　価値次元比較の有用性

マクロレベルで国家間の価値前提を比較することにより、自分の出身国（たとえば日本）が世界の中でどのように位置づけられるのかが分かります。日本は集団主義とよく言われますが、世界の国々の中では特に強い集団主義ではなく中間に位置します。一方曖昧性の許容のなさ、男女の役割の固定化や経済発展重視の傾向などが強い国であることが見て取れます。宗教心が低い傾向も明確に表されています。またクラスタ分析により、類似した国々のグループ化も可能です。ホフ

ステッドの次元の多くは、経済発展の度合いと相関があります。図2-1の場合左下に西洋の先進国が固まり、右上に途上国が固まる傾向があり、グローバル化する世界がどこに向かっているのかも読み取ることができます。特にイングルハートによる経年の調査は、世界が西洋化・西洋的民主化の方向に向かっていることを明確に示し、世界全体としての価値観の変化を追うことができるでしょう。こういった情報は、外交戦略や販売戦略など国家や企業が国際的な活動をするうえで参考になるかもしれません。

2.5　価値次元比較研究の限界

　文化比較は文化内の多様性を考慮しないで、平均値に注目することによって成り立ちます。しかし、図2-3で示したように人が個人のレベルで他国の人と接触する際に、文化の価値次元から予測されるステレオタイプを固定的に当てはめることは危険です。価値次元で得られる数字は全体の平均にすぎず、実際は、多くの多様な人で成り立っていることを忘れてはなりません。文化固有の性質を「本質化（essentialize）」することには問題があります。つまり一つの文化内の多様性や流動性にも同時に目を向けることが必要です。文化は常に変化し続けており、その中で個人も変化します。一つのフィールドにさまざまな価値観が混在し、個人も物理的・電子的空間の移動を自由にするようになった現在、地理的境界に囲まれた地域の文化的特徴を議論することが難しくなってきたことはすでに述べた通りです。国単位での比較だけではグローバル化する現状を捉えきれません。

2.6　実践的な応用を目指した比較研究

　価値次元の大規模比較ではなく、コミュニケーション・スタイルの違い、ターンテーキングのタイミングやシステムの違いや、ジェス

チャーなど非言語コミュニケーションの文化による違いに注目した研究が蓄積されています。これらは、コミュニケーションを潤滑に進めることを目指して、実践的なレベルで議論されます。また、すれ違い・誤解や失敗の実例から出発し、なぜそのようなすれ違いが起こるのかを記述することから文化差の理解につなぐというような方法もとられています（久米・長谷川, 2007）。異文化の出会いで起こる身近な現象からスタートして、文化に起因する価値観や前提の違いに問題意識を持たそうとする実践的なアプローチです。このような文化比較については言語・非言語に関する各章で扱います。

Ⅲ　グローバル化と変容する文化

1 新たなコミュニティの文化

　グローバル化に伴い、世界中の文化が画一化しているという指摘もあります。筆者が数年前に滞在したカナダのさほど大きくない街のスーパーマーケットに、巻き寿司をつくる巻きすが売られていました。ロンドンやパリなど多くの都市では、ビジネスマンがランチに寿司を食べるのが別に珍しいことではなくなっています。かつて、お箸を巧みに使い、日本語を上手に話す西洋人を「変なガイジン」と呼んでいた時代がありましたが、もはやそういう時代ではなくなりました。食生活に限らず、同じ事は文化のあらゆる側面に当てはまります。世界で食べられている日本食の中には、「日本料理」と呼びにくいものもありますが、同時に異文化の色彩が加わりこんな日本食の食べ方もあるのかと再発見する楽しさがあります。柔道が国際化したために日本の伝統的な柔道の形を変化させたようにグローバル化した世界では、文化

固有のやり方を守っていくことが難しくなっているように思います。

　このような状況の下で「一定の境界内の文化」という土地に結びついた文化概念は、グローバル時代の人々の生きている現実をもはや反映しなくなったという指摘があります。序章でも触れましたが、日本文化、日本人、中国文化や中国人と言っても多様な人を含みます。国の文化だけでなく、ジェンダーによる違いや東京や大阪など住んでいる地域の文化差、若者の文化など、いわゆるサブカルチャーに注目が集まるようになってきています。京都のぶぶづけの話（来客に茶漬けを勧めると、もう帰ってほしいという意味であること）や大阪人の気取りのなさなど、地域差の話になると授業中に話が盛り上がります。男女の行動様式や思考形式、コミュニケーション・スタイルの違いについては多くの書物が書かれているように（たとえばTannen, 1991）、誰をも魅了するテーマです。しかし、国の文化の場合と同じように、このような言説がステレオタイプを生み出し再生産するメカニズムにも私たちは敏感でなければなりません。文化をプロセスと考えると、そういった特徴を生み出した歴史的政治的背景や日常の実践を考えると同時に、本当に「〜文化の特徴」には実体があるのか、その特徴にもとづく文化差の記述は誰を有利にするのか、どのような言説によってグループ間の力差が維持されるのかということにも目を光らせる必要があるでしょう。コミュニティの文化、実践の共同体の文化がどのように生まれるのかという点に戻ることが大事です。

　グローバル化する社会では、物理的な人の移動だけでなく、インターネット上で瞬時にいろいろな地域を行き来することも可能です。一つの文化と思われていた「フィールドに共存しているさまざまな価値や信念、行動の不協和について書かれることが多くなり、いままで統一体と思っていたものは実は多様な価値を内包した雑種的なもの（hybridity）であることを認めるように変わってきた」とも言われます

（箕浦, 2002, p. 1）。それゆえ、この章では、文化をプロセスと捉え、文化が学習され、共有され、変化していくメカニズムにかなりの部分を割きました。それは文化を客観的に静的に横たわっているものとして考えるより、コミュニケーションを通して常に変化し続けるものと考えるほうが、グローバル化する世界の文化の本質を表しているからです。カルチュラル・スタディーズの観点からは、文化を「闘争の場」と見ることがあります。第5章で見ていきますが、コミュニケーションの中で一定のアイデンティティを押しつけられたり、一定の文化の境界に押し込められることがあります。またメディアの描き方はあるグループの人、たとえば「黒人」「女性」などのステレオタイプをつくり上げそれが一般に認められると、当事者自身もそれに従って行動したり演じたり、さらに期待されるように考えてしまうことさえあります。そういう言説に敏感になること、「異文化」の表象の仕方にクリティカルになることも同時に求められるのです。闘争の場としての文化やパフォーマンスとしての文化などの新たなメタファーを用いて文化を理解しようとする動きがあるのです。

2 文化とパワー

アメリカのコミュニケーションの研究者オルブ（Orbe, 1998）は、「どの社会にも階層があり、その階層のトップにいる人がその社会のコミュニケーションのシステムを規定する」と述べています。たとえばアメリカの重役会議や、教授会で用いられるコミュニケーションのスタイルは白人の男性的なものであると言えます。同様にアメリカの大学では、意見を積極的に発言し、人と異なる考え方を説明するなど、競争的なスタイルが求められます。アメリカの大学では多様な文化背景を持った人が学ぶので、決してすべての学生がこのスタイルを心地良く

感じるわけではありません（Martin & Nakayama, 2008）。しかし、アメリカの大統領になるのにスピーチが上手であることが必須条件であるように、こうした様式に慣れ親しむことがアメリカの社会で成功するには必要なのです。そうなると、文化的にこのようなスタイルを持つように社会化を受けてきたグループが得をすることになります。オルブの指摘は、このような社会における力の再生産を批判したものなのです。先に述べたブルデューのハビタスの理論とも関係します。文化を継承していくのは確かに、力を持った人だという見方もできますが、力の所在も一カ所に固定的にあるのではなくあちこちに偏在し、また変化しているのが現在の世界ではないでしょうか。文化について考える時にそういった力の所在について目を向けることも必要です。

　グローバル時代は、文化の概念も複雑化しています。刻々と変化するダイナミズムを柔軟に生きる力が要求されるのです。

ディスカッション

　75ページの図2-1を見て、自分が実際に触れたり読んだりしたさまざまな国の情報と重ね合わせてみましょう。それぞれの文化の特徴だと一般的に考えられていることを反映しているでしょうか？さまざまな文化で起こっている現象をどの程度説明できるでしょうか？文化価値次元の比較研究から得られる知見と有用性、その問題点を議論してみましょう。

注
1. 最近の京都大学のグループによる研究で、チンパンジーが相手の置かれている状況を見て相手の欲求を理解し、それに応じて利他行動を柔軟に変化させていることが示された。www.pnas.org/content/109/9/3588 参照

第3章

言語によるコミュニケーション

アクティビティ

文全体の意味を考えて、下線部の日本語を英語に訳してみましょう。
1. 「足をけがしちゃった。」
2. 「信号が青になったので渡りました。」
3. 「先生は、右手をあげました。」

逆に下線部の英語を日本語に訳してみてください。
4. Yoko went shopping with her sister yesterday.
5. Did you see elephants in the zoo?

　人と人のコミュニケーションを媒介するのは、言語だけではありません。また言語とそれ以外の要素を非言語として区別することは、私たちが日々行っているコミュニケーションの実態に合いません。言語と非言語を区別することは、あたかも言語とそれを使う体を切り離すようなものです。コミュニケーションにおいては、音声として発せられることばの意味とそれを発する体、さらにコンテクストが一体となって意味をつくりだすのです（第4章II部参照）。しかし本書では、便宜上、言語コミュニケーションと非言語コミュニケーションを分けて論じることにします。第1章で紹介した図1-7（p. 47）を参照してください。言語によるコミュニケーションは、この図の一番右にくるシンボルを扱います。（ワンポイント・スタディ1参照）。

　言語はシンボルです。（ただし、言語といっても、象形文字や擬音語・擬態語はセンブランスとなります。）有限の数の音素（およびアルファベットなどの文字）の組み合わせにより、無限の意味内容を表すこと

のできる言語というシステムを持つことで、人間の文化的な発達が可能となりました。人間は言語により、自分の意識を外に出して他者と共有し、またそれを記録することで時間を越えて伝えることも可能になりました。言語（シンボル）は恣意的であり、他者との約束によって何を意味するかが決まってくるという意味で、根源的に社会的です。人はある言語が使われているコミュニティに生まれ、そのコミュニティの言語を獲得することで社会化し、その一員となっていきます。この意味で、言語に代表されるシンボルは、文化の共有や継承を媒介するものなのです。

　異文化接触においては、共感的で直感的な理解が大切ですが、ことばでコミュニケーションができないと、厳密さを要求される情報の交換や、意見や考えのやりとりを通した相互理解が難しくなります。本章では、コミュニケーションにおける言語の働きについて考えます。言語やそのシステムは、決して無色透明でなく、私たちが現実を知覚するうえで、何らかの制約（バイアス）をかけるものと考えられます。その制約がどのようなものかを考えるために、まずは言語と思考や知覚の関係から見ていくことにします。

1 言語と認識

　私たちの認識は、どの程度言語によって形づくられるのでしょうか？違う言語を使う人は、認識の仕方が異なるのでしょうか？大変難しい問いですが、この問題に関係した有名な理論が、サピア・ウォーフの仮説です。これには強い立場と弱い立場がありますが、強い立場では、言語が思考を決定すると考えます。弱い立場を取ると、「言語は思考に影響を与える。言語と思考は関係するが絶対的でない」ということになり、こちらの方が一般的に支持されています。

86ページのアクティビティをやってみましたか？これらの例はいずれも、「言語により、ものの範疇化が異なる・世界の切り取り方が異なる」ということに関係したものです。日本語の会話では、「足にけがをした」と聞いて別に違和感を感じません。もちろん気になれば、どこを？どのように？と詳しく尋ねます。一方英語の場合、footかlegのどちらかを特定せずに言うことができないので、必ず足のどのあたりのけがなのか、という情報が与えられます。逆に4.のsisterの場合、英語話者はそれが姉であるか妹であるかを特定せずに話すのが普通で、聞いた方も、どちらか分からなくても普通は気にならない、ということです。一方日本語にするとき、姉か妹のどちらであるかが分からなければ、言うのが難しくなります。このアクティビティでも、sisterをとりあえず姉か妹かどちらかに決めないと自然な日本語に訳すことはできないのです。これは言語によって、単語が示す範囲が違うことによるもので、これを整理すると、表3-1のようになります。このように、言語による世界の区切り方の違いは、無数に例をあげることができるでしょう。

表3-1　言語（日本語と英語）による世界の区切り方の違い

日本語	姉	妹	足	
英　語	sister		foot	leg
日本語	湯	水	氷	
英　語	water		ice	

　一方アクティビティの3.は、日本語の場合は先生の性別に言及せずとも言えますが、英語の場合、文法的に、代名詞を入れなければならないのでhis handもしくはher handのどちらかを決めないと言えないことが、問題となります。5.のelephantsを「象」という日本語にすると、

単数・複数という情報が消えてしまいます。

　さて問題は、このような言語の違いが、認識や思考に影響を与えるかどうか、ということです。これについては、古くから論争があります。サピア・ウォーフの仮説にもとづくと、アメリカ先住民のナバホ族の言語には所有格を表すことばがないことから、この言語を話す人は、ものの所有に関しての考え方や感じ方が英語話者とは異なる、と考えられます。また、よく例に出されるのは色の語彙です。虹の色は、文化によって（おそらく気象条件も関係して）7色だったり、4色だったりすると言われます。しかし、人間の生物としての知覚能力が民族によって大きな違いがないことを考えると(生活様式の違いや訓練によってある程度見え方が違うかもしれませんが)、虹を4色としている文化の人が、5色以上は知覚できないのか、というとそうではないでしょう。アクティビティの中の「信号の青色」が、実際は緑色（green）と呼ばれる色であることを、日本人が知覚できないわけではないのです。過去において緑色と青色を明確に切り分けなかったなごりで、今も青という色のカテゴリーが、英語のblueだけでなく、greenを含む場合があるのです。（このような言語は日本語に限らず非常に多くあるようです。）

　ものや現象をどのようなことばで呼ぶかは、ものを認識するときの習慣性と関係します。日本語には黒という色をさすことばは一つしかありませんが、もし黒色の彩度の違いによって、二つのことば（仮に「クロ」と「クラ」）が使われたら、私たちは黒色を見るたびにこの二つを区別して見ることが習慣となり、「違う色」と考えるようになるかもしれません。このように考えると、言語が認識や知覚に何らかの影響を与えるというのは当たっているように思います。

　一方サピア・ウォーフの仮説に反対するのは、言語生得説を唱えるピンカー（1995）などで、人間は、特定の言語で考えるのではなく、

言語に共通の普遍的な思考言語を用いるとする立場をとっています。いずれにしても、言語と思考の関係は極めて難しい領域です。ワンポイント・スタディ1も参考にしてください。

> **ワンポイント・スタディ 1**
> 記号(シンボル)としての文化
> 　記号とは、シニファン(記号表現)とシニフィエ(記号内容・意味されるもの)の組み合わせによるシステムのことです。たとえば「犬」(/inu/という音の連続)がシニファンで、その音を聞くと思い浮かべる「ワンワン吠える生き物」がシニフィエです。同じ生き物が他の言語では/dog/、/ʃjɛn/という音で表されるように、この生き物と音のあいだに必然的な関係はありません。この生き物を/neko/と呼んだってよかったはずです。これを言語の恣意性と言います。むろん犬と聞いて思い浮かべるものは人によって異なりますが、この記号を共有することでコミュニケーションは可能になります。
> 　橋爪(1988)は「日本人はふつう、世界が「山」や「水」や「ナイフ」や「犬」や・・・からできあがっていると信じている。しかし、それは日本語を使うからそう見える、ということにすぎないらしい。英語だとか、ほかの言語を使って生きてみると、世界は別なふうに区分され、体験されることになるだろう。つまり世界のあり方は言語と無関係ではなく、どうしても言語に依存してしまうのである」(p. 47)と述べています。この考え方が、まさにサピア・ウォーフの仮説なのです。
> 　池上ら(1994)は、「記号(本書で言うシンボル)としての世界」について、「すべてのものが人間との関連で価値づけられ、意味づけられた世界」(p. 266)、つまり「人間を中心に秩序づけられた世界」

だとしています。そして　そのような秩序を支えているものがことばだというのです。この世界に秩序を与える行為、これが人間の文化の真髄だと言えましょう。

ワンポイント・スタディ 2
言語と思考

1) ビゴツキー派は言語と思考の結びつきが強いと考えます。ビゴツキーの発達理論では、人間の心理機能は言語（記号）の自覚的使用に媒介されて高次なものへ発達していくと考えられています。また子どもは階層を持った概念の体系（例：チューリップ―花―植物―生物）を習得することにより、抽象的な思考が可能になります。最初は他者とのコミュニケーションで使われていた言語が、自分自身に向けられ行動の統制に使われるようになったり、内化して思考に使われるようになると考えています（中村, 2004より）。

2) ポスト構造主義は、いわゆる言語論的転回といわれるような、記号が先行して意味内容を構築する、という認識論的パラダイムの転換をもたらしました。この考え方では、人種やジェンダーのカテゴリーには実体があるわけでなく、カテゴリー化する言説実践の結果であると考えます。自然で自明のものと感じられているあるカテゴリー（たとえば女性）の特徴を脱自然化し、構築されたものであることを暴く実践が脱構築です（以上、上野, 2005参照）。第5章で、何分の1黒人の血が入っていると黒人と呼ばれるのか、という問題を取り上げます。「白人と黒人」というカテゴリーは、たとえば「青い目と茶色い目」と違いはないのに、人を分類する人種というカテゴリーとして、社会的に構築されたものと考えられます。ポスト構造主義の思想家たち

は、言説が先行して意味を規定すると考え、言語使用の政治性に目を向けました。ポスト構造主義的な考え方は本章で説明するポリティカル・コレクトネスとも関係しています。

2 人称代名詞と対人コミュニケーション

　言語と認識の問題に関連し、対人コミュニケーションに深く関わるものに、代名詞の使用があります。英語の一人称Ｉと二人称youがジェンダー、年齢、話者の立場などに関係なく使われるのに対し、日本語では、話者の性別や年齢、相手との関係性によって、僕、私、おれ、君、貴様、おまえ、あなた、先生など、多様に使いわけが必要になります。この二つの言語では、人間関係を築いたり、維持したり壊したりする際の、対人関係の意味空間（箕浦, 1984）がかなり違うことでしょう。二人称の代名詞が複数ある言語は日本語だけではありません。フランスはtuとvous、ドイツ語はduとsieを、相手との関係によって使い分けますが、その使い分けのルールは明文化されているわけではなく、人間関係の進展とともに変わるので外国語として学習する人には分かりにくいようです。また、言語の中には、日本語のように一人称や二人称の代名詞を必ずしも言わなくてもよい言語（日本語の場合、言わないほうが自然であることが多い）、スペイン語のように、動詞の活用などで文法的に補われるため二人称は省略できる言語もあれば、英語のように文法的にどちらも削除することは許されない言語があります。次の会話を見てください。

　　Ａ「昨日行ったの？」
　　Ｂ「うん、熱が下がったんで行ったよ。」
　　Ａ「よかったね。遠足たのしみにしてたものね。」

文脈からはずしてこの会話を見ると、遠足に行ったのはBなのか（その場合Bは子ども）、それともBは大人で、自分の娘かあるいは他の人のことを言っているのかは曖昧です。しかしこれが英語での会話だと、「昨日行ったの？」は、Did she go (on a school excursion yesterday)? あるいはDid you go?となるので、主語は必ず明示されます。このように日本語は、他の言語と比較すると、言語使用の特徴として、状況や暗黙の了解で補われる部分が極めて多いと言えます。これは次節で扱うホールの言う高文脈・低文脈型コミュニケーションとも関係します。

さらに日本語の二人称代名詞の特徴として、目上の人に対しては、代名詞の「あなた」を使うのは失礼だと感じられ、これに代えて「先生は出席されますか？」「部長はどうされますか？」などということが多いようです。また一人称についても、子どもに対しては、「お父さんがやってあげよう」「先生も応援しています」などと、代名詞の代わりに、子どもから見た関係性を表すことばに置き換えます。鈴木（1973）による図3-1が、これをよく表しています。Iやyouなどの限られた代名詞を使う代わりに、相手との社会的な関係が反映された言い方をすることにより、ことばを使うときに常に人間関係が意識されることになります。この日本語の言語使用の特徴は、たとえば英語などとはかなり異なった対人意味空間をつくり出します。これが、日本文化の特徴と言われる

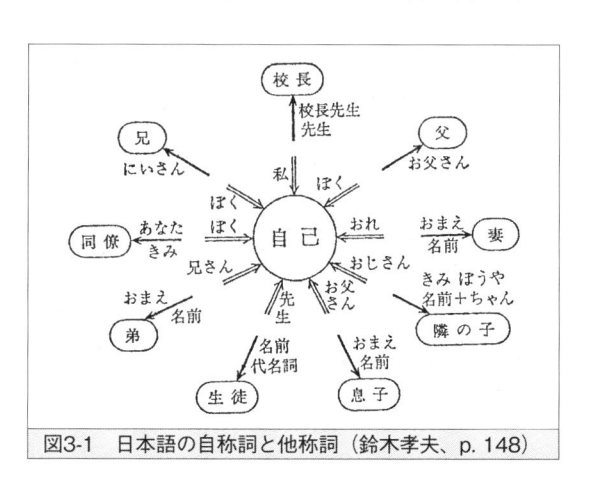

図3-1　日本語の自称詞と他称詞（鈴木孝夫、p. 148）

ものと深く関わっているのでしょう。次節ではさらに、コミュニケーション・スタイルの言語・文化による違いを見ていきましょう。

3 コミュニケーション・スタイル

　言語によるコミュニケーションでは、ことばの意味内容だけでなく、どのように伝えるか、つまりコミュニケーション・スタイルが、メッセージを解釈するうえでの枠組みやヒントとなります。そのため、異文化間のコミュニケーションでは、スタイルの違いが時に誤解やコミュニケーションの破たんを引き起こす原因となります。コミュニケーション学や社会言語学においては、さまざまなコミュニケーション・スタイルを類型化してきましたが、ここでは代表的なものを見ていきましょう。

3.1　自己開示とコミュニケーション

　自己開示とは、自分についての情報をどの程度人に意識的に開示するかということです。会話の中で、自分の好みや自分がおかれている状況、悩み、信条などをどの程度詳しく相手に話すかは、当然のことながら相手によって変わります。日本人の友人関係では、時間や場を共有すること、携帯電話でつながっていることを大切にします。しかし、振り返ってみるとあまり深い話をしていない、案外お互いのことを知らないということはないですか？友好関係を深めるためには、一定の自己開示が必要になります。より効果的なコミュニケーションを目指すためには、まず自分のコミュニケーションの特徴を知ることが必要です。（章末のディスカッションで、自分の自己開示の度合いを見てみましょう。）

3.2 自己開示の文化比較

自己開示の度合いなど、それぞれの文化において好まれるコミュニケーションのスタイルには違いがあります。バーンランド（Barnlund, 1975）は、章末のディスカッションのようなスケールを使って、自己開示に日本人とアメリカ人で差があるかどうかを調べました。この調査の結果、日本人の学生は家族や友人、見知らぬ人などに対して、アメリカ人の学生と比較し、自己開示の度合いがかなり低いことが分かりました。これを図3-2のジョハリの窓による公的自己（人が知っている自分）と私的自己（自分だけが知っている自分）の大きさの違いで説明を試みました。30年も前の調査であり、対象は大学生だけですので、どの程度現在に当てはまり一般化できるかは疑問の余地はありますが、人は他者とのコミュニケーションを通して自己理解に至るので、自己開示が低いと、自分を深く理解できないという指摘は重要です。その後の、グディカンストと西田の調査（西田他, 1989）では、親しく

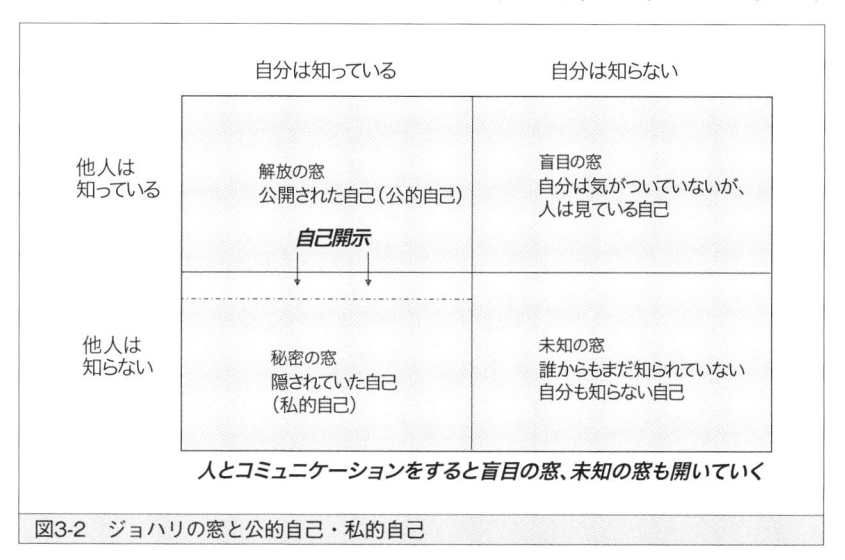

	自分は知っている	自分は知らない
他人は知っている	解放の窓 公開された自己（公的自己） ↓自己開示↓	盲目の窓 自分は気がついていないが、人は見ている自己
他人は知らない	秘密の窓 隠されていた自己 （私的自己）	未知の窓 誰からもまだ知られていない自分も知らない自己

人とコミュニケーションをすると盲目の窓、未知の窓も開いていく

図3-2　ジョハリの窓と公的自己・私的自己

ない人への自己開示には日米で差があるものの、親しい人に対しては差がないという異なる結果も出ています。確かに、知り合ったばかりのアメリカ人が個人的な情報を開示するのに驚いた、という話はよく聞きます。むしろ友人関係を深めていく速度に差があるのかもしれません。

3.3 高文脈型・低文脈型コミュニケーション・スタイル

エドワード・ホール(Hall, 1976)は、高文脈(high-context)と低文脈(low-context)型のコミュニケーション・スタイルがあることを指摘しました。状況に埋められた情報や、人々が前提として共有している知識への依存度が高いか、明示的なシンボルによるメッセージへの依存度が高いかによって、ある文化で好まれるコミュニケーションの特徴を表そうとしたのです。文脈や共通の前提に依存し、明示的にメッセージとして発せられる部分が少ないスタイルを高文脈型、その逆の、多くを明示的に表現するスタイルを低文脈型と呼びました。

高文脈型スタイルとは、先の日本語の代名詞を省略した会話のように、前提事項、暗黙の了解や、文脈などが、コミュニケーションをする人たちに共有されているため、明示的で厳密な言語使用をしなくても理解しあえているような状況をさします。長年連れ添った夫婦の会話には、このパターンが多いようです。一方低文脈型のコミュニケーションは、その逆で、共通の認識や共有する情報が少ない相手に、正確に物事を説明する必要がある場合です。法廷での裁判官と証人や弁護士のやりとりは典型的な低文脈型のコミュニケーションの例です。筆者（八島）が授業中に、「今日勝った？」と言うとどういう状況を思い浮かべるか、と尋ねたところ、かなりの数の学生が「阪神タイガースが勝ったかどうかを家族や友だちに尋ねている場面だ」と答えまし

た。同じことを関東の大学で尋ねてもそのようなパターンは見られないでしょう。文脈を共有していることで似た解釈が可能になるのです。

　ホールは、文化に低文脈型と高文脈型があると指摘し、アメリカ、ドイツ、スイス、北欧は相対的に低文脈型、日本、東アジア、南米などは相対的に高文脈型文化の代表であるとしています。同じ国や文化でも時と場合によって両方のコミュニケーション・スタイルが使われるので、国によってパターン化することに問題がないわけではありません。しかし、前節で述べたような日本語の言語使用上の特徴が、人間関係のありようなどの文化的特徴と切り離せないことを考えると、同じ状況で比較した場合、日本人のスタイルは、たとえばアメリカ人より相対的に文脈依存度は高いと言えるでしょう。

　日本では、子どもが「お腹がすいた」と言うと、たいていの親はすぐに何か食べるものを与えます。ニュージーランドにホームステイした学生は、同じような状況で、子どもの"I'm hungry."に対し親は「お腹すいた？じゃあなんて言うの？」と尋ね、子どもが自ら「おやつちょうだい」と言うまで何も与えないのに驚いたと報告しています。風邪で学校を休んだ生徒が、休んだ日に配付されたプリントをもらうのに、「先生、プリントください」と言えば、先生は意を組んでくれるかもしれませんし、「5月14日に欠席したので、算数と国語の時間に配られたプリント合計5枚をください」と言わないともらえないかもしれません。この違いは、子どもが社会化する過程において、文脈から相手の意図をくみ取るように育てるか、言語で明示的に表現するように育てるか、と関係します。それはさらに、その社会や組織文化において、高文脈型・低文脈型のコミュニケーションのどちらが好まれるか、ということと関係するのです。

3.4 直接的/ 間接的 スタイル

　直接的なコミュニケーションとは、人にものを頼まれて断る時などに、できないということを言語的に明示して意思を明確にするコミュニケーション・スタイルをさします。これは多くを言語化する低文脈的なスタイルの例でもあります。一方、間接的なスタイルとは、はっきりとことばで断らず、それとなく態度で示したり、ヒントを与えるなどの方法で意思を表すやり方です。状況や相手によって、同じ人でも直接的になったり、間接的になったりするものですが、個人差もかなりあります。人に頼まれると断れない人、いやと言えない人、はっきりものを言う人など、性格傾向として説明することも可能です。またジェンダーや民族的文化によっても、好まれるスタイルが異なると考えられています。マーティンとナカヤマは、インドネシアの留学生が、アメリカ人の教授にワークショップに誘われ、何も連絡せずに欠席したというエピソードを、出身文化によってスタイルが異なる例として紹介しています（Martin & Nakayama, 2008）。この留学生はワークショップに行きたくなかったのですが、目上の人にはっきり断るのは失礼だと思い、連絡しなかったというのです。また本名（2010）は、コミュニケーション・スタイルの違いによって引き起こされたと思われる誤解について報告しています。日本のY市では、市長がアメリカの姉妹都市であるS市で行われる交流の記念式典に参加することになっていたため、その準備を進めていました。ところが、出発直前にS市の近郊で山火事が発生しました。S市から、状況は大変厳しく、市長滞在中のスケジュールの変更の可能性があることなどを伝えてきました。これを読んだY市では、気をきかせて市長の訪問を中止することにし、その旨伝えました。ところが、S市の方はそのつもりはなかったため、この決定に非常に驚いたそうです。日本側が、相手も間接的なスタイルを用いているという前提でメッセージを解釈したため誤解

が生じた例と言えます。「察し」のコミュニケーションが通じなかったのです。

　直接的・間接的スタイルは、前節の低文脈・高文脈と対応します。石井他（1987）は、日本人のコミュニケーションの型を、「遠慮―察しコミュニケーション」というモデルで表しています（第1章の図1-4を参照）。これは、相手に遠慮し、言うべきことのすべてを言わないでおくことにより、相手がその不足した部分を察して補うというもので、相互的な実践です。「実は昨日伺おうと思っていたのですが…」「分かってます。最近お忙しいですものね。気にしないで」とか、「お宅のお嬢ちゃんピアノ上手ですね」「あらうるさいですか？すみません」などという隣人同士の会話は、その例です。相互的でないとY市とS市のような誤解を生む結果になるのです。

> **コラム**　アイム・ソーリー法：訴訟社会のアメリカに変化？
>
> 　日本は謝罪の文化だと言われます。人に贈り物を渡す時には、価値がないことや、かさばることを謝り、講演では話が下手なことや、室内が暑いことを謝り、飛行機に乗れば搭乗に時間がかかったことに謝罪が入ります。悪いと思っていなくても謝ることで、感情が和らぐことを互いに知っているため、いろんな場でとりあえず謝ります。このように日本において謝罪は社会の潤滑油として機能していますが、訴訟社会のアメリカではむやみに謝ってはいけないと言われます。特に交通事故の時は、謝ると非を認めたことになるので、悪いと思っても絶対に謝るなと英語の授業などで教えてきました。しかし、最近アメリカではその傾向に変化の兆しが見られます。カリフォルニアなどいくつかの州で、交通事

> 故現場で謝っても、それによって非を認めた証拠とはしないという法律が施行されました。不始末をした際に、人間の自然の感情をおさえて謝らないというのは、社会生活をするうえで問題だ、という声が発端となったようです。謝ってもよいということさえ法律化するのはアメリカらしいですね。
>
> (「"アイム・ソーリー"もっと素直に使おう」朝日新聞夕刊 2001年5月12日参照)

3.5 コミュニケーション・スタイルの比較研究

　コミュニケーション・スタイルを言語・文化間で比較した研究が、日米の比較を中心に蓄積されています。アメリカと日本のビジネス会議の比較によると、アメリカの場合は発話量とターンを支配するのはその議題の提案者であるのに対し、日本の会議では参加者全員のあいだで比較的均等に分配されるという報告があります（Yamada, 1992, 1997）。大谷（2010）は、これについて、アメリカでは議案の提案者は話題を進める権利を持つと見なされるのに対し、日本人は参加者が相互に依存し合いながら会話を進めることが望ましいとされるからだと考察しています。またクメ他による、議論スタイルの日・米・中比較分析では、米中の議論が課題解決に向かって進むのに対し、日本の議論のスタイルは他者との関係に配慮しつつ行われることを明らかにしています（Kume et al., 2001）。大谷（2007）は、日本人と北米の英語話者のあいだの会話を分析し、二者間で話題転換のスタイルに認識の違いがあることを示しています。日本語母語話者は、相手に話の機会を与えるためにポーズを取ったり、相手のペースに合わせて話題転換をしようとする傾向がありました。一方、北米の英語母語話者は積極的に話題転換を行うことが会話に貢献することだと考え、沈黙が生じ

るとすぐ次の話題を出して埋めようとしたことを報告しています。

　大渕（1992）は、日本とアメリカの学生を対象に、葛藤の解決にいたるコミュニケーション・スタイルの日米差の研究を行いました。日本の学生は、直接対峙して解決する願望を持っているにもかかわらず、実際に経験した葛藤については、解決に向けた積極的な対人行動は取らず、自分が我慢することで処理する傾向にありました。これに対し、アメリカ人学生は、直接的に解決行動に出る傾向があったということです。また、アメリカ人の場合、何もしないで我慢するというケースは極めて少なかったとしています。さらに、日本人の学生が葛藤を潜在化させる主たる理由としてあげていたのは、人間関係を悪化させたくないということや、自分にも責任があるという判断でした。大渕は、日本人の葛藤では人間関係を損なわずに葛藤を表面化することが難しいのであろうと考察しています。一旦対立が表面化すると人間関係を修復することが困難になることを察知して、そのような局面を極力避けようとするのだと思われます。これは若者が日本文化を生きていく知恵を持っていることの表れでもあります。

　以上のような比較分析は、それぞれ言語や文化ごとにその文化内でのコミュニケーションを分析していますが、実際に異なったコミュニケーション・スタイルを持った人同士が接触する場合に何が起こりうるかに関しても示唆を与えてくれます。ただし、実際に両者が出会う場合は、両者の文化差だけでなく、力差（地位、ジェンダー）やどの言語が使われるかが問題になります。多くの場合、通訳を使わない限り、どちらかが相手の言語を使うか、または別の共通の言語を使う必要が生じます。その際に使われるスタイルはどうなるのでしょうか？人は使う言語に合わせてスタイルも変化させるのでしょうか？異文化コミュニケーションでは、必ずしも自分が自由自在に使える言語を使用できるとは限りません。移民などのニューカマーとホストのコミュニ

ケーションには、この種の力差や不均衡が内在しています。言語コミュニケーションの問題は、誰がどの言語を使い、誰のスタイルに合わせるのかということを抜きにしては論じられません。この問題を伝統的に扱ってきたのは、ジャイルズ（Giles et al., 1991）のコミュニケーション調整理論です。

4 コミュニケーションの調整とコード・スイッチング

　外国出身の人と会ってコミュニケーションをした経験がある人は、その際何語で話しましたか？それはどのように決まったでしょうか？ジャイルズとノエルズは「ヨーロッパのユースホステルで、ドイツ人、イスラエル人、オーストラリア人、南アフリカ人、イラン人、アメリカ人、日本人が出会い、一緒に食事の支度をする時、いったい何語で話すであろうか？」と問いかけます（Giles & Noels, 2002）。コミュニケーションが支障なく行われるためには、みんなが理解できる言語を使う必要があるでしょう。どの言語でコミュニケーションが行われるかを決定する主な要因としては、参加者の相対的言語能力、参加者間の力関係、言語の相対的地位や力（ethnolinguistic vitality, Giles et al., 1977）などが想定されます。ここで言う言語の相対的力は、ある言語を話す民族の経済力や政治的な影響力、話者人口などにより決まる（Giles et al., 1977）という理論にもとづいていますが、これは、後で述べる英語の市場価値など国際的な言語間の力差にも適用できます。ビジネスのコミュニケーションではどちらが売り主か顧客かというような立場の違いも関係するでしょう。

　また実際の会話の中で我々は意識的に、無意識的に相手によって言語・非言語行動を調整しますが、この現象を理論化したのがコミュニケーション調整理論です（Giles et al., 1991）。言語そのものの切り替

えやコミュニケーション・スタイル、またジェスチャーなど非言語について、相手のスタイルに近づく変化と相手のスタイルから遠ざかる変化の両方を含みます。一般に相手に好意を持ち相手のグループの一員になりたいと感じているとき、私たちは言語の発音、イントネーション、間のおき方、タイミング、リズム、話す速度などの特徴を相手に近づけます。逆に相手とは一線をおきたいと思っているときや相手にあまり良い感情を持っていないときには、相手のスタイルに近づいた変化は起こらないものです。

　先生が生徒に語りかけるのに「ねえ、今日は元気ないナー、おなかすいたかぁ？」などと親しみをこめて言うとこれは子どもたちの方に近づける調整、「明日はテストですから、問題をしっかりと解いてもらいます」と言うと、先生という立場を強調した、離反の調整です。この両方をうまく使いこなすのが上手なコミュニケーションのコツだとも言えます。東（2009）では、日本の政治家やタレントの語りの談話分析により、「人を惹きつける」話者が、立場をわきまえたフォーマルなスタイルから聴衆や視聴者と仲間意識をつくり出す接近へのスイッチをいかにうまく使いこなしているか、を鮮やかに見せています。たとえば、笑福亭鶴瓶が日本中の家族を回るテレビ番組では、「お父さん、これから晩ご飯？」などといきなり相手との距離を縮め、聴衆も巻き込んだ和やかな場を生み出すのです。

　コンテクストによるスタイルの変化、たとえば家庭と職場で言語やスタイルが変化する例があります。家庭と学校で使用言語やコミュニケーション・スタイルが違う場合、学習が順調に進まないこともあります。家庭で話されるスタイルが、学校教育で使われるスタイルに近い子どもの方が、学習という面では有利になります。これをバーンスタインは制限コードと複雑コードという概念で説明しています（ワンポイント・スタディ3参照）。バイリンガル教育は、家庭で話される言

語を媒介とした教科の教育を保証しようというものです。つまり母語で教育を受けることで、母文化や言語を維持しそれに誇りを持てることに加えて、順調に認知的発達を促すことがその主な目的なのです。

ワンポイント・スタディ 3

制限コード（restricted code）と複雑コード（elaborated code）

コードとは、記号と意味のシステムのことです。制限コード（restricted code）と複雑コード（elaborated code）という考え方は1960年代にバーンスタインが提案したものです。制限コードとは、主に日常的な状況で使われるコードで、状況依存的な言語使用を基礎とし、具体的には、決まり文句、話相手との一体感、単純な構文、身振り手振りへの依存などで特徴づけられます。それに対し、複雑コードは、どちらかというと公共の場で用いられ、文脈独立的で、複雑な構文や普遍性を特徴とします。バーンスタインは、中流階級の子どもは家庭環境の影響で、複雑コードを使うが、労働者階級の子どもは制限されたコードしか用いないことを指摘しました。また、学校の主流コードが複雑コードであることから、労働者階級の子どもが学校文化に適応する際に不利になることを指摘し、この言語使用の特徴と階級が再生産されることを関係づけたのです（Barnstein, 1971）。この2種類のコードは、状況依存的か状況独立的という意味で、E・ホールの高文脈、低文脈型スタイルと類似した概念です。ホールが、文化の特徴を表す概念として、特に文化間の力関係を想定していないのに対し、制限コード、複雑コードという分類には、その名称にも社会の価値や優劣が反映されています。マクロの力関係が、家庭での言語使用に影響し、それが力差を再生産するしくみを表した概念と言えます。

5 言語とラベル：人をなんと呼ぶか

　最近では、ポリティカル・コレクトネス（Political Correctness, PC）に対する認識が高まり、看護婦を看護士、保母を保育士、ビジネスマンをビジネスパーソン、チェアマンをチェアパーソン、スチュワーデスをキャビン・アテンダントと呼ぶことが定着してきました。つまり職業や立場と性別などを固定的に結びつける表現を避けることが奨励されています。PCはなぜ重要なのでしょうか？それは言語と認識の問題に戻り、人をどう呼ぶかが単に呼び方に留まらず、人の認識に影響するからです。PCの対象は人だけとは限りません。年末の休暇をクリスマス休暇とは呼ばすに、さまざまな宗教的背景の人がいることに配慮した「ホリデーシーズン」という呼び方が英米のメディアで使われています。

　盲目のピアニスト、黒人作家、婦人警官など、ことさら障害者、黒人、女性であることを印象づける呼び方は、そうでないものが自然（default）であることを暗に示します。夫のことを主人、妻のことを家内と呼ぶ呼び方に異を唱える人もいます。妻は家の奥にいるから「奥さん」と呼ばれるようになったのですが、最近の女性の社会進出を見るとこの呼び名は実態を表さなくなっています。呼び方は人を一定のカテゴリーに押し込めます。人をどのように呼ぶかに敏感になることは、言語に社会の力関係を定着させたり維持したりする働きがあることへの気づきにつながります。

6 多言語使用と言語政策

6.1 複数の言語でつくられる複数の現実

　代名詞のところで触れましたが、異なった言語の使用を通して、異なった対人関係の意味空間がつくられます。この意味で異なった社会

的現実（social reality）がつくり出されると言えます。グローバル化する世界では、人の世界規模での移住が起こり、その結果、日常的に2言語以上を使用する人は急速に増えています。世界の国を見ると、シンガポール、スイス、インドなど複数の言語話者が共存する多言語国家は珍しくありません。その中には、インド、パキスタン、フィリピンなど、植民地であったという歴史のために、かつての宗主国の言語とその国の民族語の両方が使われる国もあります。「近代国家は覇権を拡張するなかで、そこに住む人のことばを奪い自分たちのことばを強要することで彼らをその内側に取り込んできた」と青沼が指摘する状況の中で起こった現象です（青沼, 2010, p. 47）。このような国では日常的に多言語が使われており、言語を使い分けたり、ひとつの言語の中に第2言語の語句や文を混ぜるコード・スイッチングが頻繁に起こります。言語によってつくり出される意味の空間が異なるとしたら、バイリンガルの人はコード・スイッチングによって、複数の現実のあいだを行き来していることになります。

　バングラデシュ出身のカナガラヤは、ポストコロニアルの言語使用について、植民地時代から引き継いだ英語と民族語のあいだの価値の違いから生じる葛藤があることを指摘しています（Canagarajah, 1999）。ある言語を使うことにはその歴史的文化的意味がつきまとうので、二つの言語を使うことがアイデンティティの葛藤につながっていくのでしょう。習得の時期や方法にもよりますが、言語を変えても自分の主観的意識は変わらないという人もいます。

　一方移住者の言語の問題については、カナダなどで、移住者の子どもの母語を支えるための継承語バイリンガル教育が行われています。教育を受け社会に進出するために必要となる英語の習得と、祖国文化の継承の鍵となる言語の維持の両立は、必ずしも容易ではありません。また社会において継承語が軽んじられることで、自尊感情が傷つくな

どの問題があります。

　最近急速に多文化化が起こりつつある日本において、海外にルーツを持つ子どもの言語の教育は十分ではありません。日本で生活する上で必要な日本語能力を身につけさせるプログラムでさえも、まだ整備されているとは決して言えない状況です。ましてや継承語の維持や教育には公的な支援はほとんどなく、継承語は急速に失われていきます（友沢, 2010）。日本語が第１言語となり継承語を失う子どもと、日本語の習得が進まない親の世代とのあいだのコミュニケーション不全も、大きな問題です。現在は実態をよく知る立場にある日本語指導者などが声を上げているにすぎないようですが、国として、人口減少に備えて移民労働力に頼る必要性を認めるのであれば、移住者やその子どもに対するしっかりとした言語教育政策を持つ必要があるでしょう。この意味で、移民国家として多くの経験を持つカナダやオーストラリアから学ぶことは多いと言えましょう。

6.2　第２言語と感情

　通常第２言語や第３言語を使って生活や仕事をしているバイリンガル使用者が、子どもを叱るときや愛情を表現する場合、あるいは人を罵倒するときなどに、第１言語に戻る傾向があるという調査結果があります（Dewaele, 2010）。たとえばイギリスに滞在する移住者の場合は、普段英語を使っていても、子どもを叱ったり愛情を表現したりする時には、母語にスイッチする人も多いと言います。第１言語以外の言語を「心的距離のある言語」と呼び、第１言語と同じように共鳴・共振しない（心に響かない）と考えています。多言語使用者がどの言語でどのような感情を表出しやすいのかという問題はアイデンティティと深く関わります。たとえば英語と日本語のバイリンガルの人で、怒る時は英語のほうが言いやすいが、謝るときは日本語のほうが言いやすい

という人がいます。相対的な言語の習熟度や習得した年齢に加えて、感情を表す語彙の豊富さなど言語そのものの特徴、マクロの社会的な状況などが複雑に影響するようです。異文化を移動する人の言語使用状況と、それに伴う感情やアイデンティティを調べることは、ミクロな日常のやりとりの中に、マクロな社会状況が映し出されるため、異文化接触を考えるうえで多くの材料を提供してくれます。

ワンポイント・スタディ 4
文化資本としての言語能力

　ブルデューは、人を社会の中で相対的に位置づけるものとして、経済的資本に加えて、社会的資本、文化資本、象徴資本などいろいろな種類の資本を想定しています。文化資本は、知識、スキル、教育や訓練などによって獲得した資格などを意味し、象徴資本とは、蓄積される威信や名誉などをさします。強い文化資本を持つ家庭環境で育つと社会的に優位な位置を取りやすくなり、その結果、力差が再生産されるしくみを説明する概念です。この意味で言語能力は文化資本となりうるのです。特に社会的経済的地位が高いグループが使う言語や、英語など国際言語市場において力の強い言語を使う能力は資本となるという言い方ができます。またある言語を話すことに「社会的イメージ」などの価値が付与される場合（たとえばフランス語を話すと「おしゃれ」など）、その言語の能力は象徴資本となります（Bourdieu, 1991）。

6.3　さまざまな言語への態度

　人はどの言語に対しても、一定の態度を形成します。それには、社会においてその言語が使われるようになった歴史的経緯や、その言語を話すグループのおかれた状況や相対的地位などが絡みます。英語が

事実上の国際語となっているため、その力を背景に、国際的なコミュニケーションでは英語が使われることが多くなっています。このため職を得るうえで有利となり、また便利でもあるため、世界の多くの人が英語を身につけようとします。これが英語の地位をさらに押し上げます。英語の国際言語市場における圧倒的な力に対する危機感を表明する研究者もいます（津田, 1990）。言語の相対的な力差を資本の差と考えると、ことばを学習することは投資ということになります（ワンポイントスタディ4参照）。

　こういった背景を考慮しながら、学習者の目標言語や言語の話し手に対する態度（language attitudes）なども研究されています。その国のおかれている政治的状況は、人々がさまざまな言語に対して持っている態度に影響し、さらには、学習言語の選択や学習動機に影響します。また非標準の英語やその話者に対する態度の研究では、母語話者が標準以外の変種に対して否定的な態度を取りがちなことや（Cargile, 1997; Dalton-Puffer et al., 1997）、日本人学習者が学習のモデルとしてアメリカ人母語話者の英語を好むことが報告されています（Chiba et al., 1995）。しかし、英語が世界の共通語になっているために、私たちが英語でコミュニケーションをする相手のほとんどは非母語話者なのです。つまりそれぞれの母語に影響を受けた多様な英語を話す人と出会うことが多くなるでしょう。自らの文化的アイデンティティの表象として、母語のアクセントの影響が強い英語をあえて使う人もいます。異文化コミュニケーションにおいては、お互いに相手の第1言語（母語）を知っていることが理想ですが、現実はどちらかが相手の言語を学習して使ったり、あるいは別の言語を使うことになります。このような場合、コミュニケーションを通して相手が表出しようとしているアイデンティティを理解し、それを尊重しつつ、相互理解を目指す態度が必要となってくるでしょう。

6.4 言語政策

　言語政策とは、国家として、どの言語を公用語にするのか、どの言語を重要と位置づけ学校で教えるのかといった問題について方針を立てることです。歴史的に国家語を確立しようとした試みとしては、イスラエルの公用語のひとつとして古典ヘブライ語を現代語として蘇らせた例があります（詳しくは田中, 1981）。多くの国では、国家が共通語を持つことが、国民の帰属感を生み出すのに役立つと考えられています。植民地だった国が、かつての宗主国の言語を公用語としている例も多くあります。たとえばカメルーンでは英語とフランス語が公用語であり、ブラジルではポルトガル語が、インドでも英語は公用語の一つです。高等教育が英語などかつての宗主国の言語で行われ、人々の日常語として民族のことばが話されるような場合、言語の地位や力に格差が生まれるという問題が生じます。一方、民族の言語権を保証するため、カナダでは、英語とフランス語の2言語を、ハワイ州では、英語とハワイ語を公用語としています（ただし、カナダには多くの少数民族が共存する中で、フランス語話者だけが優遇されることへの批判もあります）。

　言語政策は、言語教育政策と密接に関係しています。世界で6,000語ある言語が、今世紀末までに10%の600程度まで減少するとも言われています（中島, 2010）。中島はそういう中で、移住する子どもの持っている多言語の力が財産であるとし、移住してきた子どもが継承語を失うことは、家族のきずなを失うという個人のレベルの損失に留まらず、文化の資源を失うことになると指摘します。言語の消失が憂慮される中で、英語の一人勝ちに異議を唱える声や、国際ビジネスや折衝、国際会議などにおける英語母語話者の優位や特権を問題視する意見も表明されています（津田, 1990）。ビジネスなどの世界戦略において日本人の英語力を高めよと言う声が大きくなる一方、「英語が使える日本人」

をつくるための戦略構想に対して、経済的な利益を優先した人的投資戦略だと批判する研究者もいます（Byram, 2008; 大谷, 2010）。言語教育に関し、どのことばを教えるのかを決めることの政治的な意味を知ることは大事でしょう。また日本語を通してしか情報を入手できないモノリンガルでいるよりは、日本語を相対化し、他文化の視点を提供する他言語を学習することの意義は大きいと言えましょう（ワンポイント・スタディ5参照）。冒頭で述べたように、言語が少なからず認識や思考に影響することを考えると、異なった世界観にアプローチするための基礎となる外国語の学習は極めて重要だと思います。多数派の日本語を母語とする子どもたちを多文化的思考にいざなうために、また少数派の子どもたちが日本語と継承語の両言語を習得し維持できるように、国家としてしっかりとした言語教育政策が求められているのです。

ワンポイント・スタディ 5
英語の覇権の問題と英語教育

　言語を学習し使ってみることは、その言語話者の視点に身を置いてみることです。たとえば韓国人を理解するのに、韓国に関する本を読むだけでなく、韓国語を学習し、韓国人コミュニティに参加しようとすることで韓国文化や人を深く理解する一歩を踏み出せるでしょう。しかし、これが英語となると、「相手の視点に立つことができる」というまさにこの特性ゆえに、英語の覇権をめぐる議論が起こるのです（たとえばCanagaragah, 1999）。英語の力がこれだけ強くなり、世界中の人が英語を使うようになると、人々の心理を英語話者（特にアメリカ人）に近寄らせるのではないかという議論が起こります。これは大変難しい問題ですが、英語を学習した人がみんな親米家になっているかというとそうでもありません。英語を学

習することにより、英語の覇権、欧米の力や影響力の大きさが分かり、アメリカ一辺倒に批判的になる人も多いのです。言語の学習や教育では、言語を教えることは単にスキルを教えることではないこと、どの言語を教えるかを決めること自体に政治性があること、言語の持つ力差や覇権の議論も教育プログラムの中に組み込むことが必要です。現在の世界で起こっているさまざまな問題を批判的に分析したり、それを西洋中心の観点に偏らず読み解くような内容も必要でしょう。この批判的視点を忘れなければ、英語を学習することは、日本語による情報だけに依存するより、世界を多面的に理解することにつながるでしょう。

ディスカッション

●自分の自己開示度チェック

下の表に示した1〜10までの「自分に関する話題」について、下の5人の「相手」にどの程度話しますか？（たとえば1なら、どんなテレビ番組や映画が好きか嫌いかについて「父」にどの程度話したか）携帯メールやeメールでの文字による会話も含めてください。過去1年ぐらいを振り返り、次の0〜2までの数字で表してみましょう。

0：この話題については話したことがない。
1：限られた範囲で話した。
2：かなり詳しく話した。

自分に関する話題＼相手	父	母	同性の友だち	異性の友だち	初対面の人*	合計
1. テレビ番組・映画の好き嫌い						
2. 顔や身体の欠点						
3. 性格の弱点						
4. 性的関係						
5. 金銭的な悩み						
6. 仕事や学校での問題						
7. 人生の目標						
8. 政治的信条や意見						
9. 臓器移植に対する意見						
10. 恋人との関係						
合計						

（八代他, 1998を参考に作成）　　　　　*ネット上で出会った人も含む

上の点数の合計点を計算してみましょう。あなたが自分のことを最も多く話す人は誰ですか？　一番よく話す話題は何でしょう？　差し支えなければ、回答を友人と比較してみましょう。

第4章

非言語コミュニケーション

I 非言語コミュニケーションの要素

アクティビティ 1

　次のイラストを見て登場人物がどのような人間関係か想像してください。そして、なぜそう思ったのかを書きとめ、手がかりとなった非言語メッセージ（ことば以外のメッセージ）をすべて書き出してください。すべて書き出せたら友だちと見せ合って話し合いましょう。

アクティビティ1で、皆さんはどのような人間関係を想像しましたか？
　ビジネススーツを着ていること、一人だけ年齢が上であること、手荷物は、どうやらパソコン類であることなどから、これから商談かなにかのプレゼンテーションに向かう会社員の上司と部下という人間関係を考えたのではないでしょうか。
　そのように考えた根拠は何でしょうか？つまり、手がかりは何だったのでしょうか。年齢、服装、持ち物、身だしなみでしょうか。左の男性と談笑していた右側の男女との立ち位置は何かを意味しているのでしょうか。にこやかに談笑しているものの距離は少し離れているようです。時間は、朝の9時前です。一人だけあわてて駆け付けたようです。「あわてて」とは、どうして分かるのでしょうか？このような状況で携帯を手にしながら走るということは、どのような意味があるのでしょうか。
　このようなことばによらない要素、すなわち、服装、持ち物、身だしなみ、時間などの非言語の情報だけでも、まったく知らない人たちの人間関係まである程度想像することができます。それだけ私たちは、無意識ですが、ことばによらないコミュニケーションにも従事しているということです。そこで、本章では、「人々がことば以外に交わすすべてのメッセージ」を非言語コミュニケーションの定義として考えていきましょう。メッセージには、送り手が意図的に発したものと、意図しなくても受け手が何らかの意味づけをしたものも含みます。非言語コミュニケーションの目的は、言語コミュニケーションと同様に会話に参加した人々の間で共通の意味を構築することです（第1章の2.1.3交流モデル参照）。本章ではⅠ部で、非言語コミュニケーションの要素について、Ⅱ部で非言語コミュニケーションの特徴と言語との関係について見ていきます。

1 非言語コードの分類

　人間のさまざまな動作の意味を解釈するのは、言語を理解するほど簡単ではありません。顔の表情、声、手足の動き、または、体のぬくもりや香り、身体の向きなど、どこを見てメッセージと捉えたらよいのか迷うことでしょう。また、相手の顔を見て「うれしそう」と判断できるのは、どのような顔の表情が「うれしさ」を表すものなのかを知っている、たとえば「笑顔」が確認でき、その使い方のルールを知っているからです。ここでは、第1章で紹介したシンプトム、センブランス、シンボルで表出される非言語コミュニケーションには、どのようなものがあるのか、それらは、どのようなルールで使われているのかについてコードという概念で見ていきます。コードとは、メッセージを伝達する際に用いられる記号（サイン）とその意味、および記号の結合の仕方に関するルールを含むものです（池上, 1984）。

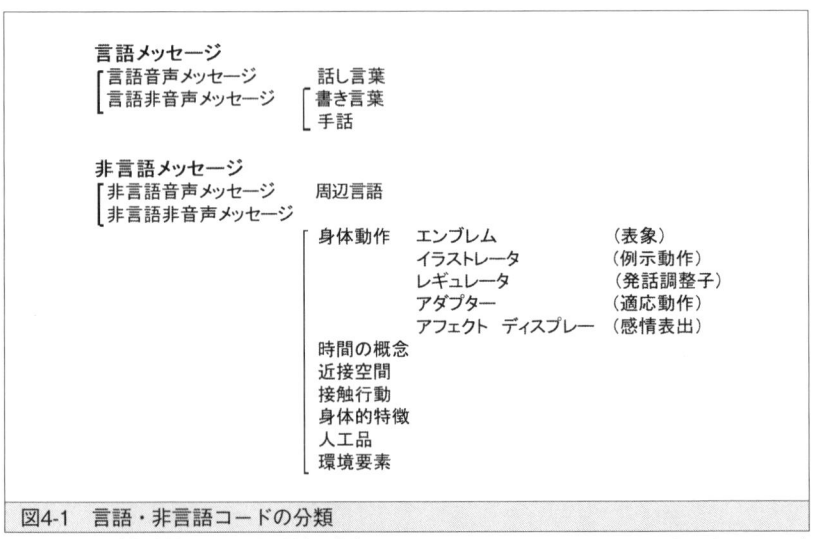

```
言語メッセージ
  ┌言語音声メッセージ      ┌話し言葉
  └言語非音声メッセージ    │書き言葉
                          └手話

非言語メッセージ
  ┌非言語音声メッセージ    周辺言語
  └非言語非音声メッセージ
                          身体動作    エンブレム          （表象）
                                     イラストレータ      （例示動作）
                                     レギュレータ        （発話調整子）
                                     アダプター          （適応動作）
                                     アフェクト ディスプレー （感情表出）
                          時間の概念
                          近接空間
                          接触行動
                          身体的特徴
                          人工品
                          環境要素
```

図4-1　言語・非言語コードの分類

（非言語メッセージに関する出典：Knapp, 1972; ホール, 1966; Ekman & Friesen, 1969）

非言語コードは、通常、周辺言語、身体動作、時間の概念、近接空間、接触行動、身体的特徴、人工品、環境要素の8つに分類（Knapp, 1972; ホール, 1966）されます。本章では、さらに身体動作を細分化したP・エクマンとW・V・フリーセン（Ekman & Friesen, 1969）による分類を付け加えて説明していきます（図4-1）。また、言語メッセージには手話を言語の一種として付け加えています。

2 非言語コミュニケーション分類の見方

　図4-1の分類では、言語メッセージは、言語音声メッセージである話しことばと、言語非音声メッセージである書きことばと手話に分類しています。手話を使ったコミュニケーションでは、体の前の3次元の空間で、手を動かし、それに合わせた姿勢（体の向き）、顔の表情、目の表情などを用いてメッセージをつくります。これらは言語コミュニケーションのための動作なので、この際の手の動き、姿勢、顔の表情、目の動きは、本章で扱う非言語メッセージとは異なるものです。日本手話や米国手話は、それぞれ日本語、米語とは異なる文法になっており、全世界共通ではありません。手話を使ったコミュニケーションは、言語コミュニケーションになります。そして、手話は言語であり、手話を用いたコミュニケーションには、それに対応した非言語コミュニケーションが別にあり、これは、音声言語を使用したコミュニケーションに対応した非言語コミュニケーションとは異なるので注意が必要です。

　一方、ひとくちに非言語コミュニケーションと言っても、言語的な使い方をするものもあります。エクマンとフリーセン（Ekman & Friesen, 1969）による分類のなかの「エンブレム」（表象）というものです（3.1.1参照）。さらに、ことばを発するときには、必ず声質や音声が伴います。両者は、切り離せないのですが、ここでは、ことばの内

容や意味以外はすべて周辺言語として扱います。このように言語コミュニケーションに対応させて非言語コミュニケーションという区分を使うのが一般的ですが、なかには言語的な使用があったり、ことばの発声と切り離せない声の性質や音調も含まれます。また、たとえ音声が伴わなくても、手話は言語コミュニケーションに分類されることに留意しましょう。

3 非言語コード

3.1 身体動作

　人間の身体は、たゆまなく連続して動きます。70万もの身体動作があるという調査もあります（Birdwhistell, 1970）。この身体動作は、機能に着目すると、1）主として伝達的・表現的機能を持つ「身ぶり」、2）主として技術的機能を持つ「しぐさ」に分類できます。ここで言う「技術」とは、歩く、座る、（ものを）つかむ、打つ、投げる、などある目的を達成するために外界に働きかける動作のことです（野村, 1983）。どこの国へ行っても人とぶつからずにすれ違うことができるのは、歩くという「しぐさ」には、どの文化にも共通の技術的な面があるからだと言えます。

　文化による「身ぶり」の中で、最もその違いに気がつくのは、挨拶の動作ではないでしょうか。写真4-1は、ニュージーランド、マオリの挨拶の事例です。日本で見られるお辞儀は、自分と相手との人間関係に合わせて深く頭を下げたり、相手より長く頭を下げていたりなどと自在に相手に合わせて調整することができます。一方、アメリカなどで見られる握手は、相手と対等であることを確認するために互いに目を見あって手を取り握り合います。両者の関係によって、互いにさらに近寄り強く握りあうことも可能です。このように挨拶は、文化によっ

てさまざまな形態があります。

　身体動作には、身ぶり、しぐさのほか、顔の表情、視線行動、体の向き、姿勢などがあります。エクマンとフリーセン（Ekman & Friesen, 1969）は、会話に関係した身体動作をその起源や用法などから「エンブレム（表象）」、「イラストレータ（例示動作）」、「レギュレータ（発話調整子）」、「アダプター（適応動作）」、「アフェクト・ディスプレー（感情表出）」、の5つに分類しています。

写真4-1　マオリの挨拶　©PEACE BOAT／水本俊也

3.1.1　エンブレム（表象）

　エンブレムとは、非言語コミュニケーションの中で唯一言語的に用いられるジェスチャーのことをさします。つまり、言語と同じように意味されるものと意味するものは恣意的な関係にあります。これらは、人々によって学習され意図的に使われます。また、ことば同様、時代による衰退も見られます。

同じジェスチャーでも地域によって意味が異なることがあります。図4-2は、モリス他（1992）が、1975年から1977年にかけて西欧・南欧および地中海一帯に位置する15の言語を使う25ヵ国の40地点を訪問し、1,200人にインタビューした結果です。いわゆるOKサインのような指で輪を示したジェスチャーは、どのような意味で用いられているかを調査した結果、1. OKサイン（よい意味で）700人、2. 穴を表す 128人、3. ゼロの意味 115人、4. 脅かし 16人、5. その他 27人、6. 用いない 214人、という結果になり、その分布は図4-2のように一様ではありませんでした。このようにジェスチャーは、言語同様、地域によって同じ意味で使えるところが限られています。

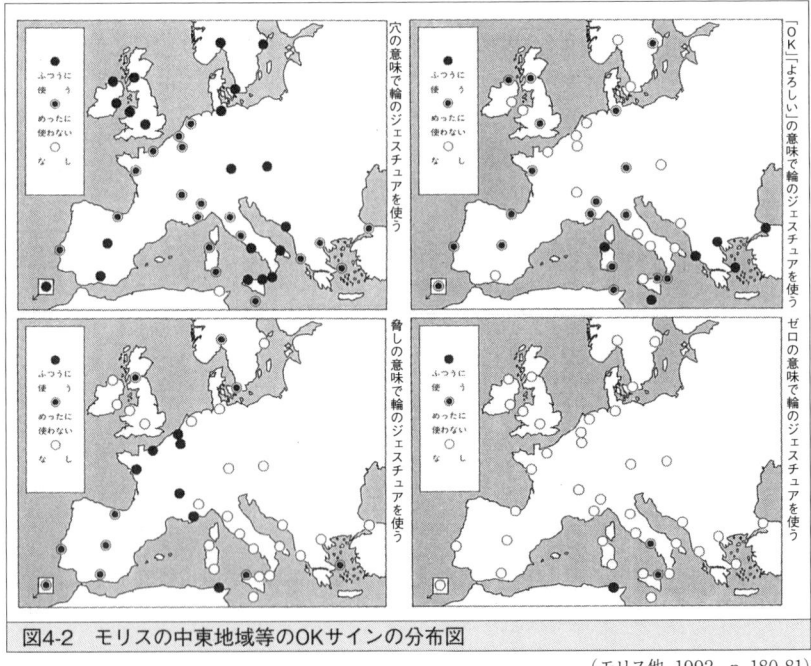

図4-2　モリスの中東地域等のOKサインの分布図

（モリス他, 1992, p. 180-81）

非言語コミュニケーション 第4章

アクティビティ ②

　イラストの動作はいろいろな文化で使われるジェスチャーです。それぞれイラストにある手（または手の動き）の意味として最も適切だと思うものを語群から選び記号㋐〜㋞で答えてください。なお特に意味がないと思う場合は、「意味なし」を選んでください。さらに、どこの国でよく使われているのか、国名を考え［　］に書いてください。

①（　）［　　］　②（　）［　　］　③（　）［　　］　④（　）［　　］

⑤（　）［　　］　⑥（　）［　　　　］　⑦（　）［　　］

語群

㋐ありがとう　㋑ごめんなさい　㋒7　㋓15
㋔私　㋕あっちへ行って　㋖こっちに来て
㋗イライラ　㋘ズルズル　㋙切った　㋚押せ
㋛ここ　㋜引け　㋝食べる　㋞意味なし

　また、日本では「酒を飲む」のを表すのにお猪口を持つように親指と人差し指で輪をつくり口にもっていきますが、メキシコでは、手を

握り親指だけ立ててジョッキでビールを飲むように親指を口にもっていきます。飲酒の意味を表すジェスチャーがあってもその表現方法は地域によって異なるのです。また、授業中に子どもが小指を立てて手をあげても、日本では何かを意味することはありませんが、ネパールやインドネシアでは、トイレに行きたいというサインになります。このようにエンブレムは、文化によって異なる表現方法があり、同じ形でも意味が異なることがあるので注意して使用しなければなりません。

アクティビティ2はどのくらいできましたか？それでは、順に説明していきましょう。

①日本の「来て」という合図です。日本人の「こっちに来て」の手招きは、手の甲を上にして自分の方に寄せるように動かします。しかし、まったく同じ動作をアメリカ人が見ると「あっちへ行け」という意味に捉えてしまいます。京都の日本人のバスガイドが、必死でアメリカ人観光客をバスに呼び戻そうとしてこのジェスチャーをしたところ、皆がさらに散り散りになって店の中に消えていったという話があります。

②日本で見られる「わたし」を意味します。2002年のサッカーワールドカップで日本人の小野選手がゴールを決めた時、自分が1点を入れたという意味で自分の鼻をさして走り回っているのをテレビが大写しにしていました（筆者（久保田）はそれを英国で見ていました）。しかし、日本人以外は、なぜ鼻をさしているの分からなかったのではないでしょうか。一般にアメリカ人は、自分のことを示すのには、胸に手をやります。

③日本人にとっては特に意味のない動作です。単にずり落ちる眼鏡を上げているだけです。一方、アメリカ人にとっては、非常に侮辱的

で喧嘩を売っているジェスチャーに見えます。ハリウッド映画で見るように相手に向けて使うと、本気で相手を怒らせることになりますので、興味本位で使用しないほうがよいでしょう。

④中国でのエンブレムで「ありがとう」を示しています。昭和30年代のテレビ番組で世界各国を飛行機で回り珍しい地域を紹介した人に兼高かおるという人がいます。兼高さんが中国に行ったとき、男性同士が夢中で話しながら食事をしていたので、お茶を注いであげたところ、相手がこの動作をしました。兼高さんは、それを「もっと注げ」「早くしろ」という意味にとり少々戸惑ったのだそうですが、実は、それは「ありがとう」という「お礼」を意味していました。話している最中だったので動作で表したのです。

⑤これは、バングラデシュにおける数字の数え方で、今さしているのは、数「7」を表しています。ベンガル人は、小指の一番下の関節から数え始めて指の先端まで、1、2、3、4と同じ手の親指で順にさしていき、次には薬指の根元から先まで、5、6、7、8と押さえ、最後は、親指の根元の関節を17として親指の先端20まで4つずつ数えていきます。

⑥黒板などに書いてある文字をさしながら「ここ」というときに親指を使います。日本にはない、マレーシアやインドネシアの習慣です。マレーシアやインドネシアでは、ものをさしたり示したりする際には、人差し指ではなく親指を使うのです。

⑦セネガルでは手で食べるので、「食べる」も手をグーにして口元にもっていって表現します。ガーナにも同じように手で食べる習慣があり

ますが、ガーナではこの動作は見られません。

以上のようにエンブレムは、文化によって使い方や意味が異なります。

3.1.2 イラストレータ（例示動作）

話の内容に合わせて表現する物の大きさや上下関係、位置関係を示したり、方向や道順、人やものの動きを示したりする動作をイラストレータと言います。さらに、語や句を強調したり、リズムをとったり、何かを考えてはいるが的確なことばが見つからないときにもよく見られます。イラストレータは、手や頭の動き、顔の表情、姿勢の変化で表されます。ただし、常に会話など言語を使う際に付随して表れるもので、言語がなければ表出しません。ただし、エンブレムと違って、言語に対応しているわけではありません。イラストレータは、語彙の習得とともに早い時期に学習されますが、子どもが言語を獲得する以前に大人の気を引くために始まるとも言われています。

3.1.3 レギュレータ（発話調整子）

皆さんは、友だちとおしゃべりするときに、自分が、いつどのタイミングで話し出しているのか考えたことがありますか？ことばの指示はないけれども、会話がスムーズに進むのは、すべて視線、顔や体の向き、顔の表情、息継ぎなどで互いに会話を調整しているからです。このような身体的な動作をレギュレータと言います。レギュレータは、会話の開始、続行、中断、終了、再開の指示のほか、相手に急がせる、発言の機会を譲る、反復を求める、発言を促すなどのときに使われます。レギュレータは、会話の流れやリズムをつくるもので、具体的には、うなずき、アイコンタクト（互いに視線が合う）、わずかな前傾姿勢や

姿勢の変化、眉の上げ下げなどで行われます。レギュレータは、ことばに付随して表れ、通常は無意識で行われますが、レギュレータがなければ、話し手や聞き手は違和感を覚えて気づくことがあります。インターネットを利用したテレビ会議での会話で、話しにくさを感じるのは、画面の大きさが限られていたり、画面表示に時間差が多少あるので話者の視線、顔の表情の変化、息づかいなどが瞬時に伝わらないからでしょう。その意味でもレギュレータの役割の重要性が分かります。

　また、レギュレータのうち日本人にとって一番身近なものは「あいづち」でしょう。ワンポイント・スタディで示したように、アメリカ人による英語の会話に比べて日本人による日本語の会話では、非常に多くの「あいづち」が打たれています。レギュレータが文化によって異なる例です。日本の「あいづち」は、相手が初対面か目上かどうかなどによって「ええ」「はい」「うん」などを使い分けています。その意味で日本語による会話では、レギュレータである「あいづち」を的確に使用できれば、会話を思い通りに進行させることも不可能ではないのです。普段は無意識でレギュレータを使っていますが、意識して使うこともできます。会議やプレゼンテーションの時などに応用してみましょう。

ワンポイント・スタディ

「あいづち」の意味の違い

　　日本人はアメリカ人より2倍近く「あいづち」を打ちます。日本語には、漢字で「相槌」という誰もが知っている単語があるほど、聞き手の「あいづち」は、話し手にとって重要なものです。しかし英語には「相槌」という単語はありません。"listener's response"、"backchannel"など少々専門的な用語になってしまいます（久保田、

2001)。それだけ、英語での会話では、聞き手の「あいづち」は重要ではないのです。日本人が頻繁に送る「あいづち」は、アメリカ人には、「もうその話は分かったから」と話を中断させる意味に取られることになります。また、日本人は「聞いていますよ」という意味で「ええ、ええ」と言ったり頭を縦に振ってうなずきますが、この行動が、英語圏の人には「理解しました、同意しました」と解釈され、誤解の原因となることがあるようです。英語での会話では、むしろ相手の目を見て黙って聞き、適宜短いコメントを挟むことが期待されているからです。

3.1.4 アダプター（適応動作）

試験中などに必死でものを考えているときに指先でペンをくるくる回すことはありませんか。無意識にしている行動ですが、これをアダプターと言います。緊張しているときにたばこをトントンと机の上で何度もたたいたり、自分の髪の毛をいじったりする行為もアダプターです。このようにアダプターは、話者の不安感、不快感、自信の度合いなど心理的な状態を示す動作です。また、自分の生理的欲求で頭をかいたり、鼻をいじったりすることも含まれます。したがって、一人でいるときでも行われる動作で、むしろ一人の時のほうが完全な形で起こります。逆に、他の人がいる時や公の場では抑制されるので本来の欲求が表れないこともあります。一般的には、無意識な行動ですが、会話などでは意識的に抑制されることもあります。

3.1.5 アフェクト・ディスプレー（感情表出）

赤ちゃんは、新生児微笑といって生まれて間もなく笑顔のような表情をつくると言われています。これは生まれつき目が見えない乳児にも見られることが確認されています（Eibl-Eibesfeldt, 1972）。さらに私

たちの祖先に一番近いチンパンジーにも見られます（松沢, 2002）。一般に、さまざまな顔の表情のうち、幸福、驚き、悲しみ、怒り、嫌悪、恐怖の6つの感情を表す顔の表情はどこの文化でも普遍的に表れると言われています。しかし、一瞬のうちに表されたこれらの顔の表情も文化によってそれぞれ表出の程度が異なります。たとえば、日米の比較では、私的な状況では基本感情の表出パターンは類似しているのですが、公的な状況においては異なっていることが示されました（中村, 1991）。具体的には、公的な場ではアメリカ人は日本人より「悲しみ」の感情表出がかなり弱いのに対し、日本人はアメリカ人より「嫌悪」の感情表出の程度が非常に低いそうです。これはアメリカ人の場合は、自分の失意や弱さが他者に伝わらないようにするため、日本人の場合は、相手に対する体面を保つためではないかと解釈されています（中村, 1991）。このように一瞬のうちに表れる基本的な感情の表出は、種類は同じでもその表出方法には文化的な違いがあります。これを文化表示ルールと言います。つまり先の6つの感情に関しては一瞬の感情の表出に限りどこの文化でも似たような表情で表されるのですが、それ以外の場合は、むしろ他者を意識したり、意図的に「うれしさ」などを伝達するために、つくった表情（センブランス）を提示します。日本の店舗でよく見られる「サービスの笑顔」、韓国のお葬式で見られる「泣き女」などは、文化的につくられた感情表出の事例です。

　なお、うれしいときに笑顔を満面にうかべて手をたたいたりしますが、この行為も感情表出です。このように感情表出には、顔の表情のほか感情や気分によって無意識に表出する手足の動きや歩き方、姿勢も含まれます。

3.2　周辺言語

　電話での応対は、顔が見えない分、特に丁寧にしなさいと言われま

すが、それは周辺言語の重要性を指摘していると言えます。周辺言語には、1) 声質：テンポ、リズム、速さ、発言の明瞭さ、ピッチ、イントネーション、なまりやアクセント、声の響き、2) 発声：笑い、くすくす笑い、号泣、むせび泣き、唸り声、あくび、つぶやき声、ため息、いびき、鼻をすする音などがあります（Trager, 1958）。他には、「うん」、「ええ」といったあいづち、「ああー」、「あのー」などの言いよどみ、沈黙やポーズ（間）があります。

　周辺言語も文化によって異なるものがあります。たとえば沈黙です。日本では「沈黙は金」と言われ、饒舌になるより黙って聞く姿勢に美徳を感じます。しかし、アメリカでは、会話中の沈黙はないほうがよいもの、または極力避けなければならないものと考えられています。特に授業中に発言しないで沈黙を保っていると、何も考えていない、何も理解していないことになります。しばしば、アメリカに留学した日本人の沈黙の多い態度が誤解され、成績に影響を与えることにもなります。

　さらに「笑い」についても、いつどこでどのように笑うかによって受け手の解釈が異なり、誤解されることがあります。たとえば、ガーナに派遣された青年海外協力隊の隊員が、教え子たちの態度が悪いので何度か注意していました。その日もあまりにひどいのできつく怒ったところ、生徒たちは、神妙になるどころか、ますます笑うのでした。ガーナでは、怒られているときの場をなごますために仲間が笑う習慣があるそうです。またニジェールの映画館で「タイタニック」が上映されたとき、船体が傾き人々が海に投げ出されるシーンで笑いが起こったと、青年海外協力隊員の体験談で聞いたことがあります。このように周辺言語でも表出や解釈に文化的な違いがあり、誤解のもととなることがあるのです。

3.3　時間の概念

　海外の人とのやりとりで一番問題になるのが時間概念の違いです。ホール（Hall, 1959）は、文化によって時間の管理の仕方が異なるとし、二通りの時間体系を提示しています。一つは、モノクロニックな時間（Mタイム）、もう一つは、ポリクロニックな時間（Pタイム）と言います。これらは、活動を系統立てる枠としての時間とそれに伴う空間の利用法の違いについての概念で、機能的に相関している時間と空間を一緒に見ていくところに意義があります。

　モノクロニックとは、スケジュールを重視し、物事をひとつずつ片付けていくような時間の使い方をさします。時間を線的に区切ることが可能で、いかようにでも時間は管理できると考えます。それは、「時間を節約、効率よく使う、時間をつぶす、時がたつのが早い・遅い、時間が残り少ない」という比喩的表現にも表れています。このような時間の管理の仕方は、特にドイツ、オーストリア、スイス、アメリカで見られます。

　一方、ポリクロニックは、計画やスケジュールよりもその時々を重視し複数の事柄が同時進行するような時間の使い方をさします。これは、人間関係に重点を置く社会、たとえば、中南米、地中海地域（フランス、スペイン、ギリシア、トルコ）、中東、アラブ地域、アフリカ、東アジア、東南アジアなどで見られます。

　モノクロニックな時間体系でビジネスをするには、個室のようなプライバシーが守られる部屋を用意するなど空間の利用方法も異なってきます。また、仕事内容は明示され、誰がどこの部署に配置されても仕事が滞らないようにします。そうするには、仕事の内訳の明文化や雇用の際の契約が重要になったりします。一方、ポリクロニックな時間体系における社会組織では、トップに立つ人間が絶え間なく多くの部下と関わりを持ちます。部下たちは、同じ空間にいて互いに深く関

わることに慣れています。また、組織としては、「より大きな集中的制御を必要とし、その構造はむしろ浅く単純であるのが目立つ」とホールは分析しています。トップは情報を常に把握しているので、官僚のレベルなどの代表会議でも膨大な量の書類を用意することもありません。しかし、職務が増えると小さな官僚機構が増殖したり、外部との交渉に困難が生じるなどの欠点もあります。

このようにモノクロニックの時間体系やポリクロニックの時間体系が見られる文化では、空間の使い方も違い、組織の体制も異なります。ここでは、モノクロニックの時間体系とポリクロニックの時間体系を対比して紹介しましたが、必ずしもアメリカはモノクロニック社会であると断言するものではなく、家庭をやりくりする女性はポリクロニックな時間にあるなどサブカルチャーでの違いをホール自身も認めています。ですから、単純に文化ごとにモノクロニック、ポリクロニックとは分類できないことに注意する必要があるでしょう。

さらに、産業革命以後、近代化を目指した工業化のため、大工場で大量生産する必要がありました。その際に、資本家や経営者は、労働者を時間で管理し働かせることにしたのです。工場ではサイレンを鳴らして時刻を知らせたり、出勤をタイムカードで管理したりしました。そのような時代を経て、時計は私たちにとってなくてはならないものとなり、先進国では、時計に頼る「時計時間」というものがあるのです（丸山, 2006）。一方、農業に従事している人にとっては、時間は、直線的なものではなく、循環的なもの、周期を持ったものになります。一周すれば同じ出来事が繰り返されます。四季の区別が明瞭な日本の農業社会でも「冬来りなば春遠からじ」というように四季の循環が時間の経過の主要な原型になると言えましょう（加藤, 2007）。

ところであなたは、5分、10分、20分と、何分までならイライラせずに待てますか？南米ボリビアでは、教員対象のワークショップで講師

が丸一日遅れても参加者はイライラせずに待っており、顔面蒼白になって入ってきた日本人講師を笑顔で迎えてくれたという話があります。ボリビアの山岳地帯にある学校に集まった先生たちは、飛行機が飛ばなければ一日ぐらい遅れても仕方がないという現状を、現地では受け入れているのです。

　このように時間は、自然環境、交通機関、道路事情、気候などさまざまな要因によって左右されます。時計が示す時間だけにとらわれるのではなく、大局で事象を捉える必要があります。

> **コラム** 理屈抜きの「ゆとろぎ」
>
> 　地球上の約70億の人口のうち16億は、イスラム教徒です。片倉（2008）は、イスラムの世界を理解する鍵の一つが、アラビア語の「ラーハ」だと言います。「ラーハ」とは、日常の生活の中に何気なく存在する「ゆとり」や「くつろぎ」をさし、「学ぶこと」、「ねむること」、「瞑想すること」、「旅をすること」などいろいろな意味が含まれるそうです。片倉によると、日本における「ゆとり」は、何かを成し遂げた後に報酬として与えられるもので、物質的なゆとりを意味することが多く、むしろそれを得るために一生懸命働き、その結果「ゆとり」や「くつろぎ」の時間を得ているようだと述べています。
>
> 　しかし、イスラムの世界では、「ゆとり」と「くつろぎ」も人生のなかで第一に大事にされるべきものと考え、「ゆとり」の時間を持つために仕事もするが、仕事自体がラーハになればそれにこしたことはないと考えるそうです。つまり「わくわくいきいきと生きていることがラーハ」なのだそうです。そこで片倉は、こ

> の「ラーハ」を「ゆとり」と「くつろぎ」を足して「りくつ（理屈）」を引いたことば「ゆとろぎ」という造語で提案し、「理屈抜きに、いつくしむ生」という意味合いを込めていると説明しています。（片倉, 2008, p. xii-xiii）。
>
> 　日本では、文部科学省により「ゆとり教育」が提案されたことがありますが、それもいまは撤回されています。もし「ゆとろぎ」という言葉に価値を見出し、もっと普及していれば「ゆとり教育」の意味するところが、単に時間数や内容量の軽減の議論で終始することはなかったかもしれません。

3.4　近接空間

　空間の使い方や相手との距離の取り方も文化によって異なります。ホール（1970）は、これらを総称して近接空間（プロクセミックス）ということばをつくりました。

対人距離

　フィリピンの本屋さんで本の場所を聞くと店員さんが遠く離れたもう一人の店員さんに大きな声で聞いてくれたことがあります。そのとき、本を探してくれているうれしさよりも、本売り場を挟んで大声で話し合う店員さんの声にびっくりした記憶があります。ホール（1970）は、二人の距離を知る手だてとしてこのような声の大きさに着目しました。そして、「非接触性で中間層の、健康な成人で、主として合衆国北東沿岸生まれの人々」（ホール, 1970, p. 164）を対象に観察し面接をして表4-1に示す4つの距離帯としてまとめました。この結果は、ホールが強調するように人間の行動全般に及ぶものではなく、文化によって大きく異なります。また、話者の性格や会話中の興奮度、さらには、

周りの環境要素によっても異なります。たとえば、騒音が大きく、照明が薄暗いところでは、お互いに近寄って話すからです。ホールの考え方は、異文化コミュニケーションの場での対人距離の指針となるでしょう。

表4-1　ホールによる対人距離

特　徴	主に使用されるチャンネル
密接距離　0〜0.46メートル	
●愛撫、慰め、保護、または、格闘の距離 ●より私的な話題 ●ひそひそ声（声は極めて低いレベルに保たれる）	●相手のぬくもりや息づかい、臭いなどが合わさって感じられる。 ●15センチメートル以上離れると頭、腿、腰等が簡単に触れることはないが、手は触れたり握ったりできる。 ●発声によるコミュニケーションの割合が極めて小さい。
個体距離　0.46〜1.22メートル	
●個人的な関心や私的な関係の話が多い ●声の大きさは中位	●一方が手を伸ばして届く距離の先から両者が腕を伸ばして指が触れるまでの距離の範囲をさす。 ●相手の表情、皮膚の細かい状態、衣服の汚れなどがよく分かる。 ●抱いたり捕まえたり比較的容易に接触可能。
社会距離　1.22〜3.66メートル	
●一般的な内容の会話から半公的な話題まで可能 ●普通またはやや大きめの声	●2メートル離れると体全体が視野に入る。 ●顔全体が視野に入るので会話中に視線を移動させる必要がない。 ●努力なしには接触は不可能
公衆距離　3.66メートル以上	
●公的な内容 ●声のテンポは落ち、ことばははっきりと発音され、文体も変化する ●最大ではないが声は大きい	●5メートル以上になると体は丸みを失い平らに見える。 ●視覚の周辺部で他の人も捉えられる。

（ホール, 1970, p. 160-79 にもとづく）

写真4-2　鴨川沿いにアベックが座る間隔　©読売新聞社

席順

　日本では上座、下座ということばがあるように、日本間では目上の人や訪問者には床の間の前の上座に座ってもらう習慣があります。和室でなく、企業の会議室などでも、伝統的な上座・下座の意識を踏襲し、地位が上の人には入り口から見て奥の座席に座ってもらうのが適切と考えられています。ただし、文化によって、また相手との人間関係によって誰がどこに座るのかは、異なるときがあります。たとえば、日本の披露宴では、新郎新婦の両親は、新郎新婦から一番離れた末席に座りますが、韓国では、両親は一世一代の晴れ姿の息子や娘に最も近いと

ころに華やかに座る慣習があります。韓国人と日本人との国際結婚では、席順は当事者が話し合って決めることになるでしょう。一方、国際会議では、誰がどこに座っても不利益が出ないように円卓で行われることがしばしばあります。このように席順にも意味があり、その意味は文化によって異なることがありますので、異文化の人が集う場では特に配慮が必要でしょう。

3.5 接触行動

　私たちは生まれるとき、誰かの手によって取り上げられています。言い換えれば生まれた瞬間から誰かと接触しているのです。その意味で人との接触は、最も基本的で重要なコミュニケーションと言えましょう。五感のうち視覚、聴覚、嗅覚、味覚は、目、耳、鼻、舌という特定の器官によって情報の授受をしますが、触覚は全身で感じ取ることができます。身体のうち背中の中央は最も鈍感ですが、手、唇、顔、首、舌、指先、足は最も敏感で、私たちはこれらの器官の接触を通してさまざまな感情をやりとりすることができます（リッチモンド ＆ マクロスキー，2006）。

　なかでも日常習慣で見られる挨拶の仕方は、文化によって接触の度合いや方法がさまざまなので慣れないと戸惑うかもしれません。アンダーソン（Anderson, 1999）は、国際空港での人々の別れを観察し、さまざまな文化による別れの仕方を次のように描写しています。

　　　　トンガに帰る家族は輪になり、互いに自分の手を隣の人の背中にまわし、一緒に祈ってチャントを言っています。ボスニアに戻る涙いっぱいの男は、泣きじゃくる妻の場を何度も去ろうとし、彼女のところに戻るたびに互いに手を握り情熱的なキスを交わし、強く抱き合っていました。一方、韓国の2組の夫婦は、これからずっ

と長く離れるというのにまったく接触なく別れていきました（Anderson, 1999 in Samovar, Porter & McDaniel, 2007, p. 266）。

　このように接触行動にも文化による暗黙のルールがあります。誰が誰のどこをどのような状況で触っていいのかは、それぞれの文化である程度決まっています。たとえば日本では、他人の子どもの頭をやさ

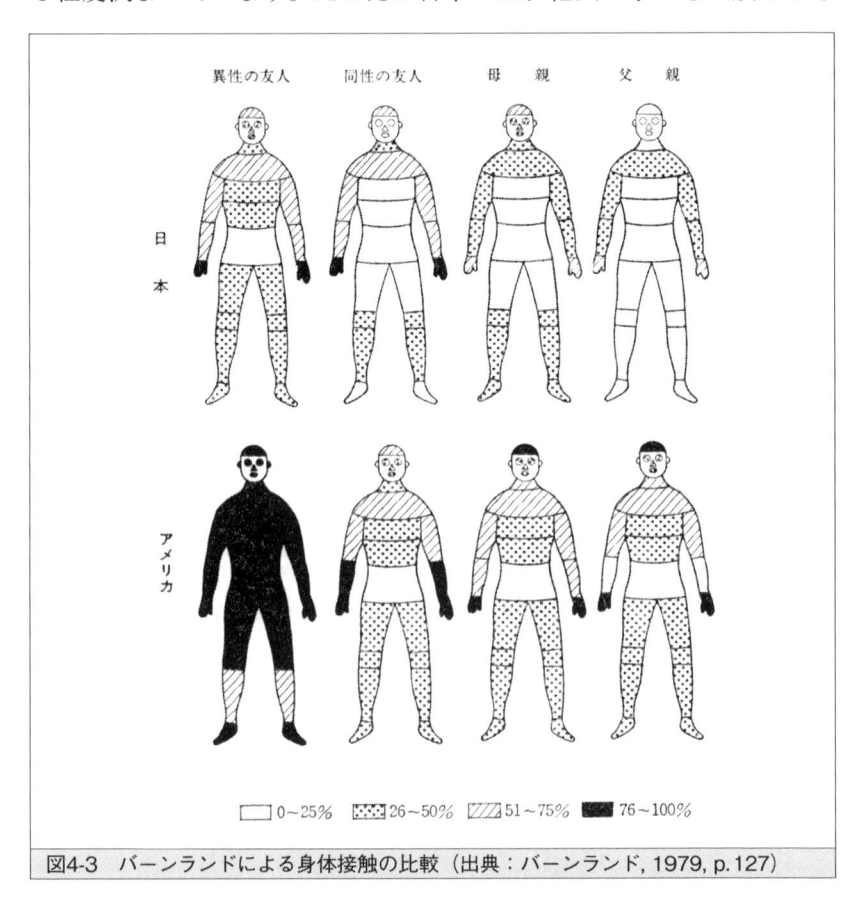

図4-3　バーンランドによる身体接触の比較（出典：バーンランド, 1979, p.127）

しくなでて話しかけることがあります。しかし、タイでは、頭は神聖な場所なので決して触ってはいけないことになっています。一方、フィリピンでは、スペイン統治の名残りで、子どもはひざまずき、大人の手を取り、手の甲に口づけをして挨拶をします。また、アフリカ、中東、インドネシアやバングラデシュなどでは、左手は「不浄の手」と言われ、宗教上または習慣で挨拶や食事、人に接触するときには使えず、すべて右手を使うという規範があります。一般に、社会的に上の地位の人が下の地位の人に身体接触するのは受け入れられやすいのに対して、社会的に下の地位の人が上の地位の人に身体接触するのは受け入れられにくい傾向があると言われています。

　接触の文化比較研究では、バーンランド（1979）によるものが古典的な研究として有名です。アメリカと日本の大学生120人ずつに対して父親、母親、異性の友人、同性の友人に対する接触行動の調査をしたものです。図4-3に示したようにアメリカ人は日本人の2倍近く多く接触行動しています。特に異性の友人に対してはアメリカの大学生の方が日本の大学生より接触量の多さが顕著であることがよく分かります。このように日米の大学生の間でも身体接触の習慣がかなり違います。データとしてはかなり古いものですが、この研究結果は現在でも参照されています。

3.6　身体的特徴

　白人に声をかけられたらとっさに英語で答えなければと緊張した経験はありませんか？よくよく耳を澄まして聴けば、流暢な日本語だったりします。私たちは、身長、体重、肌の色、髪質など見かけだけで相手を判断することがあります。

　韓国では、企業面接で好印象を持ってもらうために顔のプチ整形もするそうです。また、アラブ諸国の男性は皆ひげを生やしているので、

日本人の男性もアラブで活動するには、あえてひげを生やさないと子ども扱いされ仕事になりません。それぐらい見かけは重要なのです。また、美人の基準は、時代とともに変わります。写真4-3は、見返り美人です。江戸時代では、ややふくよかな女性が美人と言われていました。その後は、栄養状態も良くなり、30歳代女性の平均身長で見ると、1950年で148.9センチメートルだったのが、2007年では、158.0センチメートルと6.1％の伸び率を示しています（国民健康・栄養調査、厚生労働省より）。このように栄養状態や生活環境の変化によって長い時間にわたり身体的特徴も変化したり、国際結婚によって人種的特徴が変化したりします。さらに最近では、デジタル技術を駆使し、モデルの写真を加工して必要以上にウエストを細く見せることもあり、問題になってもいます。モデルではなくてもお見合い写真を修整するなど私たちは場合によって、身体的特徴を意識し、気にすることがあります。それだけ身体的特徴は相手に多くのメッセージを発信しているからです。

写真4-3　見返り美人［浮世絵］

3.7　人工品

就職活動が始まると大学生は、髪の毛を黒に染め直し、黒のスーツに身を固め、黒のカバンを持って情報収集に奔走しだします。そして

一段落するとまた髪を茶色に染め、ジーパンをはいて流行のショルダーバックを掛けて大学の講義に現れます。このように目的に合わせて私たちは、服装や化粧、持ち物を変えています。つまり、服装、化粧、持ち物も相手にさまざまなメッセージを伝えることを察知し、意識的に変えているのです。

　また、会社や工場で働くようになると部署に合わせて制服が支給されます。工場では安全確保という機能的な面もありますが、全体を統率する意味もあるでしょう。ですから、日本の中学・高校では、管理のひとつの形として制服の着方やルールが決められていたり、逆に制服にとらわれず自由にしたりと各学校で議論されています。しかし制服にどのような意味を見出すかは、文化やコンテクストによってさまざまでしょう。たとえば、迷彩服が単なるファッションなのか、そこからベトナム戦争などを思い出し同志との連帯を意識しているのかは、見かけだけからは分かりません。ただ、着ている本人の意図とは別に、見た人はさまざまに解釈していることは確かでしょう。

　ところで、多文化社会を迎えた日本の小学校では、お弁当やいろいろなものを入れる布袋をつくらなければならないことが外国にルーツを持つ保護者を悩ませています（高橋・バイパエ, 1996, p. 70）。袋という機能だけでなく、既製品とはひと味違う手作りのアニメキャラクターなどのアップリケや刺繍があることが求められます。最近では、日本の若いお母さんも共稼ぎで忙しい人が多いので、手作りとなると悩ましいところです。しかし、手作りは親の子どもに対する庇護を表していると考えられ、また、他の人と違う既製品を持っているといじめられるという不安も働き、皆がつくるようです。

　以上のように身なりや服装、所持品にもコミュニケーションの機能があるのです。

3.8 環境要素

　部屋、家具、装飾品、光、温度などの環境要素も人々のコミュニケーションに影響を与えます。たとえば、ファーストフード店では、冷暖房の温度やBGMの音量、照明の明るさ、椅子の固さなどを管理することで、お客があまり長居できないように工夫しています。また、あるレストランでは、意図的に店内の入り口にデザイン的な段差をつけたり、トイレの表示をユニークなものにすることで、店員と客が声を掛け合う機会にしたりしています。このように環境要素も積極的に活用することにより他者へのコミュニケーションに能動的に働きかけることができます。

　前述したとおり、時間の扱い方と空間の使い方も密接に関係があります。アメリカのオフィスは、個室が多かったり、一つの部屋でも個別に仕切って社員の個の空間を確保するレイアウトになっています。一方、日本のオフィスは、大部屋の中央に上司が位置し、それに対面するように部下が机を並べて配置されています。このように空間の使い方からもその文化の人々の価値観が垣間見られます。

　日本人は公共の場での音、特に駅のアナウンスに対しては寛容なところがあります。都心の駅では、2、3分ごとに来る電車の出入りのアナウンスは過剰かもしれませんが、お客へのサービスと捉えると騒音とは思えなくなります。このようなアナウンスに慣れているとイギリスでの駅のアナウンスの情報が物足りなく思えるからです。筆者（久保田）の体験によると、電車はいつどこのホームに来るのか、定刻通りなのかが、変更が起きない限りアナウンスもなく、分かりづらかったのを覚えています。駅のアナウンスは、どんなに頻繁でも騒音ではないとしたら、車のクラクションは、どうでしょうか。フィリピン、タイ、バングラデシュなど急激に車の台数が増えたところに行った日本人にとっては、頻繁に鳴らされる車のクラクションは警笛というよ

り騒音になるようです。

　このように音ひとつとっても異文化では、人の感じ取り方が異なるので、その善し悪しは一概に言えません。角田（1978）は、脳の研究から日本人は、虫の声を雑音として処理していないという説を立てました。安藤・赤谷（2007）の調査でも、昆虫の発音を聞いたことがないアングロサクソン系欧米人は、4種類のコオロギ科の発音すべてにマイナスの評価を下し、昆虫の発音を聞いたことがある日本人被験者はすべての発音に対してプラスの評価を下しています。さらに、欧米人のアオマツムシの鳴き声について想起された印象は、得点の高い順に「森（12%）、夜（12%）、涼しげな音（12%）、うるさい（8%）など」（p. 237）で、否定的な面もある一方、日本人の印象は「夜（24%）、夏（21%）、秋（19%）、草地（7%）など」（p. 238）と否定的なものはないうえ雑音（聴覚反応）としてではなく自然風景（視覚反応）として主に想起されていました。

　これらは、コオロギ科の発音と音の評価に関する比較調査研究の結果でしたが、日本のドラマの場面転換で使われることもあるセミの声は、ヨーロッパでは削除して放映していると聞いたことがあります。虫の声ひとつでもそれくらい印象が違うということです。

4 ネット社会における非言語コードの解釈

　FacebookやInstagramなどに代表されるソーシャル・ネットワーク・システム（SNS）が身近になってきました。対面コミュニケーションでも昨日インターネット上で読んだ歌手のブログの話題から入ることがあります。また、ネット上でつくったアバター（インターネット・コミュニティで用いられる自分の分身を表すキャラクター）を介してコミュニケーションを取ることもあります。アバターのやりとりでは、

表4-2 非言語コード別非対面コミュニケーションの特徴

形態	同期型メディア使用 テレビ会議、チャット、インスタントメッセンジャー、電話など	非同期型メディア使用 ネット上の掲示板、ブログ、電子メール、SNS、手紙など
周辺言語	・テレビ会議では、声、うなずきなどが確認可能である。 ・文字入力時の句点の打ち方、形式、選択されたフォントが抑揚をつける。	・文字入力時の句点の打ち方、形式、選択されたフォントが抑揚をつける。 ・レイアウト、色使いなどでも周辺言語の特質を表現できる。
身体動作	・テレビ会議では、容姿、姿勢、身体動作、ジェスチャー等を確認できる。 ・人間の特徴を備えた、または真似たアバターが、感情を表現する。	・ビデオレターでは、容姿、姿勢、身体動作、ジェスチャー等での表現が可能である。
表情・視線	・テレビ会議では、顔の表情、視線が確認できる。 ・利用者の感情は、顔の表情の絵文字で表現できる。	・利用者の感情は、顔の表情の絵文字で表現できる。
時間の概念	・テレビ会議では、時差などに注意が必要。また、ネットの回線状態による情報伝達の遅延に配慮がいる。 ・チャットで相手が入力中は待つなどの暗黙のルールができる。	・時差など相手の時間帯を気にせず自分のペースで情報交換ができる。
近接空間	・返信にかかる時間は、相手との距離感や逆に親近感を生む。 ・アバターの配置は、空間に注意を引かせる。	・オンラインジャーナル、ブログなどは、利用者にとって私的で個人的な空間となる。
接触行動	・インスタントメッセージ、電子メール、チャットでの親密なことばは、相手との一体感を生む。 ・物理的な身体と同様、バーチャルな身体も性的に見られ虐待されることもある（例：cybersex, cyber-rape）。	・親密なことばは、相手との一体感を生む。
身体的特徴	・自分とは違う人物になりかわる「なりすまし」が可能である。	・人種、性、年齢なども写真をデジタルに修整・加工することで容易につくり替えられる。 ・アバターを使うことでバーチャルな身体を自由自在に確保できる。

人工品	●テレビ会議では、音声のみ、音声と映像の組み合わせ、文字によるチャットのみなどのように伝送媒体を切り替えることができる。	●デジタルに修整・加工した自分の理想像を容易につくれる。 ●アバターを使うことでバーチャルな身体を自由自在に装飾できる。
環境要素	●テレビ会議では、カメラの位置やマイクの向きなどが、視線行動や音声に影響を与える。	●MixiやMySpaceのようなバーチャルコミュニティは、サイバースペースに入り組んだ人間関係をつくりあげる。 ●ウェッブのページに囲まれた環境により、物理的な環境がオフラインの自己を維持するように、平常のまたはいつもとは違う自己をつくり上げることができる。

(Ivy & Wahl, 2009, p. 340を加筆修正)

　アバターが理想の自分となり、その結果、徐々に理想像と自分が乖離し、自分で自分のことが受け入れられなくなったりもします。また、携帯電話の機能が多様化したり、パーソナル・メディアが手軽になってきたことで、いつでもどこでも時空間を超えて他者とつながりたいときにつながり、コミュニケーションを取ることが容易になってきました。手のひらにのせたスマートフォンで相手の顔を見ながら話すこともできるのです。そんな時代になり、これまで紹介した非言語コードの意味づけの及ぶ範囲が広がってきました。ここでは、限定的ですが、表4-2にまとめました。表4-2は、アイビーとワールの「コンピュータを介したコミュニケーション」の表をもとに、日本の現状にも合うように加筆修正したものです（Ivy & Wahl, 2009, p. 340）。

　インターネットの世界では、言語だけでコミュニケーションが成り立ち非言語はまったく関係がないと思われがちですが、このように非言語的な要素を含むコミュニケーションを多岐にわたり無意識に行っており、それが交換するメッセージの解釈や相手の感情にも影響を与えているのです。これからの時代には、こうした身近なメディアを通

したコミュニケーションにおいても非言語コードの影響を考えていくべきでしょう。

Ⅱ 非言語コミュニケーションの特徴と言語との関係

1 非言語コミュニケーションの特徴

1.1 多チャンネル性

　非言語コミュニケーションとは、ことば以外の方法でメッセージを伝えたり、読み取ったりするコミュニケーション過程をさします。たとえば、面接試験の時に、私たちは、化粧、髪型、髪の色、服装、カバンや靴などの身だしなみに気を使うだけでなく、背筋を伸ばして椅子に座り、はきはきと受け答えたりします。これらは、すべて非言語コミュニケーションによって相手に好印象を与えようとしているからです。つまり非言語コミュニケーションとは、身体動作、顔の表情、視線、声の調子、容姿、持ち物、さらに、時間や空間の使い方、身体接触など多様なチャンネルを通して、相手にメッセージを送ったり、相手からのメッセージを読み取ったりすることです。言語は、一般に音声や書物から聴覚、視覚の器官を通して理解することになりますが、非言語は、身体動作、顔の表情、視線、声の調子、容姿、持ち物、香り、さらに、時間や空間の使い方、身体接触から視覚、聴覚、触覚、嗅覚などを通して同時にメッセージを受け取ることができるので、多チャンネル性という特徴があると言えます。

1.2 連続性

　いま、この文を読んでいるあなたは、どのように本書を開きました

か？そして、今、現在、左手で本書を開きながら、右手で蛍光ペンを持ち、線を引きながら読んでいるのでしょうか。字を追っているなら目が動いているはずです。しばらくしたら、顔をあげたり足を組み直したり、さまざまな動作が見られるでしょう。このような身体動作をすべてことばで書きつくすことは容易ではありません。しかし、目、顔、手、体の向き、足の位置などがバラバラに動くのではなく、ある程度調和を保って動き、かつ、全体としては、常になめらかに連続的に動いているのは確かです。つまり、非言語コミュニケーションでは、これら身体動作のように連続的に途切れることなく表出できるという特徴があります。それに対して言語は、音が消えたら途切れるので非連続的な特徴があると考えます。

1.3 アナログ（類推性）

　海外旅行に行き、ことばはできなかったけれども身ぶり手ぶりでどうにかなったという話をよく聞きます。たとえば、お土産屋さんで値段やサイズを訊くときに、ものの形や大きさを手で示すことで店員さんが理解してくれたという場面でしょう。これは、前述した音声言語が、音が消えると何も伝わらないという非連続の特徴、さらにデジタル（計数性）という特徴があるのに対し、非言語は、連続的でアナログ（類推性）に特徴があるからだと言えます。非連続の音声は、音が出ているか（ON）音が出ていないか（OFF）で表すことができるので、計数性という特徴があります。一方、非言語は、類推性すなわち動作を見ていれば何となくどういう意味か推測できる部分があるという特徴があります。さきほどの例では、お店で欲しいものの大きさや形を両手の幅や手で形どること（イラストレータ）で示すことができるのは、非言語動作の類推性という特徴を活かしたコミュニケーションだと言えます。

1.4 意識と意図

　非言語コミュニケーションは、意識や意図と関連させて理解する必要があります。たとえば、学生が教科書を開き一生懸命に線を引いて意図的に勉強しているようにふるまっても、机の下からのぞく足がそわそわと動いていれば、教師は、あまり集中していないと捉えるでしょう。これは、学生の無意識のうちの動作に内面の心理が表出されているため、教師は、意図的に送られた勉強しているというポーズのメッセージよりも無意識に表出された足の動きに着目した結果です。送り手は無意識でも、メッセージの受け手が何らかの意味をそこに見出したら非言語コミュニケーションは成立したと考えます。また逆に、学生が授業中に何度も意図的にうなずくことによって教師に聞いていますよというアピールをしていても、板書している教師がまったく気づかなければ、それは単なる非言語行動で、非言語コミュニケーションが成立したとは考えません。このように非言語コミュニケーションでは、意識の有無や意図の有無も非言語メッセージの解釈に影響を与えます。一般に送り手の意図や意識に関係なく、受け手が送り手の非言語行動を何らかのメッセージとして解釈したらコミュニケーションが成立したと考えます。

1.5 否定形の不在

　非言語コミュニケーションには、外国語の文法で学ぶような否定形や時制はありません。常に現在のなかで意味を読み取っていくことになります。ためしに「昨日は、学校に行かなかった」というメッセージをジェスチャーだけで友だちに伝えてみてください。「昨日」をどのように表しましたか？時間軸や時計を示して今日や明日と対比させて「昨日」を示していませんか。「行かなかった」は、どのように表現しましたか？「学校に行く」動作をしてから、手を交叉させて、「×」の

意味で否定形をつくっていませんか？一つのジェスチャーでは、過去も否定形も表せませんね。昔「ジェスチャー」というテレビ番組がありましたが、ゲームとして何度もジェスチャーで伝えることをすれば、そのうち「この動作で過去を示す」などという新しいルールをつくることは可能です。しかし、一般には、非言語コミュニケーションには、否定形はありません。ですから、たとえば、忙しいときに仕事を急に頼まれ思わず困ったなという戸惑いの表情が出てしまっても、それを打ち消すためには、ことばで否定するか、意識的にさらに顔の表情を付け足すことでしか方法はないのです。だからこそ、逆に嘘を見抜いたり、心のうちを探るのに非言語コミュニケーションは、役に立つのです。

2 言語メッセージと非言語メッセージの関係

言語メッセージと非言語メッセージは密接に関係していますが、その関係を6点あげ、少し詳細に見ていきましょう。

2.1 代用(substituting)

非言語メッセージは、言語メッセージの代わりに使われることがあります。儀式、スポーツの試合、騒々しい場所、相手に言語が理解されない場合などでことばの代用として使われます。たとえば、騒々しい駅の待ち合わせ場所で遠くに友だちを見つけた時は、声をかける代わりに手を振って合図を送るでしょう。これが代用です。

2.2 補足(complementing)

非言語メッセージは言語メッセージを補足するように使われます。たとえば、Ⅰ部の3.1.2でイラストレータについて説明しましたが、釣

れた魚は「これくらい」と言う時に手で大きさを示します。つまりこの手の動きは、ことばの補足をしていることになります。

2.3 矛盾(contradicting)

たとえば、贈り物をもらったときに、すでに同じものを持っていることに気がついたらあまり素直に喜びの感情は湧かないでしょう。そのようなとき「結構なものを頂戴いたしまして」とことばでは感謝の気持ちを述べていても、顔の表情があまり喜んでいるようには見えないときがあります。つまり言語メッセージと非言語メッセージで伝える意味が正反対で、矛盾しているのです。このようなときには、一般に、無意識に表れる非言語メッセージに本音が表れています。

2.4 調整(regulating)

Ⅰ部の3.1.3のレギュレータで説明したように、視線、顔の向き、頭の動き、身体の傾きなどの非言語行動で、会話の開始、継続、中断、拒否、発話者の交替などを促すことができます。つまり会話中は、ほぼ無意識ですが、これらの非言語行動で会話を調整しています。

2.5 強調(accenting)

発話中に大切なところで声の大小や話す速度を変えて話にアクセントをつけることができます。落語は、それの最たる例で、話術だけで状況を描写する芸術です。たとえば怪談では、声のトーンを下げ緩急をつけて話すことにより恐ろしさを自在につくり出すことができます。このようにことばの内容を非言語で強調することができます。

2.6 反復(repeating)

「どうも、どうも」と言って挨拶を交わしながらも頭をペコペコ下げ

ている人をよく見かけます。このように非言語メッセージは、言語メッセージの繰り返しとして使われることがあります。

以上のように、非言語メッセージは、言語メッセージの代用、補足、矛盾、調整、強調、反復、として使われることを確認しました。これらは無意識に行っていることが多いですが、通常の会話では、このように言語と非言語が密接に関わり合いながらコミュニケーションを形成しています。

3 ダイナミックなコミュニケーション

携帯メールやインターネットを介した文章のやりとりが身近な私たちの生活では、言語メッセージに依存したコミュニケーションに偏りがちですが、対面のコミュニケーションにおいては、言語メッセージだけでなく非言語によるコミュニケーションがなくては成り立ちません。本書では、説明の都合上第3章で言語コミュニケーション、第4章で非言語コミュニケーションと分けて扱いましたが、実際のコミュニケーション過程では、両者が複雑に影響し合ってダイナミックにコミュニケーションは行われています。

マレービアン（1986）は、本章で取りあげた顔の表情、手や腕のジェスチャー、物腰、姿勢、身体や脚、足の部分など目で見て分かる相手の動きを単にバラバラに着目するのではなく、それらを会話に臨む話者の感情や態度と関連させて捉えることを提唱しています。心理学の知見を踏まえ、さまざまな感情のうち「快─不快」、「覚醒─不覚醒」、「支配─服従」の次元と態度である「好意─嫌悪」の次元とを関連させて、表出される身体行動の解釈を実証的に研究しました。なかでも以下のマレービアンの法則がよく知られています。

● マレービアンの法則

感情の統計 ＝ ことばによる感情表現 ＋ 声による感情表現 ＋ 顔による感情表現
　　　　　　　　　　　7％　　　　　　　　　　38％　　　　　　　　　55％
　　　　　　　　　　　　　　　　　　　　　　　　　　　　　(Mehrabian, 1968, p. 108)

　この等式は、たとえば、好きであるという感情を相手に伝えるのに、「好き」という言語のインパクトは、わずか7％であるのに対し、「好き！」と言った時のはずんだ声のインパクトが38％、そしてその際のにこやかな顔の表情のインパクトが55％であることを示しています。これら割合の数値は、実験的な手法で得た限定的なものなので解釈には注意が必要ですが、この等式で言わんとするところは、相手に好意の態度を表明するには、顔による感情表現のインパクトが一番大きくて、次に声の調子、そして最後にことばの意味ということになります。就職試験などの面接でも面接官に好印象を与えるには、単にことばでペラペラ話しても意味がなく顔の表情豊かに熱意を伝える必要があるということです。

　この等式は、企業などさまざまな場面でのプレゼンテーションのときにも利用されていますが、利用には、注意しなければならない点もあります。それは、<u>話者の感情を伝達する</u>には、顔の表情、声の調子、そしてことばの順に重要であることを示しているのであり、すべてのコミュニケーションにおいて非言語による表現のほうが言語によるものより重要で着目すべきであるという意味ではないことです。たとえば、「明日の会議は3時からです」という伝達の時は、ことばで正確に伝えればよいのであって、顔の表情で伝達事項に差が出るということではありません。しかし、「忙しいとは思うが、君にも出席してもらいたい」ということを上司が他の部署の社員に伝えたいときには、感情を込めて言わなければ説得できません。このときに部下は、「忙しいとは思うが、君にも出席してもらいたい」という言語表現より、それに

合わせて表出される上司の顔の表情と声の調子に切実さを読み取って、出席を促されるのです。その際に、上司が、電話で伝達すれば、部下は、上司の顔の表情が読み取れないので、声の調子のみで切実さを判断することになります。

　一般に人は相手に好意を持ったり物事に関心を持つと、通常とは違う行動に出ると言います（マレービアン, 1986）。たとえば、好意を寄せている人との会話では、相手との対人距離が短くなり、身体や、顔が相手のほうを向き、前かがみになりもっと見つめるようになり、スマイルや、うなずきなど相手に肯定的な反応が多くなり、ジェスチャーや接触が多くなります（Burgoon, Buller, & Woodall, 1996）。このように非言語行動に着目すると相手への心理的距離が読み取れます。

　以上Ⅱ部では、非言語コミュニケーションの特徴、言語コミュニケーションとの関係、さらにいかに非言語コミュニケーションと言語コミュニケーションが密接に関連してダイナミックなコミュニケーションを生み出しているかを検討しました。説明の都合上、非言語コミュニケーションを言語コミュニケーションと分けて取り上げましたが、実際の対面のコミュニケーションでは、もっと複雑に両者が複数の位相にまたがりマルチチャンネルに働いてメッセージを構成しています（菅原, 2010）。また、メッセージを解釈するには、その場におけるあらゆる言語と非言語の手がかりをもとにして行っているということです。それは無意識に行われることも多いのです。昨今は、言語を中心としたインターネットによる交流も一般的になってきましたが、言語のみで伝えられることには限度があり、言語を補完する非言語の情報が欠如または異なっているため、極めて誤解が起こりやすいということは認識しておくべきでしょう。コミュニケーションでは、言語と非言語は不可分のものであり、メディアを介したコミュニケーションは、質的に違うものと考えておいたほうがよいでしょう。

4 非言語コミュニケーションとサインとの関係

Ⅰ部では、さまざまな非言語コードを見てきましたが、それらとサインとの関係をまとめておきましょう。

身体動作のうちエンブレムは言語同様シンボルとして扱われますが、喜びや悲しみなど文化普遍的な感情の表出は、シンプトムです。ただし、その表出は一瞬で、ほとんどはそれを誇張して使うセンブランスに分類できるでしょう。つまりこのように見ていくと非言語コミュニケーションで使用できるサインは、シンプトムからセンブランス、シンボルと幅広いと言えましょう。たとえば自転車にぶつかりそうになり思わず横に飛びのけた友人に「危なかったね」と声をかけたりします。したがって、言いかえると、言語コミュニケーションが苦手でも、相手をよく観察し、シンプトムやセンブランスに応える形で感性のコミュニケーションを豊かにしてコミュンケーションを楽しむこともできるのです。これをまとめると図4-4のようになります。これは、前述した

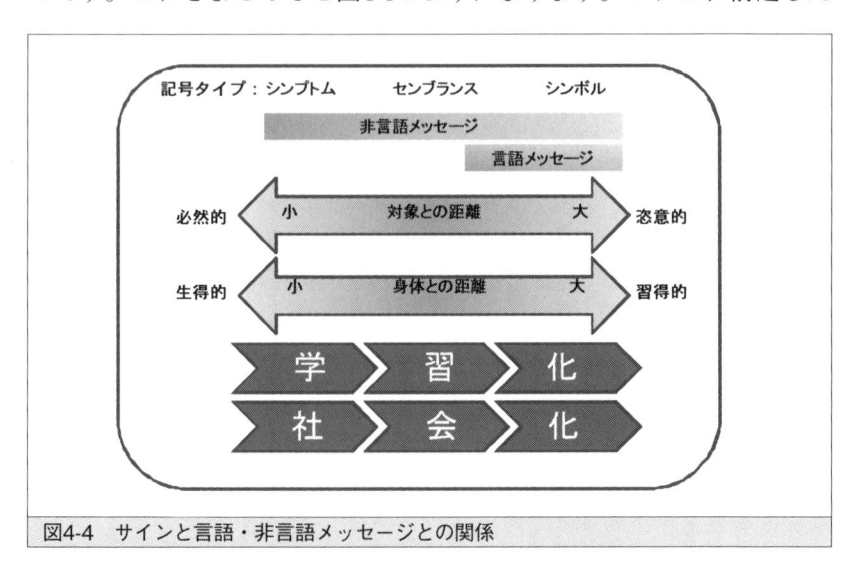

図4-4 サインと言語・非言語メッセージとの関係

3つのサインに関連させて、言語メッセージと非言語メッセージの位置づけを図示したものです。しゃべるのが苦手だと思い込んでいる人でも感性を磨けばいくらでもコミュニケーションは、楽しめるのです。

ディスカッション

　　グループでテレビドラマのなかで2者が会話をしている場面を一つ選んで7分間録画し、言語と非言語の関係がどのようになっているか分析してみましょう。まず、会話をすべて書き出し、次に8つの非言語コードに着目してメモをしていきます。録画した場面での2人の人間関係を見ながら、各自で言語と非言語の関係で気づいたことをまとめてください。それからグループで解釈が同じになったかどうか話し合いましょう。解釈が異なった時はその理由も考えてみましょう。

第5章

アイデンティティとコミュニケーション

アクティビティ

Who am I?

「私は」ではじまる、自分を表す文を10個書いてみましょう。
（例：私は数学の教師だ。私は25歳だ。）

1.
2.
3.
4.
5.
6.
7.
8.
9.
10.

ここまで、コミュニケーションと文化について、また言語と非言語によるコミュニケーションについて考えてきました。本章では、文化、コミュニケーション、言語のどれとも深く関連する「アイデンティティ」に注目します。そうすることで、異文化コミュニケーションはアイデンティティ交渉のプロセスであることを見ていきましょう。

　アイデンティティは、最近日常的によく使われるようになってきたことばのひとつです。「自分とは何者か」という問いへの答えと深く関わります。158ページのアクティビティで、あなたはどのような文をつくりましたか？「私はサッカーが上手だ」とか「料理が得意だ」「私は引っ込み思案だ」というような個人的な能力・嗜好や趣味・性格などにもとづく自分の特徴を書きましたか？あるいは「自分は女性だ」「日本人だ」「○○大学の学生だ」というように、ある集団の一員としてのアイデンティティを書いた人もいるでしょう。多くの人はこの両方を書いたのではないでしょうか。社会心理学では、前者を個人的アイデンティティと言って、自分自身の性格や能力などにもとづく自己概念をさします。一方、後者は社会的アイデンティティと言って、ある集団に所属しているという意識から引き出されるアイデンティティをさします。自分が自分であるためにはこの両面が不可欠です。しかし、一見個人的に見えるアイデンティティも社会的アイデンティティと区別がつきにくいところがあります。たとえば、「教えるのが得意だ」ということと「私は教師だ」はつながっているようでもあり、教師という属性の一部のようにも思えます。また「日本語を話せる」ということと、日本人のアイデンティティとは切り離せないと思う人もいるのではないでしょうか。

コラム 1　アイデンティティ・トーク

A　私が日本人だということをはじめて強く意識したのは、大学の語学研修でアメリカに行ったときです。自分が日本人であることは考えもしないほどあたりまえだったのですが、人との会話で必ず聞かれる「あなたはどこから来たの？」という質問に「日本から」「日本人です」と答えたり、「日本人のわりには英語が上手だね」というコメントにふれるうちに、意識せざるを得なくなってきました。（秋山祐子）

B　私は、在日韓国人の二世です。私は、自分が韓国人であり日本人でもあると思ってきました。韓国人一世の両親と文化的に少し違うこともあるし、韓国人留学生の話す日本語に違和感を感じることも多いので、私は国籍では韓国人ですが、文化的には日本人だと感じています。ですから日本人という立場からものを言って、日本人の友人から、「あらあなたは韓国人でしょ」と言われたとき、疎外されたような複雑な気持ちでした。（カン・エミ）

C　裕太さんは、おじいさんがロシア人で4分の1白人、4分の3日本人です。西洋的な顔立ちのため、友人から「ガイジン」とか「英語しゃべって」とか言われて、常に複雑な思いでした。自分としては日本人だと思っていたからです。両親とも日本人ですし、母語も教育言語も日本語です。英語が特に得意なわけでもありませんでした。しかし、人から見た自分に近づくために、英語を猛勉強しました。

１ アイデンティティとコミュニケーション

　コラム1のA～Cを読んでみてください。アイデンティティは他者とのコミュニケーションを通して意識にのぼるものです。コラム1－Aの秋山さんは海外研修に参加して、今まで意識しなかった日本人ということを意識するようになります。また「日本人のわりには英語が上手だね」というコメントにより、日本人がどのように見られているかにも気づきます。一方、コラム1－Bのカンさんは、自分の意識としては日本人だと思っていたのに、何気ない友人のことばで、それを否定されます。つまりこの瞬間に日本人という境界の外に追い出されたのです。このように私たちは日常のやりとりの中で、アイデンティティを形成していくのです。恋愛感情を持つことで性的アイデンティティを意識したり、就職活動で苦労してみてはじめて女性の社会的立場を知らされ、ジェンダー・アイデンティティを自覚した人もいます。私たちは人とコミュニケーションをすることにより、自分がどのように見られているか、どうなることを期待されているのかに気づき「自分が何者か」を見出していきます。人は自分が考えているように自分のことを見てくれるわけではありません。人のことばで自分の思わぬところに気づくという発見もありますが、逆に自分が持っていた自己像を否定されたり、不本意なアイデンティティを押しつけられたりすることもあります。ビジネスパーソンとして颯爽と会議に臨んだときに、女性とか男性という点にのみ注目されたとしたら、あまり愉快ではありませんね。一般に、自分が表出しようとしているアイデンティティを人が受け入れてくれるとき、コミュニケーションが心地よいと感じられるのではないでしょうか。

　また私たちは常に同じような振る舞いや物言いをするわけでなく、コミュニケーションの相手や状況に応じて、異なった自分の面が出ているのに気づくことがあります。アルバイトで販売員をしているとき

と、友だちと大学の食堂で話しているときでは、服装もことば遣いも違います。それに応じて自己概念も微妙に変化するのです。

2 マルチプル・アイデンティティ

人はひとつの社会的アイデンティティだけでなく、国籍、エスニシティ、ジェンダー、宗教など重層的（マルチプル）に持っています。「日本人・女性・大学生」というアイデンティティを同時に持つのは自然なことです。最近では、子育てが一段落すると大学に通い始める主婦の人もいます。家庭では3児の母であり、大学に来ると学生という顔になるわけです。「○○ちゃんのお母さん」というアイデンティティに「言語学を研究する大学生」という新たな自己概念が加わるのです。一方、その場その場のコミュニケーションのコンテクストの中で、強調されるアイデンティティは異なります。クラスメートと大学のアメフトチームを応援するときは、所属する大学の学生としてのアイデンティティが前面に出ているでしょう。合コンでは、「男性・女性」という性別を意識するでしょうか。海外研修に参加して、アメリカ人と話をすると、「日本人」を意識するかもしれません。それぞれのコンテクストで自分の異なった部分が引き出されると言ってもよいでしょう。

3 ナショナル・アイデンティティ

ナショナル・アイデンティティは帰属する国にもとづくアイデンティティであり、一方、エスニック・アイデンティティは民族的なアイデンティティです。この二つは必ずしも一致しません。筆者（八島）の友人のラジーフはインドの出身で、カナダで教育を受け、現在はイギリスの大学教授です。国籍は英国ですが、自分には英国人というアイ

デンティティはない、自分のアイデンティティはインド人だとはっきりと言っていたのが印象に残っています。一方在日コリアンの場合、国籍は韓国で民族的アイデンティティも韓国人、しかし日本語が母語で、教育も日本の学校で受け、生活実践にもとづく文化的意識はコラム1のカンさんの例のように日本人であるという人もいます。また二つの文化を自分の中に共存させていたり、融合させている人もいれば、二つの文化が競合し、引き裂かれるような感覚を持つ人もいます。世界には一つの国の中にいくつもの民族が共存している国家のほうが多く、多様なアイデンティティの形態があるのは当然ですが、日本では、国と民族と言語の境界が一致していると思っている人が多いように感じます。

　ここではマルチプルなアイデンティティの中で、特に民族的アイデンティティに注目しその獲得過程を考えてみましょう。

4 人種アイデンティティと民族的アイデンティティ

　人種によるアイデンティティと民族的アイデンティティは同一ではありません。多民族国家であるアメリカ合衆国の2020年の国勢調査によると、いわゆるマジョリティであるヨーロッパ系（人口の61.6％を占める白人、白人のヒスパニックも含む）と、黒人／アフリカ系（人口の12.4％）、アジア系、先住民、複数の人種の血筋を引く人（multiracial: 約3,380万人、人口の10.2％）が共存しています。さらに約6,200万人のヒスパニックの中には白人もいれば、皮膚の色が濃い人もいます。白人のヒスパニックの場合、人種アイデンティティはおそらく白人でしょうが、民族的なアイデンティティはヒスパニックとなるでしょう。アメリカ合衆国には白人と黒人の中間のカテゴリーはありませんが、ブラジルではその間にいくつかのカテゴリーが存在するようです。オバ

マ大統領は、父親がケニア人、母親がハワイ出身の白人ですが、一般に黒人とカテゴリー化されています。では8分の1、16分の1黒人という場合はどうなるのでしょうか？一体どこで区切るのでしょうか？何分の1から白人になるのでしょうか？一体それは誰が決めるのでしょうか[1]？このように、人種アイデンティティは、確かにある程度は皮膚の色など生物的な特徴に依るものですが、社会的に、恣意的に構築されたカテゴリーという見方ができるのです（Martin & Nakayama, 2008）。また、法律的なカテゴリーと自分がどう自己規定するかは必ずしも一致しないかもしれません。ここにアイデンティティの複雑さがあるのです。

　プロゴルファーのタイガー・ウッズは、父親はアフリカ＋アメリカ先住民＋中国系でアメリカ国籍、母親はタイ＋オランダ＋中国系でタイ国籍です。そこで彼は、自分の民族的アイデンティティを表すのに、カブリネージアン（Caucasian+Black+Indian+Asian）ということばをつくりました。アメリカでは出生地国籍制をとっているので、二世以降、アメリカで生まれた人は自動的にアメリカ人となります。自分たちの民族的アイデンティティを明確にするためハイフォン付きのアメリカ人として自己規定する人がいます。Japanese-American, Korean-Americanなどがその例です。移住した世代を一世と呼び、その子どもの世代は二世と呼ばれます。このような移民の家庭では、母国の言語・文化と学校や職場で使われる主流言語文化の併用という、バイカルチュラル・バイリンガルの状況が生まれ、そのアイデンティティに複雑に影響します。逆に自分をアメリカ人と自己規定している中国系三世のある男性が、未だに"Where are you from?"と訊かれて複雑な気持ちになることがあると語っています（Martin & Nakayama, 2008）。日本の大学で英語を教えている筆者（八島）の知人マークは、黒人、つまりアフリカ系アメリカ人です。しかし、彼の家族の場合5世

代以上前からアメリカにいるので、アフリカは遠い国です。いわゆる政治的に正しい（PC）表現（第2章参照）として推奨されるアフリカ系アメリカ人（African-American）という呼び方は逆に違和感があると言います。しかしハイフォン付きのアメリカ人は移民で立つ多民族国家であるアメリカを象徴する存在なのです。

　一方、日本国内の民族的アイデンティティを考えるとき、アイヌ民族や在日コリアン[2]、日系ブラジル人などが思い浮かびます。在日コリアンは、戦前戦後の歴史的状況のなかで翻弄されながらも、民族としてのアイデンティティを保持しようとしてきました。この過程で民族学校は継承語の教育とアイデンティティの維持を支えてきました。そういう中で強い民族意識を持ちつつ、差別を避けるために姓名やことばなどコリアン的な要素をなくすことで日本社会を生き抜くという選択をした人も多くいます（在日コリアンの民族的アイデンティティや国籍の問題について詳しくは原尻; 1995; 李・田中, 2007; 金, 1999などを参照）。最近では日本国籍を取得する人が増加し、日本人との「混血者」も増加しています（李・田中, 2007）。親の世代で帰化した若い人の中には、朝鮮・韓国人という意識が希薄な人もいる一方、帰化したのちに朝鮮・韓国人としてのアイデンティティが一層強くなったと言う人もいます。在日コリアンが経験してきた苦悩の歴史を知り、アイデンティティの複雑さを理解することは、多文化化する日本について考えるうえで極めて重要です（偏見、差別については第8章で扱います）。

　前節でハイフォン付きアメリカ人のことを述べましたが、日本ではこれまで外国にルーツを持つ人が、「韓国系日本人（Korean-Japanese）」というように〜系と自己定義することはあまりありませんでした。日本でのいわゆる国際結婚は、近年は全婚姻数の約3.5％前後で推移しています（e-stat）。一方、夫婦ともに外国人の家族の数も増えており、

外国にルーツを持つ子供の数は着実に増えているようです（大阪市）[3]。その中でこのように日本も急速に多文化化しており、その中で世界の多くの国々と同様、〇〇人と単純に還元できない複雑な民族的アイデンティティを持つ人が確実に増えてきているのです。

5 民族的アイデンティティの発達過程

　社会において、マジョリティのアイデンティティとマイノリティのアイデンティティは当然のことながら異なった発達をします。マジョリティは自分のアイデンティティに無自覚なことが多いのに対し、マイノリティはかなり年少のころから自分の民族的アイデンティティに向き合うことになります（Martin & Nakayama, 2008）。民族的アイデンティティとは、社会的アイデンティティの一種です。アメリカの研究者マーティンとナカヤマによると「共有された経験、歴史、文化、伝統、価値観、行動様式についての知識などを含むある民族グループへの帰属意識、それに伴う感情」と定義されています。それには肌の色などの身体的特徴、生活様式、家庭で使っている言語などが絡みます。マイノリティの場合、自分とマジョリティの子どもとの違いを早くから意識化することで、マイノリティのアイデンティティを発達させていきます。一方マジョリティの場合は、コラム1の秋山さんのように自分の民族的アイデンティティを意識せずに育ち、海外経験などの機会にはじめて考えることが多いようです。

　マクナマラは、オーストラリアに移住した後も、ヘブライ語を使い続けるイスラエル人のアイデンティティについて調査しました。それによると、子どもは、日常の人とのコミュニケーションの中で、クリスマスツリーを飾る家と自分の家庭のように飾らない家があること、ヘブライ語を話す人と話さない人がいることなど、生活実践の違いに

気づくことで自己と他者のカテゴリー化を通して社会的アイデンティティを獲得する様子を描いています（McNamara, 1987）（社会的アイデンティティについてはワンポイント・スタディを参照）。つまり、人とのコミュニケーションの中で、自分と他者の違いを意識し、「自分とは何者か？」の答えの一つとしての、所属カテゴリーを見つけるというプロセスです。

　日系ブラジル人三世の松原ルマさんがつくったビデオ作品「レモン」においては、ビデオ制作を通して、自分のアイデンティティと向き合うティーンエイジャーの心理がうまく描かれています。[4]　三人姉妹の末っ子の彼女は、日本に移動した年齢が違うため、ブラジル人としての意識が両親や二人の姉とは微妙に異なります。その中で「私は誰？」と悩み、周囲の人に尋ね、自分に問い続ける彼女の姿と、レモンにたとえられたそのアイデンティティの葛藤が浮き彫りにされます。16歳のみずみずしい表現力で「○○人」と単純にわり切れない流動的なアイデンティティが表されています。

　自分の意識とは別に「○○人」という、他者からのカテゴリー化を受けて、その社会の中でいやおうなく一定の位置取りをさせられることもあります。マーティンとナカヤマによると、アイデンティティは、他者とのコミュニケーションを通して発達するものでありながら、徐々に発達するというより、何かの契機ではっと気づかされるものだとしています。コラム1の例にもあるように、友だちの何気ないことばから自分が何者であるか、周囲からどのように見られているかに気づくことがあるのです（Martin & Nakayama, 2008）。

　以上のように、アイデンティティとは自分がどういった人間であるかという意識であり、心理的なものです。しかし同時に、自分が自分であることを見出すには、常に他者との比較や、他者から見て自分がどのように見えるかが関わるため、社会的でもあります。民族的アイ

デンティティの場合、育った家族やコミュニティのアイデンティティを継承することになり、また、国籍など制度的なカテゴリーとも関わるので、極めて複雑です。

ワンポイント・スタディ さまざまなアイデンティティの考え方
社会的アイデンティティ理論　タジフェル

タジフェルによると、社会的アイデンティティとは、ある社会的集団（民族・性・宗教・階級・職業など）に属しているという認識にもとづく自己概念の一部で、同時にそのことに対する情緒的反応を含んだ概念です。人は、所属する社会的カテゴリーと他カテゴリーとの比較を通し、肯定的あるいは否定的な自己知覚を媒介にして、特定の社会的アイデンティティを獲得していきます。すなわち、ある社会的カテゴリーに同一化していき、それが社会的アイデンティティとなります。また人は自分の価値を高めるような集団的アイデンティティを求め、それを維持しようとすると考えられています。

さらにタジフェルは、まったく情緒的意味のない集団（たとえば運動会の紅組と白組）でも、カテゴリー化されることにより内集団びいきが起こることを実験を通して示し、偏見の心理プロセスを解明しようとしました。(Tajfel, 1974, 1981)

流動的で変化するアイデンティティ　スチュアート・ホール

スチュアート・ホールは、文化の連続性や歴史的な継続性よりは多様性や変化に注目し、文化的アイデンティティを「あるもの」としてだけではなく「なるもの」として構築主義的に捉えようとします。つまりアイデンティティとは、単に人が帰属する社会的カテゴリーによって固定されるものではなく、その時々に過去を語り直すことによって自分を位置づけることと考えています。特に自らのディア

スポラ経験にもとづき、アイデンティティを一貫した純粋なものと捉えるのでなく、その内部にある異質性と多様性を認識します。つまり差異（それぞれの人が持つ異なった歴史と経験、社会の中で置かれた位置）を中に含むものと考えます。ホールによるとディアスポラ・アイデンティティとは、「差異とともに、差異を通じて生きる…雑種混淆性」によって定義されます。それは、「常に自己を新たなものとして、変換と差異を通じて生産／再生産する」ものなのです（ホール, 1998, p. 101-102）。（以上ホール, 1998, 2000; Hall & du Gay, 1996; 渋谷, 2006を参考にした。）

6 選べるアイデンティティ、選べないアイデンティティ

　社会的アイデンティティの中にはエスニシティや性別、障害によるアイデンティティなど自分が選べないアイデンティティと、国籍、職業などのように理論的には選ぶことが可能なものがあります。と言っても、職業や学歴が、人が置かれた社会的、経済的な条件によってある程度決まるという側面もあり、自由自在というわけではありません。国籍の移動にも大変な覚悟や手続きがいります。カーストのように社会階級制度として半ば固定されたアイデンティティもあります。そういう意味で、アイデンティティは「自ら自由に選べるものではなく、状況により不本意に押しつけられることもあり、個人と社会のせめぎ合いの中で変化し続けるもの」なのです。コラム2には2歳の時に事故で片手を失い、障害者となった著者（久保田）の語りを載せています。いかに人の善意から出たことばが相手の枠を決めつけ、限界を押しつけるかということがうかがえます。コラム2を読めば分かりますが、「そんなこと言ったら傷つくのでは～」「無神経なんじゃない」と、日本人だと決して言わないような、あけっぴろげな質問が発端となって、相

互の理解につながる可能性も示されています。相手のアイデンティティを先入観で決めつけないこと、コミュニケーションを通して相手を理解しようとすることの大切さが分かります。

　一方、個人的アイデンティティはもっと自由です。自分が誰であるかという問いの答えを求めて、私たちは自分探しを続けます。ある登山家は、自分がマッキンレーやエベレストなどの世界の最高峰に無酸素で登る姿をビデオで撮影し、インターネットで世界に紹介しています。そのような過酷な状態でなぜがんばるかという問いに、彼は「自分の生きている意味を求めて登るのだ」と答えます。自分の極限に挑戦し自己を探しながら、同時にメディアを通して他者につなぐこともしているわけです。多くの場合、個人的なアイデンティティも他の人とのコミュニケーションを通して形成されます。アイデンティティとは他者から見た自分を常に意識しながら模索していくものなのでしょう。

　すでに、私たちはマルチプルなアイデンティティを持っており、そのときどきで異なったアイデンティティが前面に押し出されると述べました。これは、その時の会話のコンテクストの中で、また会話の進行過程で、アイデンティティが刻々と変化することを意味します。カンさんの話のように、自ら表出しようとしたアイデンティティが否定されたり、一定のアイデンティティを押しつけられたり、自分が知らなかった自分の一面がコミュニケーションの中で浮き彫りになったという経験はないでしょうか。アイデンティティはこの意味で、他者とのやりとりの中で、つくられ、つくり変えられ、刻々と変化するのです。

コラム　2　コミュニケーションに開くアイデンティティ

　1980年に青年海外協力隊に参加し、理数科教師として西アフ

リカのガーナへ派遣されました。（中略）青年海外協力隊に入隊すると、昔は泊まり込みで3ヵ月間の訓練があったんです。最初の1ヵ月は6人部屋で共同生活をするんですけど、私の右手が不自由なことはすぐに分かりますよね。すると同室の人がものすごく気を使って。「あなた、それしなくていいわ」「掃除は私がするわ」って・・・。みんなはそれぞれ一言ずつだけど、私は5人から言われることになるでしょう。役立つために訓練を受けているのに、「何もしなくていいから」と言われる。「私はなぜここに来たんだろう」って、とてもつらかった。

　つまり、私の「枠」を周りが決めていたんですね。最初は私もわけが分からないまま「はい、はい」って言ってましたが、どんどんストレスがたまりました。無下に「いいから放っておいて」と言ったら、相手には私の真意が伝わらないでしょう。「何もできないと決めつけられるのはつらい」ということを、どう言うかが難しい。まあ、一週間もすればみんな忙しくなって、私に気を使う余裕もなくなりましたけど（笑い）。（中略）

　イスラム教徒もいる国で、左手は不浄とされているんです。でも私の右手は2歳の時に事故に遭って以来、肘から下は義手なんですよ。そこで最初の日に「私は右手が使えません。すべて左手を使うのでよろしく」と説明しました。すると一番前に座っている子が「マダム、左手しか使えないのに、どうやって時計をはめるんですか」って質問してくるんです。実際にやって見せたんですけど、みんなとの距離がぐっと近くなった気がしました。私にとって、こういう質問はとても面白くて楽しいものです。一緒にガーナに派遣されていたアメリカ人のボランティアには、「たまには右手も洗えば？」って言われました。義手を洗うのを忘れてしまって、埃がたまっていた時のことです。

こんな質問や言葉は、日本では出ませんね。遠慮しているのか、見て見ぬふりをするのがいいと思われているのか。でも私にしてみれば、義手を見せたり、実際に動作をやって見せたりして、「ああ、分かった」と納得や理解を得るほうが嬉しいんですよ。[5]

7 文化的自己とアイデンティティ

　もう一度カンさんの例に戻ってみましょう。日本で育った彼女が、韓国に留学した際、そのコミュニケーションの直接性に驚いたり、日本人のようにすぐに謝らないのにとまどったという経験をしています。これは彼女のコミュニケーションの取り方が日本的で、日本語使用に根ざしたものだからです。これは箕浦（1984）のいう「対人関係の意味空間」あるいは「文化文法」の違いです。どのような時に、誰に、何をどのように言ったらよいのかといったことは、言語を習得するときに自然と身についており、言語の文法のように暗黙のルールとして、私たちは内面化しているのです。それが文化の一員になることのひとつの側面です。つまり私たちは、「日本人」として生まれるのではなく、日本人としての特徴を獲得することで「日本人」になっていくのです。この意味での文化的アイデンティティは、上で述べてきた自他のカテゴリー化によるアイデンティティと少し異なります。しかし、自分のものの言い方、行動の仕方、感じ方が単に人と違う自分の個性というだけではなく、ある集団に所属することで培われた型であると認識するとき、またそれが他の集団の人と違うと感じたときに、文化的自己ないしは文化的アイデンティティを支える働きをします。

　箕浦（1984）は、アメリカに滞在する日本人の生徒の対人関係のありようを調べました。日本人的な自己主張を控えた対人関係の取り方を心地よく感じるか、あるいは自分の個性やユニークさに焦点を当て

た、アメリカ人的な自己表出の仕方を自然と感じるかというようなことです。その結果をもとに、それぞれの子どもがどちらの文化的アイデンティティ（箕浦のことばでは、「対人関係の意味空間」）を自分らしいと感じるかを調べ、その傾向とアメリカに入った年齢に関係があることを報告しています。もちろん個人差も大きく、家庭環境やどのような友人を持つかなどがそれぞれ異なるので、一般化のしすぎは危険です。しかし、言語習得の敏感期に言及し、言語社会化の過程で獲得する文化（対人意味空間）の習得についても一定の敏感期があるのではないかという仮説を導いています。この仮説については、言語習得の敏感期についてもまだ確実な結果が得られていないので、時期を検証することは難しいかもしれません。しかし、子どもが発達の中で周囲とのコミュニケーションを通して社会化するなかで、一定の文化文法や行動パターンを体得するということは確かです。この点を含め言語と文化の関係については、第3章の「言語によるコミュニケーション」で扱いました。ここでは、言語はアイデンティティ形成に重要な働きをすると考えられるので、この関係について、もう少し考えてみたいと思います。

8 言語とアイデンティティ

　人は言語によるコミュニケーションを通して文化に参加していくので、言語と文化的アイデンティティの関係は切り離せません。子どもがことばを習得するとき、語順などの文法を習得するだけではありません。挨拶の仕方や敬語の使い方などことばの使用に表れた文化の規範を身につけます。つまり、いつ、誰に対して、何を、どのような言い方で言うべきなのか、あるいは言ってはいけないのか、ということを学んでいくのです。どういう時に人は喜び、それをどのように表現

するのかというような感情表現についても学びます。規範であるということは、それに従わないと他者からの評価に影響します。たとえば「きちんと挨拶もできない人」「愛想のない人」というように。一般に、挨拶の仕方や敬語の使い方、あるいは発音や文法などの表現方法に違和感を感じるとき、私たちは無意識に否定的な評価をするか、あるいはその人に「外国人性」（ネウストプニー, 1982）を感じます。しかし日本人だから日本語を使うのでなく、日本語を習得することで、「日本的な表現技法を共有し」その結果行動様式が「日本人らしく」なっていくのです。同様に、女性だから女性ことばを使うというだけではなく、女らしい表現を使うことにより女性になっていくという側面もあるのです。その結果として、ことばの違いは「日本人とそうでない人」「女性とそうでない人」の境界をつくります。この意味で他グループのことばを習得しようとすることは境界を渡ろうとすることなのです。

　ことばの習得には感情が伴います。たとえば、親が子どもを叱ることば、ほめることば、愛情を表現することばなどは、その時々の感情とともに、身体的な経験として子どもの記憶に残ります。これがそのことばと人の結びつきを強め、言語を基礎とした文化的アイデンティティにつながります。読み聞かせられた物語の一節や昔聞いた子守歌を聞いたときに、懐かしい思いや悲しい思いが起こることがあるでしょう。この意味で生まれて最初に覚えた第1言語（通常母語）は、文化的アイデンティティと心理的な結びつきが強いと考えられます。実際にヨーロッパのバイリンガルの人の多くが、普段は滞在している国の共通語である第2言語（たとえば英語）を使っていても、子どもを叱るときや子どもに愛情を表現するときは第1言語（出身国の言語）にスイッチすることを報告しています（Dewaele, 2010）。

　言語使用や言語能力とアイデンティティには関係があります。カナダに移住した中国からの移民の場合、中国語、英語の両方を日常生活

で使用しますが、中国語を喪失し、英語の能力が高くなるにつれて、カナダ人としてのアイデンティティが強くなるという報告があります（Noels, Pon, & Clément, 1996）。日本でも、在日韓国人を対象にした調査で、普段から韓国語をよく使いその能力が高いと感じている人ほど、韓国人としてのアイデンティティも高いことを見出しました（鄭・八島, 2006）。このような結果から、継承語を失うことにより祖国のアイデンティティも失っていくことが示唆されます。逆に二つ目三つ目のことばの習得もアイデンティティに影響します。

写真5-1　モンゴルのウランバートル市出身の白鵬関 ©財団法人　日本相撲協会

9 グローバル化と複雑化するアイデンティティ

アメリカやカナダ、オーストラリアなど移民を受け入れている国での異文化コミュニケーション研究では、多様な民族が共存しているため、国内における多民族間のコミュニケーション問題を扱うことが多くなります。今どき、アメリカやイギリスを白人ばかりの国と思っている人はいないと思いますが、海外に留学や滞在する場合、世界の多くの地域で多民族化が起こっているため、多様な民族的背景の人が表

出するアイデンティティに対する気づきと配慮の気持ち（センシティビティ）を養うことは重要です。また、日本は、多くの移民を受け入れてきた国ではありませんが、最近看護や介護など労働力が不足している分野で、外国人就労者への依存率が高くなっていますし、今後おそらくこの傾向はますます強まるでしょう。

　グローバル化の中で日常的に二言語を用い、二文化にまたがって生きている人は増えています。こういう中でアイデンティティの捉え方も変わってきています。これまで述べてきたような、共通の歴史や祖先、共有された文化的カテゴリーを反映し、帰属意識を確認するものとして捉えるアイデンティティから、連続性より変化に注目し、「新たに自己を語り直す」アイデンティティを見ていこうとする考え方に変化しつつあります（渋谷, 2006）。人が置かれた状況によって、他者との関わりのなかで自己を語り直すというのは、ワンポイント・スタディで紹介したスチュアート・ホールによるアイデンティティの考え方です。最近のアイデンティティ研究では、このようなアイデンティティの複雑さ、重層性、選択の主体性などに注目したものが増えています。また文化的な違いに注目するだけでなく、さまざまな差異によって生み出される力差とアイデンティティ言説の権力性について考える視点も必要です。関口（2001）は、本章冒頭のタスクに似た自分についての20のステートメントを書かせるという方法で、（本人、両親、先生への面接調査などを加えて）在日日系ブラジル人児童のアイデンティティ形成を調査しました。自由記述された「自分」の描写をカテゴリー化して分析すると、身体的な特徴・美醜イメージ、学力、特殊能力などが上位に来ており、エスニシティで自分を定義する傾向は強くはなかったとしています。この結果は日本人と非日本人という境界線で切れない存在としてのアイデンティティや、ブラジル人、日本人といった単一のエスニシティに還元されない、個人的な次元でのアイデンティティ

の深化の様相を表しています。また、山ノ内（1999）は、在日日系ブラジル人の子どもたちが、日本に定住するか帰国するかも分からない不安定な状況の中で、押しつけられた日本の学校文化への抵抗の位置取りとして、対抗文化をつくり出す様を描いています。これを日本語力の欠如や文化的な周辺性のために、自分たちが弱者の位置に置かれていることを認識し、積極的な戦略としての支配的規範への抵抗であると分析しています。一方渋谷（2001）は、帰国子女学級のエスノグラフィにより、彼女たちが主体的にアイデンティティを選択する様子を描き、新たなアイデンティティのあり方として提案しています。

　序章でも紹介しましたが、国技と言われる相撲においても、多民族背景を持った力士が活躍し、日本語を流暢に話し相撲部屋という特殊な文化環境に生きています。また、テニスの大坂なおみ、バスケットボールの八村塁、野球のダルビッシュ有、ラグビー日本代表チームなど、世界で活躍する日本のアスリートの多様性には目を見張るものがあります。こういった人たちが、国籍や民族性では割り切れないアイデンティティを持つことになるとすれば、またそういう人が増えていくことを考えると、グローバル化する社会においては、人のアイデンティティをある固定的なカテゴリーのなかに閉じ込めることができなくなっています。それぞれの人がたどってきた歴史と多様なアイデンティティを尊重すること、それが多文化共生のためには必要です。

　この章ではアイデンティティの考え方として、社会的なカテゴリーを基盤とする社会的アイデンティティについて考えました。また、グローバル化の中で、変化し複雑化するアイデンティティについても述べました。前者は「継続性・一体化を支えるアイデンティティ」として、ニューカマーや女性のエンパワメントや継承語教育、社会的変革のための運動の基盤となるのに対し、後者は「変化・差異に開かれたアイデンティティ」として、一人一人の生き方の戦略的選択や主体性の尊

重につながります。この両方の考え方は、異文化コミュニケーションを考えるうえで共に大切です。異文化コミュニケーションとはアイデンティティ交渉のプロセスでもあります。相手が表出しようとしているアイデンティティに敏感になること、それに配慮できることが、異文化間のコミュニケーションを実りあるものに導くのだと思います。

> **ディスカッション**
>
> 次に示すのは、日本人学生（A）とバングラデシュからの留学生（B）の会話です（Nishizaka, 1995にもとづき筆者が作成）。こういったやりとりの中でどのようなカテゴリーが想定されているのでしょうか。また、その結果どのようなアイデンティティの交渉が行われる可能性があるか考えてみましょう。
> A：日本語ってむずかしいと思うんですが、どういうところで苦労されますか？
> B：そうですねえ。人によって発音の仕方が違うんで…分からないときがあります。
> A：方言ですね。関西弁とか。何か誤解の例ってあります？
> B：そうですねえ…いろいろありますけど…
> A：敬語なんてどうでしょう。敬語は外国人にとってむずかしいでしょう。
> B：ええ、そうですねえ。でもだいぶ慣れました…

注

1. 2020年のUS Censusでは、人種（race）のカテゴリーとしては、One race（単独人種）とTwo or more races（複数人種の血筋をもつ）の二つの大きなカテゴリーがあり、前者にはWhite alone, Black or African American alone, American Indian and Alaska Native alone, Asian alone, Native Hawaiian and Other Pacific Islander alone, Some other race aloneの6カテゴリーがある。複数人種の場合は、上記の6つのカテゴリーを用いて、2～6種類まで人種の数が多くなるごとに、それぞれ人種の組み合わせごとに集計している（Three racesの一例：White, Black or African American, Asian）。
2. ここでは韓国系、朝鮮系の区別をせず韓国半島にルーツを持つ人を在日コリアンと呼ぶことにする。
3. 大阪市教育委員会事務局生涯学習担当制作「多文化共生のまちづくり」
   https://www.city.osaka.lg.jp/contents/wdu230/osaka_city2021/index.html#page-1
4. 松原ルマ　ビデオ作品「レモン」
   Re:C　多文化な背景を持つ子どもたちによる表現活動
   https://tcc117.jp/rec/blog/background/
   たかとりコミュニティセンター
   https://tcc117.jp/
5. ふらっと　人権情報ネットワーク
   https://www.jinken.ne.jp/

第6章

メディアでつくられる文化

アクティビティ

　下のいくつかの単語を見て、すぐに連想したことばを（　）に書いてください。深く考えて書くのではなく瞬時に思い浮かんだ単語を書きます。正しい答えも間違った答えもありません。瞬間的に思いついた単語を書くことが重要です。それでは始めましょう。

①アメリカ（　　　　　　）　②携帯電話（　　　　　　　　）
③女（　　　　　　）　　　④フィリピン（　　　　　　　）
⑤グローバリゼーション　（　　　　　　　　　）
⑥男（　　　　　　）

　書き終わったら他の人と比べてみましょう。

　アクティビティで皆さんは、「アメリカ」と聞いて何を連想しましたか？「フィリピン」と聞いた時はどうでしょうか。日本の大学生にこのように聞くと「アメリカ」では多種多様な単語が浮かぶのですが、「フィリピン」では、単語が偏ります。そのなかに必ず「バナナ」が圧倒的に多数出てきます。なぜなのでしょうか。一方、中国の留学生に同じように尋ねても「バナナ」は出てきません。彼らが連想するのは「マンゴ」や「パイナップル」でした。なぜこんな違いがあるのでしょうか。身近な市場で見かける輸入果物や、目にする広告が違うからでしょうか。
　さらに「女」と「男」という単語を聞いて書いたものはどうでしょうか。それぞれ他の人と比べて似たような単語が出てきていませんか？

たとえば「男」と聞いて「力強い」「ハンサム」「かっこいい」、「女」と聞いて「かわいい」「お母さん」「やさしい」というような表現です。いま、「男」と聞いて出てきた単語と、「女」と聞いて出てきた単語を入れ替えて考えてみましょう。「女」に「力強い」「ハンサム」「かっこいい」人はいませんか？よく考えればいますね。逆に「男」で「かわいい」「お母さん」「やさしい」は？「かわいい」「やさしい」男性もいますね。では「お母さん」は？「お母さん」を「子どもを産む人」と考えているなら、一般的に「男」には無理です。しかし、「子どもを育てる人」と考えるのなら「男」でも可能です。

　このように「男」と「女」から連想される単語でも入れ替えて成り立つと言うことは、「男」と「女」のイメージが社会的につくられているということを表します。これを「ジェンダー」と言います。「ジェンダー」とは「社会文化的につくられた性別」のことをさします。一方、「男」と「女」で交換ができない部分、つまり子どもを産める生殖機能があるか否かは「セックス」の部分です。「セックス」とは「生物学的な性別」のことです。ジェンダーは、メディアを通してつくられていくという側面もあります。本章では、ジェンダーをはじめとして、メディアでつくられる文化について考えていきましょう。

1 メディア・リテラシー

　私たちは、ラジオ、テレビ、映画、新聞、雑誌、コミック、ビデオゲーム、インターネット、携帯、など多種多様なメディアに囲まれた社会に生きています。このような社会ではメディアの影響を受けずに過ごすことは不可能と言ってもよいでしょう。日本国民の9割はテレビを見ています（NHK, 2011）。テレビから流れる情報を一方的に受け取っているのです。それだけ多量の情報を受け取っているのなら、情報通に

なって世界の状況がなんでも分かる国際人になっているのでしょうか。残念ながらそうとは限りません。メディアから流れる情報は、特定の基準にもとづいて選別し、編集し、加工されています。そこには、制作者の価値観やステレオタイプ的な見方が埋め込まれているのです。たとえば、女らしさ・男らしさの基準、国際結婚の夫婦、40代独身女性のキャリア志向、高齢者介護のあり方、若者の生活スタイルなどさまざまなテーマがメディアで取り上げられますが、そこで示された価値観や考え方は、ほんの一つの事例ですべての事象に当てはまることではありません。しかし、私たちはさまざまなメディアに接することで無意識のうちにメディアがつくり出した世界観や価値観に深く関わってしまい、疑うことなくすべてを信じてしまうことがあるのです。

　したがって、いま必要なのは、単に一方的に流れる情報の受け手でいるだけでなく、情報を批判的に読む力をつけた読み手になることであり、さらには、それらの力を身に付けたうえで自ら情報の的確な発信者になることです。このような力をメディア・リテラシーと呼びます。鈴木（1997）は、メディア・リテラシーとは、「市民がメディアを社会的文脈でクリティカルに分析し、評価し、メディアにアクセスし、多様な形態でコミュニケーションを創りだす力を指す。また、そのような力の獲得をめざす取り組みもメディア・リテラシーという」(p. 8)と定義しています。この定義は、カナダの市民組織「メディア・リテラシー協会」などがもとになっており、当初は、テレビなどのマス・メディアの影響が念頭にありました。現代は、インターネットを介して誰でも容易に情報を発信することができる時代にあるため、教育的な観点からも必要性が議論され、高等学校の情報関連の科目などでもメディア・リテラシーは取り上げられています。本章では、カナダ・オンタリオ州教育省が提唱するメディア・リテラシーにおける、8つの基本概念をもとに考えていきましょう。

メディア・リテラシーにおけるメディアの捉え方：基本概念
　1) メディアはすべて構成されたものである
　2) メディアは現実を構成する
　3) オーディエンスがメディアから意味を読み取る
　4) メディアは商業的意味を持つ
　5) メディアはものの考え方（イデオロギー）と価値観を伝えている
　6) メディアは社会的・政治的意味を持つ
　7) メディアの様式と内容は密接に関連している
　8) メディアはそれぞれ独自の芸術様式を持っている
　　　　　　　　（Ontario Ministry of Education, 1989, 鈴木, 1997, p. 25）

　ここで特に重要なのは、「メディアはすべて構成されたものである」点と「メディアは現実を構成する」の二点です。たとえば、テレビで（2010年に起こった）チリの鉱山での落盤事故のニュースを見たとします。チリという南米の国、落盤で男性33名が地下に閉じ込められたこと、さらには地下の生活の様子などを日々追って見ることができます。このようなニュースに接することでチリや炭鉱夫の生活の現状をありのままに知った気持ちになります。しかし、ニュースでは、いくら客観的な事実を伝えようと努力しても、時間枠があらかじめ決められているのでニュースとして伝える価値のあるものを制作者の意向で取捨選択し、適宜時間枠に合わせて編集・加工して流すことになります。つまり、「メディアはすべて構成されている」のです。また同時に、チリの落盤事故をニュースで見守った日本の視聴者は、大写しにされる救出作業員の様子や心配そうに見守る家族の映像から、ともにはらはらどきどきしたり、救出後にしっかり抱き合う炭鉱夫同士の姿に強い友情と絆を想像し、美化したりします。しかし、よく考えれば、救出作

業は、3か月以上におよんでいたのですから、現場の人々の間では、苛立ち、怒り、葛藤、困惑、焦り、焦燥感などもっともっと負の部分があり、ぶつかりあっていたはずです。つまりテレビというメディアはチリの落盤現場の一部を切り取ってあたかも「現実」として提示し、それを見た視聴者はさらにメディア的現実を自らの知覚を通して「現実」だと理解することが多々あります。したがって言い換えれば「メディアは現実を構成する」こともできるのです。

　以上、「メディアはすべて構成されたものである」という点と「メディアは現実を構成する」という点は、私たちが、さまざまな文化に対して抱く態度の形成と切っても切り離せない関係にあるのです。

2 メディアとステレオタイプ

　皆さんは、ステレオタイプということばを知っているでしょう。ステレオタイプとは一般に、「特定の社会集団や社会の構成員のあいだで広く受容されている、単純化された固定的・画一的な観念やイメージ」（川竹・杉山, 1996, p. 82）のことをさします。第8章の「コミュニケーションの阻害要因」で詳述しますが、この「ステレオタイプ」ということばは、ウォルター・リップマンが代表的著作『世論』で命名したことばです。私たちは、マス・メディアを通して現実の世界とは異なる疑似環境、すなわち自らの「頭に映じた世界像」（p. 14）のほうを信じて行動してしまうことがあり、それをさして名づけたものです。この本が出版された1920年代当時のマス・メディアは、主として新聞とラジオでした。ステレオタイプということばの原義は、印刷をするための鉛版のことにあり、新聞などでは鉛版を使用して何枚も印刷したので、同じ文章や絵が多数印刷され配布され、画一的な情報が広まっていったのです。ところで、『世論』のなかに日本のことが書かれている

ところがあるのでちょっと見てみましょう。

「日本」のイメージとして、「「黄禍」に囲まれた、目じりの上がった黄色人種の漠とした一群、写真で選ぶ花嫁、扇子、サムライ、万歳、美術、桜などであろうか」とあります（リップマン, 1987, p. 96）。なぜこのようなイメージが浮かんだのでしょうか？ 1920年代にさかのぼってアメリカの視点に立って「日本」を考えてみると分かるかもしれません。このようにステレオタイプは、時代によっても変化するものなのです。そして、その変化は、マス・メディアの技術的な発達とも密接に関連しています。極端な例ですが、図6-1は、江戸時代に描かれた異国人物図です。今の皆さんのイメージとどのように違うか考えてみてください。

ステレオタイプの特徴は、先の定義でも見たように「単純化」「固定的」「画一化」にあります。そのようなステレオタイプ的な情報は、メディアを通して容易に形成され、広く社会や集団に浸透していくのです。ステレオタイプは、「偏見」のように情報がゆがむのではなく「単純化」されるだけなので、肯定的なものも否定的なものもあります。その点が「偏見」とは異なる点です。私たちの頭の中には情報が単純化され整理されて埋め込まれているのです。そしてそのようなステレオタイプは、メディアによりつくられ、つくられたステレオタイプ的な見方にもとづき、さらに現実は切り取られて報道されるので、ステレオタイプは、強固に形成され固定化していくのです。これが前節のメディア・リテラシーのところで説明した「メディアは現実を構成する」そして「メディアはすべて構成されたものである」という点と重なる営みなのです。

図6-1　江戸時代に考えられた異国人の様子（下田了仙寺蔵）

3 広告がつくり出す現実

　雑誌には、読者層に合わせてさまざまな広告が掲載されています。ここでは、新聞一面に掲載された、ある車の広告を取り上げてステレオタイプについて考えていきます。まず、明らかに日本ではない、アフリカかオーストラリアの大草原を背景に、主役の「車」が、前方から右サイドにかけて読者に見えるように写っています。車の後方から右側奥には、ダチョウが6匹ほど走っています。ただし、車には誰も乗っておらず、タイヤも静止状態です。車の持ち主らしい家族は、車のボンネットの上の方に写っています。30歳代の夫婦と小学生の男女2人です。皆、遠くを目指して「行くぞ」と言わんばかりに目と口を大きくあけ、腕を振り上げたり、目指す先を指さしたりしています。そのなかに、なぜかチンパンジーも同じポーズをとって混ざっています。

家族の服装は、黒や茶系でラフな感じです。子どもたちは、カウボーイスタイルやハンチングの帽子をかぶっています。

　さてこれらの情報から皆さんは、どんな広告か想像できましたか？この車のどんなところを印象づけしようとしているのでしょう。このような車の広告では、車のイメージに合わせて読者を惹きつける必要があります。広告のつくり手と読み手が似たようなイメージを描くことができれば、読者は関心を持つことでしょう。それは言い換えれば、ステレオタイプ的な見方が共有できれば意図したことが伝わったとも言えるかもしれません。

　ところで、この広告には、「好奇心、ザクザク」というキャッチコピーもはっきり太字で書かれています。一般に「好奇心」とあれば「がわく」という表現が続き、「ザクザク」とあれば「金貨が」と連想するのではないでしょうか。したがって、この広告で使われた表現「好奇心、ザクザク」を理解するには、一息おいて「好奇心がわく」や「金貨がザクザク」の両方がつくるコンテクスト（文脈）から意味を類推して解釈することになります。つまり一般的な読み方とはズレた読み方に、このキャッチコピーの面白さがあります。日本語には、擬音語・擬態語が豊富にあり、広告ではよく使われますが、これも文化に根差したものであり、日本語学習者である留学生にこれを理解してもらうのは、容易ではありません。このようなキャッチコピーでは、ステレオタイプ的なイメージとは違い、意外性が読者の心をつかむことになります。

　広告のキャッチコピーは、このように人々が固定的に考えてしまうところをわざとズラして提示するのでインパクトがあります。

　ところで皆さんは、「女は変わった。男はどうだ」というキャッチコピーから、何を連想しますか。これは日本経済新聞の広告に使われているキャッチコピーです。この広告の写真では、プラットホームに若い男女が、ともにスーツを着て立っています。男性は正面を向いて新

聞を読んでいますが、その目は、キャッチコピーに気づいた風でもあります。その男性の背後で腕組みをして横向きに立つ女性は、鋭い視線をその男性の方に肩越しに向けています。そのような構図のなかで、左下にかなり小さな字で「経済を変えていくのはきっと彼女たちだ」「日本経済新聞」とあります。

　さて、皆さんは、「女は変わった。男はどうだ」というキャッチコピーから、女性の何が変わったと思いましたか。上の場面説明と合わせてこのことばを読むとどうでしょうか。さらに、「経済を変えていくのはきっと彼女たちだ」を読むとまたイメージが変わりますか。また、年代や性別によってもこの広告の見方は違うかもしれません。男と女という大枠ではなく、具体的に身近な人を思い描いて考えるとどうでしょう。どのような視点で読みとろうともかなり印象に残るキャッチフレーズであることは確かです。それだけ男と女を対比したジェンダーの問題は、時代が変わっても社会の問題と連動しているので話題性があるのです。話題性をつくり出すのも広告の役割です。

　前述したとおりジェンダーとは、「社会・文化的につくられた性別」をさし、生物学的な性別すなわちセックスとは、別に扱われます。女らしさ・男らしさのイメージが、地域や文化によって違うのは、これらは、その地域や文化ごとにメディアなどを通して形成されているからです。メディアを通してつくられた男性や女性のイメージが、変化していく社会の現状と合わなくなれば、逆に批判の声が上がります。その端的な例が、1975年に制作された即席麺のCMで「私作る人、僕食べる人」というキャッチコピーのCMです。これは、男女の役割分担を固定化して捉えられてしまうという批判が上がり、1カ月余りで放映禁止となりました。

　このような男女の性別役割分業という視点で最近の洗剤のCMを見てみると気がつくことがあるでしょう。洗剤のCMに、家事をこなすお

母さんと娘ではなく、青年グループが数人登場するというものがあります。このように時代の流れとともにジェンダーによる性別役割分業が変化してくれば、それがCMにも反映されてくるのです。ただし、常に正しい方向、すなわち多くの人々が望む方向であるとは限らずメディア制作者の価値観が必ず反映するので（「メディアはすべて構成されたものである」から）、メディアの読み手は、メディア・リテラシーの視点を持って常に批判的に読み解く力が必要となります。特にCM分析でジェンダーの視点から批判的に分析したものが多々ある（鈴木, 2003; 村松, 1997）のは、CMの制作者には圧倒的に男性が多く無意識にジェンダーの視点を欠くことがあるからです。つまり「メディアはすべて構成されたものである」ことを知るには、多様な視点で吟味することが必要なのです。

4 テレビCMで好まれる外国イメージ

　日本では、1953年に地上波テレビ放送が開始しました。以来、50年余りたち、2011年には、アナログ放送が停止され、デジタル放送に移行します。その間、テレビ番組の視聴の仕方は、時代とともに変わり、私たちのコミュニケーションの仕方とも密接に関わって変化してきています。

　NHKが2010年に実施した生活時間調査[1]（NHK放送文化研究所, 2011）によると、9割弱の人がテレビを視聴していることが分かります。この調査で、テレビ視聴が9割を切ったことが明らかになりましたが、それでも依然として高い割合です。国民一人当たりが、睡眠、食事、仕事など個々の生活行為にどのくらいの時間をかけているかを見ると、平日で睡眠（7時間1分）、仕事（7時間24分）とあり、次いでテレビ視聴が3時間28分となっています。休日の日曜日のテレビ視聴は、さらに

長く4時間09分になります。また70歳代の男性では5時間以上にのぼり、年代や性別によっても異なる傾向はありますが、テレビ視聴は、長年にわたり日本人の日常生活に埋め込まれていると言えるでしょう。

　つまり、それだけ私たちは、テレビの影響を受けていることになります。特に、放映される番組が海外のものであれば、その影響も考えなければなりません。ところが、日本の全編成番組のうち輸入番組は5.2%で、これは、1980年時からあまり変わっていません（川竹・杉山, 1996）。言い換えれば、8割の国民をテレビに惹きつけるだけ日本のテレビ局の番組制作能力は時代が変わっても高く、国産番組の競争力が強いことを立証しています（川竹・杉山, 1996）。しかし、輸入番組に注目してみれば、その中心は72%がアメリカ制作のものです。そのうち9割はドラマ・映画です。つまり、輸入番組はそれほど多くないものの、私たちが目にするのは大方アメリカの大衆文化を反映したものだと言えましょう。逆に日本から輸出される番組はどのくらいあるのでしょうか。表6-1は、時代別に輸入と輸出の割合を表にしたものです。

表6-1　時代別による番組の輸入と輸出の割合

時代	輸入	比率	輸出	輸入：輸出
1980年	2332時間	4.9%	4585時間	1：2
1992〜93年	2843時間	5.2%	22324時間	1：8

（出典：川竹・杉山, 1996, p. 14）

この表から分かる通り、日本からの輸出番組が10年間で大幅に増加しています。そして、輸出している番組の58.3%はアニメで、輸出先は、1位アメリカ、2位スペイン、3位香港となっています。つまり、昨今は、日本は輸出するアニメによって他国に影響を与えていることが分かります。これについては次節でもう少し詳しく見ていきましょう。

　さて、身近な日本のテレビCMでは、外国をどのように扱っているの

でしょうか。萩原（2004）によると、2003年の調査データから、外国要素として外国人、外国風景、外国語（画面文字、音声・ナレーション、BGM）のうちいずれか一つを含むものという広義に解釈した場合の外国CM（1637本）の割合は、70.3％であることを見出しています。外国人または外国風景のいずれかを含むという狭義に解釈した場合の外国CM（507本）の割合は21.8％で、1993年の調査時（それぞれ広義64.9％、狭義19.0％）より日本のテレビCMの外国イメージ依存が全体的に高まっていることが分かると述べています。さらにこのような外国要素を使用する広告主は、自動車を中心とする「輸送機器」とファッションを重視する「衣料・身の回り品」に偏っています。

表6-2　CMに登場する外国人キャラクターの特性　　　　　（数字は％）

調査年	2003年　N=432	1993年　N=599
人　種		
白人	72.9	78.0
黒人	3.7	3.2
東洋人・中東・中南米人	10.6	9.3
その他	1.6	1.2
複合	11.1	8.3
日本語		
話さない	82.9	84.6
日本語の吹き替え	7.9	6.5
奇妙な日本語	4.4	6.8
流暢な日本語	4.9	2.0

（出典：萩原, 2004, p. 19 より一部抜粋）

　また表6-2のように、外国要素を持つCMに登場する外国人は、7割以上が白人であることに変わりはありません。しかし、1993年時よりその率は多少減少しており、その分、白人以外の外国人が起用されて

いるのが昨今の特徴です。また、外国人が日本語を使用した場合、1993年時では奇妙な日本語を話す外国人が全体の6.8％だったのが、2003年には減少し、代わりに流暢な日本語を話す外国人の登場が増えています。

　このようにイメージ戦略で広告商品の購買欲を高めるためのCMでは、無名の外国人を起用して人々が一般的に抱くであろうと思われる外国のステレオタイプ的なイメージに商品を重ね合わせて宣伝したり、あえて有名な俳優や女優を起用して視聴者の気を引くことで、商品の広告をしています。したがって、外国のイメージは、単純化されいつまでも固定的で画一的なものとなり、CMを介して再生産されていくことになります。特に日本のCMで扱われる外国の風景や外国人は欧米に偏っているため、人々はまず外国CM＝「洋風」のイメージで捉えていきます。そのため外国の要素があるCMは、「説明が少なく」「複雑」で「情感に富む」と見られています（萩原, 1996, p. 127）。CMでアジアが登場するのは、たとえば、ウーロン茶、即席中華麺、漢方薬、激辛麺などのような商品の産地との関連で中国や韓国のイメージを前面に出したり、企業が社会貢献をしていることをあえて強調するために支援先のアジア諸国が写し出される程度となっています（萩原, 1996）。

5 テレビ番組がつくる「異文化」

　テレビが身近になって50年もたつと「テレビの存在を客観化して、テレビ視聴を意識化したり対象化して受け止める傾向は少なく」なっていると言えます。むしろ、50年のつきあいのなかでテレビ視聴は、特別なことではなく生活の中に埋め込まれて定着化したもので、「より深いレベルで身体化された関わり方になっている」とも考えられます。つまりテレビは、単なる「情報受容のメディアというよりは『生活媒体』

として位置付けられる」と言えましょう（田中・小川, 2005, p. 115）。

　田中・小川（2005）によると日本人のテレビ視聴において特徴的なのは、テレビを対人コミュニケーションに近いところに位置付けるということです。すなわち、日本人はテレビを一方的に受容するだけではなく、そこに自分を関わらせる交流型の見方を好むのです。

　50年前にテレビが珍しかった当時は、テレビの前でじっくり番組を見るという見方だったのが、高度経済成長期を迎え、テレビは次第に生活の中に定着し、何かをしながら見る「ながら視聴」が一般的になり、さらに、リモコンが出現すると何の目的もなく見る「漠然視聴」が出てきました。たとえば、日曜日の夜10時に放映されていた『世界ウルルン滞在記』は、仕事が始まる月曜日を控え、休日の残り少ない夜の時間に何となく面白いものがないかと見る視聴者を引き寄せる番組構成になっていました（田中・小川, 2005）。この番組では、海外のある地域の家庭をタレントが実際に訪問し、数日間ホームステイしながら、家族と一緒に料理、ダンス、陶芸などの課題に取りくみ一喜一憂する姿を描いています。そして最後は必ずホスト・ファミリーとの別れがあります。さらに、同時にスタジオにいるレギュラーの出演者たちが、テレビの前の視聴者と同じような立場で視聴した映像をもとに話し合ったり、クイズに参加したりします。このように『世界ウルルン滞在記』は、ドラマともドキュメンタリーとも違う構成になっています。そして、タレントはどんな地域に行っても日本語で話し、相手はホスト国の言語で話して日本語字幕が出ることで、会話は自然に成り立っているように見えるのです。このような奇妙な「異言語コミュニケーション」が特に「違和感もなくテレビで見られ」（田中・小川, 2005, p. 158）ているのです。田中・小川（2005）は、この『世界ウルルン滞在記』の見方を分析し、先の奇妙な会話や定型的なストーリー展開がかえって漠然と見ている視聴者にとって都合がよい構成になってい

ると指摘しています。ことばが通じないはずなのに編集で会話がスムーズに見えるなど現実にはあり得ないことでも違和感なく受け入れてしまっているのです。

　私たちは、このように日常生活のリズムに合わせてテレビと一体化して番組を見てしまっているのです。メディアが構成する現実をなんの矛盾も感じることなく「娯楽」として受け入れてしまっているのです。しかし、現実は、誰もが海外に行ってそんなに簡単に歓迎してもらえるわけでも、感動の時間を共有できるわけでもありません。滞在期間が限られていれば、それだけ入念に相手と交渉し事前準備をしておかなければ、すべてタイミング良く実りある滞在にはならないのです。テレビというメディアは、視聴者にとって未知の国であっても、現実を番組制作者の意図にそってつくり上げてしまうのです。そして、視聴者は無意識につくられたイメージでその国やその国の人々を見るようになり、以後は、そのつくられたイメージでのみ判断してしまう危険性があるのです。「メディアはすべて構成されるものである」のと同時に「メディアは現実を構成する」のです。

6 新たな文化を生み出せるメディア

　「メディアは現実を構成する」のであれば、メディアを駆使することであえて多文化社会の現実を人々に広く訴えたり、将来の日本社会のあり方の方向性を先取りして人々の意識をリードすることもできるかもしれません。つまり、ステレオタイプを打破するのにもメディアは利用できるのです。筆者（久保田）は、1986年NHKへの投稿作文で、テレビ番組にもっと身体障害者を登場させることを提言したことがあります。その際に身体障害者を主人公にする番組ではなく、普通の恋愛物語でもサスペンスでもよいので、脇役で身体障害者や外国人をさ

りげなく登場させることで、もっと身近な存在にするべきだと主張したのです。この主張は、審査員であった柳田邦男氏の目にとまり印象付けることはできました(久保田, 1986; 柳田, 1991; 中野, 1997)。しかし、実際はどうでしょうか。車椅子の図書館司書を主人公にしたテレビドラマ『ビューティフルライフ』など、かなり視聴率を取ったものもありますが、多くの番組では障害者が主人公であるだけでなくテーマの中心になっています。外国人との結婚生活を描いた『ダーリンは外国人』という映画も同様で、外国人そのものが主題の作品です。もっとさりげなく、ごく普通に障害者や外国人労働者などを脇役で登場させ、多文化社会をあたりまえの現実として描く番組がつくられたらよいと思っています。それには、障害者や外国人がごく普通にもっと社会に進出する必要もあります。その両者の相互作用で多文化社会の近未来を投影した番組がもっと制作されてもよいのではないでしょうか。メディアが現実をつくるのであれば、よりよい未来の指針となる番組があってもよいでしょう。しかし、メディア・リテラシーの基本概念に「メディアは商業的意味を持つ」とあるように、公共広告でない限り、実際は、視聴者が望むもの、つまりヒットするものでなければ、誰も多額の費用をかけて制作しません。グローバル・マインド（序章参照）を持った市民は、常に、メディアのあり方やメカニズムにも注視していく必要があるでしょう。

7 言語と絵の融合表現：マンガ文化

　皆さんのなかでこれまでにマンガを読んだことがないという人はいないのではないでしょうか。マンガもメディアであり「メディアは商業的意味を持つ」というメディア・リテラシーの基本概念通り、マンガや次節のアニメーションは、ビジネスや産業として成り立たなけれ

ばならないことを念頭において見ていく必要があるでしょう。マンガは、子どもだけでなく大人の世界にも浸透しており、政府のPR、法令の解説書、家電の取扱説明書もマンガでなされるほど、日本では、「マンガ表現が広く浸透し、空気のような存在に」(中村, 2003, p. 7) なっています。日本で一番古いマンガは「鳥獣戯画」と言われ、日本人は「擬人化を好む」(中村, 2003, p. 12) とまで言われています。

　日本の物語づくりや表現方法は、このような12世紀の絵巻物や近世の浮世絵などに見られるとおり、文化として継承されてきています。そして、それらは、貴族や武士の特権としてではなく、一般庶民の文化として伝えられてきており、それが西欧と異なる点です (中村, 2003)。マンガは「コマを構成単位とする物語進行のある絵」(呉, 1997, p. 101) と定義され、他のメディアとは異なる独自の表現方法に特徴があります。それらは、竹内 (2005) によると、1) 構造化されたコマ配列、2) 吹き出し、3) 連続して描かれる登場人物、4) マンガ的記号 (汗や湯気を表す線、飛び跳ねる様子を表す動作線など)、5) 擬声語・擬態語、6) 物語性、です。さらに、マンガは、ひとコマを一般の絵画を鑑賞するように全体的に見ることと、言語のように文字を追って内容を理解することを組み合わせたようなコマとコマのつながりに特徴があります (呉, 1997) [2]。さらに、読み手は、紙面に印刷されたマンガのセリフを読んで絵を見たり、絵を見てセリフを読んだりします。すなわちテレビのように画像と音声、つまり視覚と聴覚を同時に働かせて鑑賞するのとは違います。また、一般の挿絵なら絵とことばが別々に表記されているためそれらの読み取りに時間差があります。しかし、マンガでは、絵と吹き出しに書かれた人物のセリフが重なるように工夫して配置され、さらに、さまざまなコマのフレームの形で物語の流れに勢いがつけられます。したがって読者は、動きのある絵とことばからの刺激のズレを楽しむことになります。このような表現

の工夫が、マンガ独自の表現方法として確立し、整理されてきています（竹内, 2005）。

　これまでマンガが日本で発達してきた理由に、マンガの表現方法が、日本語の文法や表記方法と似ているためという説があります。呉（1997）によると日本語は、言語の形態分類によれば、助詞と助動詞が基本単語を粘着させて文章をつくる膠着語に属します。そして、周知の通り日本語には、表意文字である漢字と表音文字である仮名を混在して表記します。このような日本語の特質は、「マンガの文法と強い類似性を持っている」（呉, 1997, p. 110）と考えられ、呉は、これらの概念的な関係を図6-2のように示しています。

　このようにマンガの表現方法は、日本語の文法と親和性があったがために日本で人々に幅広く親しまれてきたというのです。吉田（2002）は、このようなマンガもメディアの一つであると考えられていることに着目し、マンガを「読む」という行為は、文字言語を「読む」のとは異なる能力を育むのではない

図6-2　日本語の特質と線条性（呉, 1997, p. 110）

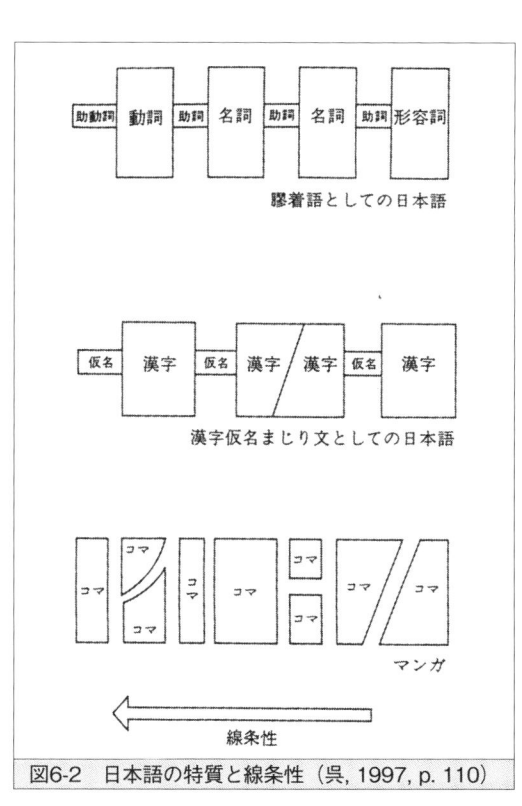

かと述べています。いずれにしろマンガは、絵画記号と文字記号とが相補的に融合して表現された産物と言えるでしょう。そのようなマンガがアニメになり、昨今では世界中で日本のアニメが人気を呼ぶようになりました。

8 デジタル化の進化と「アニメ」：ディズニーとポケモン

世界で「アニメ」と言えば、「テレビ放映を核にした日本の商業アニメーション」のことをさしています（櫻井, 2009, p. 169）。アメリカ映像制作では「アニメーションは子どもが観るもの」という「世界の常識」に沿って作品がつくられています。世界中の誰にでも受け入れられることを念頭に、さらにその延長線上で「親が観て"も"楽しいもの」であればなおさら良いというわけです（櫻井, 2009, p. 164-65）。一方、日本ではもともと、「アニメーションは子どもが観るもの」という前提はなく、子どもから大人までの欲求に応える形で、アニメやマンガは発達してきました。したがって、基本的に日本の視聴者を対象に「ローカリズムの考え」にもとづいて、自分たちのつくりたいもの、見たいものという考え方でアニメは制作されてきました。ですから、子どもを対象としたもの、大人を対象としたもの、子どもも大人も楽しめるものなどさまざまなパターンがあり、その「多様性」に特徴があります（櫻井, 2009, p. 165）。

逆に多様なニーズに応える形で、多くのクリエイターがアニメーション制作に関わることになり、脚本、作画、演出、撮影、声優などアニメーション制作工程のあらゆる場面において日本のアニメーションは技術的にも進化していくことになります（櫻井, 2009）。1970年代にアニメが大量に輸出されるようになりますが、その背景には、世界の諸地域のテレビ放送局の増加があります。放送局がスタートしても流す番組

がなければ意味がありません。そこで、世界の諸地域におけるテレビ放送の発達のタイミングが合い日本のアニメが受け入れられたのです。特に、アニメは時事問題に関する情報を扱っていることが少ないので古さを感じさせず、極めて無国籍であったり、日本以外の国を題材にしていることも多かったので（櫻井, 2009)、受け入れやすかったのです。さらに、アニメの技術の高さもあって日本からの輸出テレビ番組の5割強がアニメであるということになったのでしょう。

　21世紀に入りインターネットによる情報伝達が急速になり、ブロードバンドの環境が整備され動画も手軽に流せるようになると、日本の視聴者を対象としてつくられたアニメが一気に世界の各地で人気を得るようになります。そこで、アメリカの文化人類学者アリスン（2010）は、著書『菊とポケモン──グローバル化する日本の文化力』で、ファンタジー、資本主義、グローバリズムに着目し、これらの3つが連動し、（再）構成されていることを、日本のポップカルチャーから「パワーレンジャー」「セーラームーン」「たまごっち」「ポケットモンスター」を取り上げ読み解いています。そのなかで、「ポケモンの成功は日本にとって、金銭以上に、ポップカルチャー分野で高い評価が得られたことが重要」だったと述べています（アリスン, 2010, p. 307)。つまり、これまで米国製の玩具、映画、テレビ番組によって「ビジネス面だけでなく、クリエイティブな面からも制圧されてきた」日本が、文化産業に参入することにより、「欧米の文化支配を分断することを意味」したからです（アリスン, 2010, p. 307)。ポケモンは、ブームが最高潮に達した2000年の時点で、「ゲームは70カ国で販売され、アニメは51カ国で放送され、映画は33カ国で封切られ、ポケモンカードは11カ国語に翻訳」されました（畠山・久保, 2000)。それぐらいポケモンは世界中に広がったのです。

　それでは、アリスン（2010）の著書からアメリカのディズニー化と

日本のポケモニゼーションのコンセプトの違いを概観してみましょう（表6-3）。

表6-3　ディズニー化とポケモニゼーションのコンセプトの違い

事例	ディズニー化	ポケモニゼーション
創始者	・ウォルト・ディズニー（命名に使用）	・田尻智
アニメの対象	・基本的に子ども	・子どもから大人
発祥地	・米国原産 ・それを明示	・日本原産 ・それを明示しない （ファンの間でのみ日本原産であることは知られている。）
ファンタジーの仕掛け	・閉じている ・すなわち、外の社会とは切り離されている。ファンタジー空間は、自律したユートピア。 ・精巧につくられた世界 ・自己充足的 ・本物に見せる仕掛けやキャラクター（登場人物）が重要	・開いている ・すなわち、一つの固定した地域やアイデンティティに根をおろしていない ・「何もない空間を徐々に埋めていくもの」 ・ゲームから始める ・インタラクティブ ・携帯性 ・流動的な遊景色を生み出す
魅力	・視覚重視 ・視覚のテクノロジー	・想像重視 ・インタラクティブなテクノロジー
子どもの立場	・子どもは受身	・子どもは能動的にプレーヤーとして積極的にゲームに参加
ファンタジーの核となるテーマ	・変身	・成長
得た力	・アイデンティティ	・資本

（アリスン, 2010をもとに作成）

表6-3で見たようにディズニー化とポケモニゼーションは、同じ子どもの心をつかみ取るのにまったく違うアプローチを取っています。この背景には、インターネットやゲーム機に見られるようなテクノロジーの進展など時代背景が異なることもあげられます。どちらにしろ、両者とも文化産業として、つまりビジネスとして綿密にマーケティング戦略を立て意図的に普及させたことに間違いはありません。

　たとえば、ポケモンを世界中に浸透させるために、2000年2月アメリカで公式な「ポケモン講演ツアー」が開催されました（アリスン、2010, p. 310）。企画したのは、日本の外務省でした。ポケモンがアメリカでデビューして2年後のことです。外務省は、アメリカの子どもたちがバーチャルな想像世界にはまり、日本製品でゲームに夢中になることなどを「クール」と捉えたことに着目し、「クールジャパン」として、日本文化を紹介する良い機会だと捉えたのです。以後、ポケモンが国境を越えて世界中に知られるようになります。このように外交、ビジネス、産業の面からもポケモンブームはつくり上げられているのです。

　一方、ポケモン本来の魅力に関しては、アリスン（2010）が、テクノアニミズムということばをつくり、日本のアニメの特徴として日本のアニミズム的感性とデジタル/バーチャル・メディアという新しさが混合されていることを指摘しています。人間と非人間、現実世界と異世界がはっきり隔てられているというよりも、互いに浸食し合っているというアニミズムの論理が働いていると述べています。このような西洋とは異なる日本人の世界観が日本のアニメの根幹をなしており、巨大なポケモンブームになるまで世界中で受け入れられたとも言えましょう。

　本章では、メディア・リテラシーの構成要素である、「メディアはすべて構成されたものである」点と「メディアは現実を構成する」点の観点から新聞広告、テレビCM、テレビ番組、マンガ、アニメーショ

ンなどがつくり出す文化について見てきました。その背景には、利潤追求などの志向する目的があり、メディア制作者の考え方や価値観が複雑に織り込まれることになります。一方、私たちは常に、現実を構成するメディアに接し、無意識にもメディアが提供する現実を受け入れ、たとえそれがバーチャルな世界であっても夢描き、憧れ、イメージを膨らませることになります。現代社会を生きるためには、文化がメディアにより巧みにつくられていることを知り、メディアを批判的に読み解く力が必要です。さらに、つくられた文化に違和感を感じたらつくり直す（再構成する）努力も惜しんではなりません。グローバリゼーションのまっただ中にある市民としては、このようなメディア・リテラシーを身につけていく必要があります。

ディスカッション

男性と女性それぞれを読者層の対象にしていると思われる雑誌を2冊用意してください。そのなかの広告について、商品名、提示方法、登場人物、色彩、キャッチコピーなどまず比較の基準をつくり、実際に比較し、一覧表を作成してください。その一覧表から何が分かるか、皆で話し合ってみましょう。なお、雑誌の広告なので、雑誌の内容や読者層との関連も考えるとよいでしょう。

注
1. 全国10歳以上の国民7,200人対象、有効回答者数4,905人（有効率68.1%）。20歳代のテレビ視聴は、全国平均男1時間54分、女2時間33分である。なお、生活時間調査は5年ごとに実施されており、2020年では、メディア環境の変化によりテレビだけでなくインターネット利用が増加。国民全体でテレビ79%、インターネット45%である。
「国民生活時間調査　2020年版」
https://www.nhk.or.jp/bunken/research/yoron/pdf/20210521_1.pdf
「2021年　メディア利用の生活時間調査」参照
https://www.nhk.or.jp/bunken/yoron-jikan/media/

2. 呉（1997）は、記号論の用語を使用し、ひとコマを一般の絵画を鑑賞するように全体的に見ることを「現示性」、言語のように文字を追って読むと内容が分かるようにコマとコマのつながりに着目した読み方を「線条性」と呼び、マンガの定義を「現示性と線条性とが複合した一連の絵」として説明している。

第7章

グローバル化する世界の異文化接触

アクティビティ

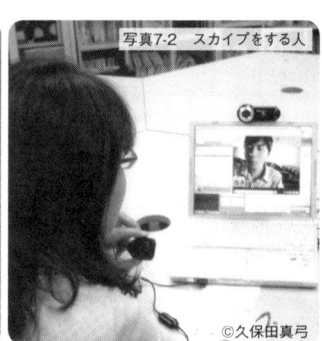

写真7-1 津田梅子 　国立国会図書館蔵

写真7-2 スカイプをする人 　©久保田真弓

津田塾大学の創設者として知られる津田梅子が日本初の女子留学生として渡米したのは、1871（明治4）年のことです。1ヶ月の長い航海を経てサンフランシスコに到着しました。この時の異文化経験を想像しどのような苦労があったか考えてみましょう。また、現在の海外旅行などの異文化経験と比較してみましょう。

津田梅子がアメリカに渡ったのは、たった7歳の時でした。おそらく英語も話せないまま、二度と両親にも会えないかもしれないという覚悟で海を渡ったことでしょう。また見る物、触れる物、食べる物とはじめての物ばかりで、想像を絶するような生活の変化を体験したことでしょう。しかし、梅子は苦労しながらもアメリカで大学教育を終え、日本に帰国しますが、今度はいわゆる帰国子女のはしりとしてリエントリー・ショックを経験したようです。その後梅子は留学経験を活かし、日本の女子教育に多大な貢献をしました。[1]

一方、最近の留学はどうでしょうか？留学中の娘や仕事で海外にいる夫と毎日スカイプで会話しているという話をよく聞きます。オーストラリアに留学中のある高校生はブログ上に日記をつけています。ホストファミリーとのトラブルで悩みそれをブログに書くと、日本で読んだ友だちからすぐにブログ上に応援メッセージが届き、携帯メールで励まされます。一昔前だと、国際電話は費用がかかるので、一度海外に出ると家族や友人とあまり連絡を取らなかったものですが、現在の海外滞在は様変わりしています。

さらに、滞在地の状況も変わっています。以前は日本食が恋しくなると日本料理店で高額を支払ったものですが、今、たとえばロンドンでは、コンビニの寿司で昼食、スターバックスでコーヒーを飲み、それにユニクロで買い物をすることもできます。スーパーマーケットやホテルなどで働く人の多くは英語が母語ではない人で、話してみるとそのアクセントから比較的最近に移住した人であることが分かります。今や世界の大都市は急速に多文化化しており、地下鉄の中では多言語が飛び交っています。

このような世界の状況の急速な変化に対応するために、異文化接触や異文化適応の研究にも新たな視点やアプローチの方法が必要になるでしょう。最近では、新しい市場の開拓、工場の移設に伴う従業員の訓練などを目的とし、新興国に派遣される人が増えています。これまでは欧米への留学生や駐在員とその家族を対象とする研究が中心でしたが、今後は、中国やインドなど急成長する国をはじめとするアジアの人々との異文化接触を扱った研究がますます必要となるでしょう。また国内では、人材が不足している医療分野などで、外国人の労働者に依存していく必要性が高まっています。本章では、これまでに蓄積された研究から得られる知見をベースにしながら、グローバル化する世界における異文化接触に加え、国内での異文化接触の現状について

も考えていきます。まず、1節では、異文化への移動に伴うさまざまな課題とそれにどのように対応するか（コーピング）について見ていきます。

1 異文化への移動と心理

1.1 異文化への移動に伴う課題

人が外国など知らない土地に移住して環境が変わると、さまざまな課題に直面します。たとえ短い旅行でも、バスや地下鉄の乗り方、トイレなどの施設の使い方に戸惑うことから始まり、道に迷ったり、ことばが通じなくて簡単な買い物ができなかったりなど、フラストレーションを感じるものです。1～2週間程度の短い旅行の場合はこのような経験も楽しみとなりますが、何らかの目的で長期滞在する場合は、カルチャーショックと呼ばれる心理的、身体的反応に向き合うことになります。慣れない環境で新たな人間関係を築いたり、仕事をこなすなど社会的な課題も解決しなければなりません。そのような移動を「異文化への移動」と呼ぶことにしましょう。異文化への移動にどのような課題があるかは、それがどのようなタイプの移動なのかによって大きく異なります。たとえば、留学のように自由意思による移動なのか、あるいは難民のように移動を余儀なくされるのか。さらに移動の目的は何なのか。留学、転職、旅行、結婚、ビジネスなど、目的によって課題は異なるでしょう。さらに、移住先で永住を目指すのか、駐在員のように一定期間の滞在の後、もとの場所に戻ることが前提になっているのか。また出身地と滞在先の経済格差、言語や文化の距離、さらには移動する人の性別や年齢などにより事情は異なります。潤沢な経済的、社会的な資源を持って移動するほど適応がスムーズであるという調査結果もあります。最近ではインターネットや携帯電話のアクセ

ス状況も重要な要素となるでしょう。イギリスの教員がアメリカの大学に転職するのと、日本の主婦が夫のインドへの転勤に伴って移住するのと、ソマリアの農家が難民としてケニアに移動を余儀なくされるのとでは、待ち受けている課題はまったく異なります。

1.2　カルチャーショックと異文化適応

　異文化に移動した結果、さまざまな課題に直面するのに伴って起こる強いストレス反応を、カルチャーショックと呼びます。カルチャーショックには抑鬱や不安などの心理的な反応以外に、引きこもり、飲酒などの行動に表れたり、疲労感、睡眠不足、食欲不振など身体面にも症状が出ることがあります。個人差も大きく、異文化接触の条件によって、その経験の仕方は多様です。このような不適応感を経験したのち徐々に主観的な心理的均衡状態（平穏な状態）を取り戻すことを「異文化適応」と呼んでいます。

　古くから、カルチャーショックを経験したのち環境に慣れていく「異文化適応」のプロセスをカーブや段階で表そうとする試みが行われてきました。最も有名なのがUカーブ（Lysgaard, 1955）と言われるものです。このモデルによると、異文化への移動後、ハネムーン期と呼ばれる新たな刺激や発見を楽しむ高揚の時期を経た後、自分が慣れ親しんでいたやり方が通用しなくなったり、対人関係が思うように進まなくなることにより、不適応感を経験する時期に入ります。この時期を経て、少しずつ環境に慣れ、物事のやり方の違いを受け入れられるようになる「適応期」に入っていくというプロセスをたどることをU字のカーブで表しています（図7-1の一つ目のカーブをさす）。Uカーブは、異文化に移動した人の実感に合うこともあり、長い間異文化適応のプロセスを表すモデルとして一般に受け入れられてきました。

図7-1　UカーブとWカーブ

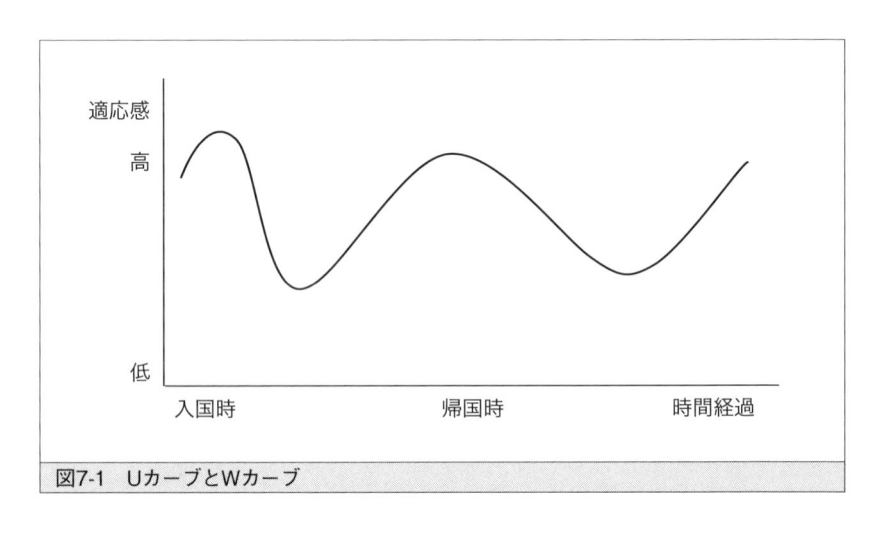

　しかし、前節で書いたように異文化での課題は移動の目的や状況により多様なので、このようなひとつの適応モデルですべての場合に当てはめようとするのはいささか無理があるとも言えます。実際、社会心理学者のウォードは、実証研究を基礎に、ハネムーン期に疑問を呈し、Uカーブモデルの妥当性に問題提起をしています。彼女たちの研究では、長期の滞在を前提とした場合、移動直後はさまざまな困難に直面するので適応度は最も低いが、その後徐々に上がっていくことを報告しています（Ward et al., 1998）。ウォードは、ハネムーン期というのは、旅行などの短期の滞在に経験する高揚感がどのような滞在にも当てはまると過剰に適用されているのではないか、と述べています。またウォードは、精神的な安定という意味での「心理的適応」と、現地の社会に溶け込み仕事などをうまくやっていけるかどうかに関する「社会文化的適応」を分けるほうが考えやすいとしています（Ward, Bochner, & Furnham, 2001参照）。前者は当初から浮き沈みがあるのに対し、社会文化的適応度は、最初の落ち込みから徐々に上昇し、6ヶ

月〜1年半で安定します。一端安定した後は、普通の生活で誰もが経験するような小さな変動に収束すると報告しています。つまりある程度の適応感の上下は、異文化適応に限らず私たちの通常の生活で経験するものです。人間の人生には、引っ越し、転職、転校、離婚、親の死、出産など、環境の急激な変化により強いストレスがかかり、心理的な不適応状態を経験することもあります。通常、時間が経ち、その状況に慣れるにつれストレスが軽減され、心理的な均衡状態を取り戻します。異文化への移動もそのような人生の局面のひとつと考えるほうがよいのかもしれません。

1.3　リエントリー・ショック

　異文化に一定期間滞在した人が、もとの文化に戻った際に、再度カルチャーショックに似た経験をすることがあります。これはリエントリー・ショック（逆カルチャーショック）と呼ばれます。Uカーブと同じようなプロセスを再度繰り返すのでWカーブ（Gullahorn & Gullahorn, 1963）と呼ばれるモデルもつくられています（図7-1参照）。しかし、リエントリーの際も、異文化への移動と同じく、ジェンダーや年齢、移動の目的などの違いによって、カルチャーショックの原因や症状は多様です。一般的には、滞在先の文化への適応を果たし、その文化での物事のやり方に馴染み、その行動様式や価値観の影響を受けた人が帰国すると、変化していないもとの社会の要求との間に齟齬が生じるので、これが原因と考えられています（実際にはもとの社会も変化しているのですが）。日本の女性の場合、女性に対する社会的役割意識が日本と比べて柔軟な社会（たとえば米国）から帰国した場合、企業や、家庭で女性に期待される役割や行動規範に違和感を覚えます。そのため、一般に男性より強いリエントリーの問題を経験すると言われています。リエントリー・ショックの原因は必ずしも文化差ではないとす

る研究もあります。日本語の授業のアシスタントとしてオーストラリアに渡った若者を対象とした調査では、彼らが一年間の滞在を経て帰国後に悩むのは、主に就職に関連した問題でした（中垣, 2011）。彼らの不安は自分が異文化で得た経験をどう活かせるか、自分を活かせるような仕事が見つかるか、などという日本社会における自己実現の問題と結びついていたのです。このように、将来のキャリアをにらんだ留学などの場合、リエントリーの問題は、どのように帰国後の自己像を描いているかに関係し、それと理想と現実の乖離に不適応感の一因があるようです。リエントリーの課題も異文化への移動と同様に、どのような目的でどういう立場で移動したかということに関係するのです。

次節では、ウォードの言う社会文化的適応に注目し、異文化への移動で経験するさまざまな課題への対応を、ストレスに対する「コーピング」として捉える考え方を提案します。

2 異文化ストレス

2.1 異文化への移動に伴うストレスの原因

異文化に行かずとも人間の生活は常にストレスがつきまといます。ストレスとは個人の内的外的な欲求に人間が答えようとする心理的反応のことで（金沢, 1992）、適度なストレスは課題の達成に必要です。それでは異文化におけるストレスは日常生活のストレスと違いがあるのでしょうか？おそらくストレスの原因の中に、異文化への移動に特有のものがあり、そのためこれまで経験したことのないストレスと感じることがあるのでしょう。異文化においても、同文化出身の人々がつくるコミュニティからまったく出ないことで、あまり不適応も起こさず精神的に平穏な状態でいられる可能性もあります（いわゆる出島

的適応です)。たとえばインドに駐在する日本人の家族の場合、子どもが話したことがあるインド人は家政婦と運転手だけという報告があり、現地社会にほとんど触れないで海外に滞在することも可能です。しかし、異文化において、新たな友だちをつくる、現地のコミュニティに参加するなど、ウォードが社会文化的適応と呼ぶ、現地での人間関係や社会生活への適応を果たすことを目指すと、使用言語や物事のやり方の違いなどさまざまな課題に直面します。仕事や学業などの目的を達成するためには、社会文化的適応は前提となります。カルチャーショックは確かに時間が解決するものですが、社会生活への順調な適応を果たすためには異文化ストレスの原因を考え、それに対処していくことも必要です。まず異文化で体験しやすいストレスの原因をまとめてみましょう。

1) 生活条件の違い
   生活水準の格差（たとえば先進国から途上国への移動か、その逆か）、社会状況の違い（犯罪率）、人々の受容性（移民受け入れの程度、法整備）、政治的・経済的な状況など

2) 自然環境の変化、気象条件の違い

3) 現地の言語や共通語の能力の不足
   ことばが通じない、人が言っていることが分からない、言語使用に伴うコミュニケーション・スタイルの違いなどに起因するストレス

4) 文化文法の違い
   スキーマ・スクリプトの齟齬、人間関係成立過程の違い、規範の違いなど

上の1)、2)は現地の社会的状況や自然条件をさします。気象条件の大きな変化は誰にとってもストレスの原因です。また水道の水が飲めないなど衛生条件の変化も慣れるまではつらいものですが、現地の人がどのように生活しているかを観察したり、長年暮らしている人のアドバイスを得ながら、積極的に違いに慣れていくしかないでしょう。3)、4)は、コミュニケーションに関係するもので、異文化にうまく対応するスキルやコミュニケーション能力を身につける訓練や努力によって、状況を変えることが可能です。現地の人同士のつきあい方や、コミュニケーションの方法を観察し、理解できないことは尋ねるなどすることで、解決の糸口は見つかるでしょう。

2.2　コーピング：ストレスへの対処法

　まず、研究結果が示すように、最初は強いストレスやカルチャーショックを感じても徐々に適応していくものだということを知っておくと、不安が軽減されるでしょう。異文化ではストレスに対処するためにソーシャル・サポートによる支援が極めて重要です。ソーシャル・サポートとは人から得られる支援のことで、同国出身者のサポート、他の国の出身者のサポート、そして現地のホストによるサポートと3種類考えられますが、それぞれ機能が違い、どれも役立ちます。最初の苦しい局面では同国人と母語で話をしたり、悩みを聞いてもらうことで乗り切れるでしょうし、すでに長年生活している人から情報や知恵を得ることもできます。また、留学生のあいだでは、同国人に限らず、同じ境遇の他国からの留学生と助け合うことはよくあります。しかし、異文化において社会文化的適応を果たすためには、現地の人とコミュニケーションができるということが大事です。ホスト文化のやり方やコミュニケーションの方法に慣れるためには、現地の人と積極的にコミュニケーションを図るべきでしょう。

グローバル化する世界の異文化接触 第7章

　本書でコミュニケーション能力と言うときは、狭義の言語能力だけではなく、非言語によるコミュニケーション、コミュニケーション・スタイルや文化文法の違いに対応することや、人間関係への開放的な態度なども含みます。欧米への日本人留学生を対象にした調査では、受け入れ国の友人をつくることが難しいことが報告されています。現地の学生が必ずしも留学生に興味を示さない中で、現地のことばを習得し社交の場に参加することは決して容易ではありません。文化的スクリプトの獲得などを通して、少しずつ現地の輪の中に入る努力をすることが必要となります。コミュニケーションは言語によるものだけではありませんが、現地のことばの習得は文化を理解していくうえで重要です。コミュニケーションのための言語を習得することは、現地のコミュニティへの参加を伴います。道で知り合いと出会った時はどのように会話を始めて、どのように終わるのか、頼まれたことを断りたい時はどう言えばよいのか、理不尽な待遇にあった際怒りをどのように表現すべきなのか、援助はどのように申し出ればよいのか、というようなことには、その文化で慣習となっているスキーマやスクリプトが存在します。このような現地文化におけるスキーマやスクリプトは、本で読んだ知識だけでは不十分で、コミュニティの文化実践に参加していくことで身についていくものです。こうしなければならないという明文化されたルールがあるわけではありませんし、相手との関係や状況によっても変化します。しかし、だいたいこういう流れでコミュニケーションが進むという一般的なスクリプトを体得することで、対応しやすくなるでしょう。

　英語圏出身の人の中にはどこに行っても英語が通じるので、現地のことばを覚えようとしない人もいますが、ことばを学習し実際に使ってみることで、その言語文化の目線に立ってものを見ることができます。たとえば「甘え」は、日本人特有の感情として知られており、日

本語を学習し、「お言葉に甘えて」「彼は少し甘えているよねえ」などという表現を使ってみることで、その文化的感覚が実感として理解できるのです。「甘え」の理解も甘えのスクリプトの理解と考えたほうがよいかもしれません。このように、言語の使用は文化実践への参加を促し文化の理解を進めます。

　筆者（八島）がイタリアに旅行したとき、レストランや店に入り英語で話し始めると冷ややかな対応に出会うのに、片言のイタリア語で挨拶をすると、店員の表情がにこやかに親しげになり対応が変わることに気づきました。ヨーロッパの国々では英語は共通語ですので、実際の意思疎通には欠かせないのですが、あたりまえのように英語で押し通そうとする態度は好意的に受け止められません。マレーシアのホテルで筆者の友人がマレー語を使ったところ、当然のごとく日本語で通す観光客が多い中で「珍しい日本人だ」と大歓迎を受け、従業員の家にまで招待されたという話を聞きました。相手の言語を学習し使おうとする態度は、相手を理解しようという気持ちの表れと解釈され、異文化接触を円滑に運ぶ下地をつくります。

　第2章で論じたように、文化には規範的な面があり、自分が無意識に従っている行動規範に反するやり方に出会うと違和感を感じるものです。異文化接触においては、その違和感をどう克服するかが鍵となります。ものの頼み方、断り方、会話の入り方や進め方、人の誘い方、ほめ方や自慢の仕方など社会的な行動を社会で受け入れられるやり方で進める技術や能力を、ソーシャル・スキルと呼びます。異文化でソーシャル・スキルを実践することは、心理的抵抗を伴うこともあります。アメリカに行った留学生が明確な自己表現を要求されて戸惑うように、日本にいる留学生の多くが、主張を控えてあまりはっきりものを言わない日本的コミュニケーションに違和感を感じます。しかし、コミュニティへの参加という観点からは、移動先の文化に合ったソーシャル・

スキルを発揮できる能力は、コミュニティへの参加を促し、結果としてその文化やそこで生きる人をよりよく理解することにつながるでしょう。

2.3 異文化への同化と抵抗

　ソーシャル・スキルの実践により目標文化の行動様式への変化を奨励することには賛否両論あります。確かに、現地の人のように振る舞わなければならないという同化的な圧力を受けると、抵抗感を感じることがあります。また同化というと、弱い者が強い者に合わせていくという感じがするので、これに否定的な立場を取る人もいるのです。シーガルは、日本に来たアメリカ人の女性が、日本語の上達に伴い、女性特有のことば遣いを期待されることに抵抗を感じたことを報告しています（Siegal, 1996）。また、相対的関係によって微妙に変わることばの使用規則のため、目上の人との会話で外国人女性が努力して敬語を使うにもかかわらず、敬語使用の微妙さを捉えきれず、結果として「外国人性」（ネウストプニー, 1982）が構築される様子が示されています。異言語・異文化の行動様式に適応することが自分らしさを喪失することにつながり、アイデンティティの危機を経験することがあります。特に自文化での地位や役割からの転換が強いられる場合は強い心理的抵抗感を味わうことになります。一方で、現地の人のように行動してみることは、その文化の視点を獲得することにもつながります。相手の視点の獲得により、両文化の理解と両者を超越した視点を獲得すること、すなわち複眼的な異文化理解につながります。またひとつの言語文化だけではなく二つの言語文化で機能できるようになることは、行動選択の幅が広がるということです。いかに自分らしさを失わずに、柔軟な行動の切り換えや超越した視点を獲得できるかが、

異文化での成長につながると言えましょう。次に異文化接触をどう捉えるかについて、いろいろな考え方を見ていきましょう。

3 異文化接触の多様なモデル

1.2では異文化適応を表す代表的なモデルとして、Uカーブ、Wカーブを紹介しましたが、ここでは、少し異なるモデルを提示します。

3.1 成長モデル

前節の最後で触れたように、異文化接触は自己成長のプロセスとして積極的に捉えることができます。キムの「ストレス・アダプテーション・成長モデル」(図7-2)では、異文化において人がストレスを経験すると、心理的均衡状態を維持しようとして適応が進みますが、また新たなストレスにより適応度が下がると考えます(Kim, 2001)。図7-2は、このような前進と後退のサイクルの連続として、異文化適応を表しています。このプロセスを通してホスト社会への適応(アダプテーション)が進み、同時にストレス対応力という意味での心理的成長があると考えられています。人間の人生がストレスと適応、落ち込みと立ち直りの連続であり、繰り返しながらも適応感を少しずつ増し、同時にこの経験が成長につながることを表しているようでもあります。

また、ベネットは「異文化センシティビティ発達モデル」を提唱し、異文化接触を、自文化を相対化し、異文化を受容していく成長のプロセスと捉えます(Bennett, 1986)。表7-1で示したように、自文化中心的な初期の3段階では、1) 差異の拒否：異文化を拒否し、受け入れない段階から、次に、2) 変化に対する防衛：異文化に対し否定的な評価をし、自文化のやり方に固執しようとする段階を経て、3) 差異の最小化：文化は違っても人間は皆同じというような両文化の違いを最小

化する段階に至ります。後期の自文化相対的な3段階では、4）差異の受容：異文化の価値観や行動の違いを理解し、その違いを受容できる段階、5）差異への適応：異文化におけるコミュニケーション・スキルを発達させ、異文化でのもののやり方を理解し、必要に応じて行動の調整もできるようになります。最終の段階として、6）統合：多文化人間となる段階、すなわち、複数の文化の視点から現象を解釈し、行動も調整できます。この段階では、両者を俯瞰的に見る視点を得るとしています。このモデルは、異文化を自文化中心的に解釈したり、他グループの特徴を単純に捉える段階から、徐々に相手の視点を獲得することにより、両文化の視点から相対的に、複眼的にものを見ることができるようになる成長のプロセスを示したものです。

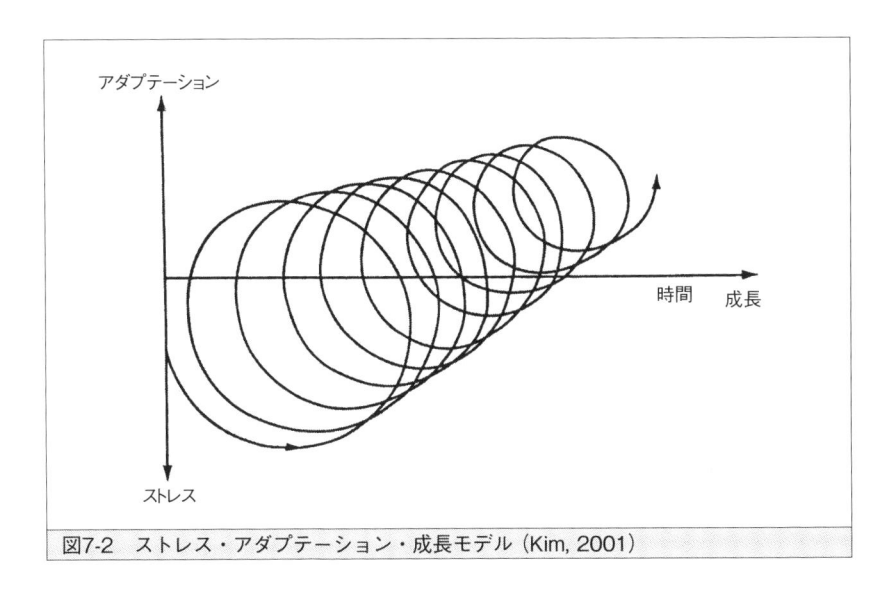

図7-2　ストレス・アダプテーション・成長モデル（Kim, 2001）

表7-1　異文化センシティビティ発達モデル　　　　　（Bennet, 1986にもとづく）

Denial 差異の拒否	Defense 変化に対する防衛	Minimization 差異の最小化	Acceptance 差異の受容	Adaptation 差異への適応	Integration 統合
自文化中心的な（Ethnocentric）段階			文化相対的な（Ethnorelative）段階		

異文化経験とセンシティビティの発達 →

3.2　アカルチュレーションのモデル

　異文化への移動後に、人が認知・態度・行動面で受け入れ文化に近づいていく変化をアカルチュレーションと呼びます。ベリーは、アカルチュレーションのタイプを、移動先の文化と継承文化、すなわち受け入れ先と出身国のそれぞれに対してどのような態度を取るか、という観点から、4つの型に分類しています（図7-3）（Berry et al., 1989）。つまり、1) 出身国（自文化）のアイデンティティや特徴を維持するこ

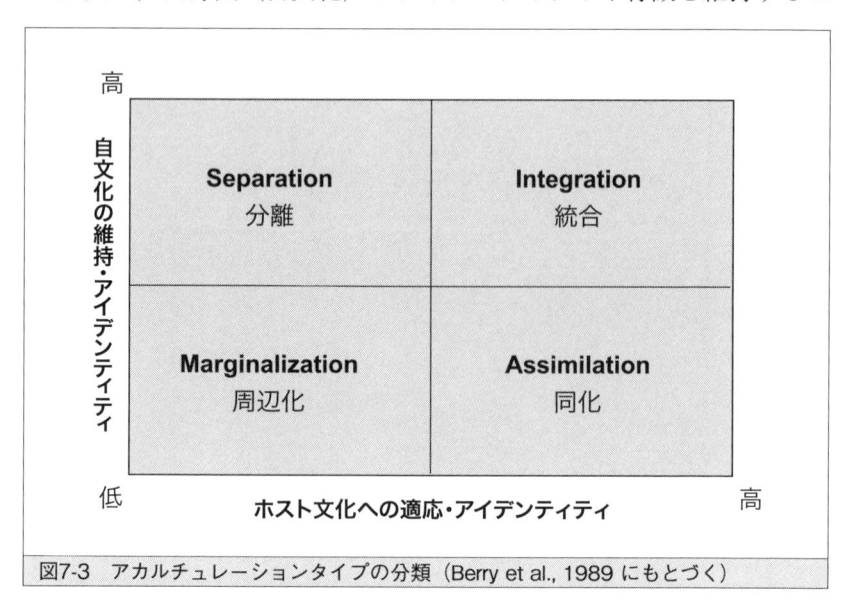

	ホスト文化への適応・アイデンティティ低	ホスト文化への適応・アイデンティティ高
自文化の維持・アイデンティティ 高	Separation 分離	Integration 統合
自文化の維持・アイデンティティ 低	Marginalization 周辺化	Assimilation 同化

図7-3　アカルチュレーションタイプの分類（Berry et al., 1989 にもとづく）

とが大切か？ 2) 受け入れ社会（ホスト文化）の人々との関係性を維持することが大切か？という二つの質問に対する回答「Yes」もしくは「No」の組み合わせにより、4つの型に分類しました。両方「Yes」の場合は「統合」、1)に「Yes」、2)に「No」の場合は「分離」、逆に1)に「No」、2)に「Yes」の場合は「同化」、両方「No」の場合は「周辺化」という型になり、これらがアカルチュレーションのタイプとなります。ベリーの調査では「統合」や「同化」の場合は適応度が高く、分離や周辺化の場合は適応が悪いという傾向があり、適応の型としては両方の文化を積極的に受け入れる「統合」が最も望ましいとしています。

　「統合」では、自分が持ち込んだ文化を維持しながら受け入れ先の文化にも近づく変化が起こります。そのためには、ある程度両者の視点を持ち、両者のスイッチングができるバイカルチュラルな状況になることを意味します。ベネットのモデルでも、異文化の相対化が進んだ後に到達する段階は、異文化と自文化の違いの把握を通して両文化を超越した視点を持ち、相手や状況によって行動の調整ができるマルチカルチュラルな状態でした。この心境に到達すると二文化間を行き来する統合的なアイデンティティを持ちます。キムも両文化にまたがった「インターカルチュラル・アイデンティティ」というものを仮定し、二文化に生きる人々の心理を表そうとしています（Kim, 2001）。

　以上のようなモデルは一定の評価を得ており、研究のフレームワークとしてもよく使われていますが、問題もないわけではありません。ベネットの異文化理解の段階説は適応が直線的に進むことを前提にしており、同時にいくつかの段階を経験したり、逆戻りするケースがあることを説明できません。一方ベリーのモデルも4種類に分類することで、人々の多様な経験をやや単純化しているようにも見えます。次節では、アイデンティティの葛藤や交渉という観点から異文化に移動す

る移民、留学生、帰国子女のなどのケースを考えてみます。

4 異文化への移動とアイデンティティ交渉

4.1 移民とその子弟

　異文化への移動は、受け入れ国における異文化接触を生みだします。その結果マイノリティ[2]という社会的カテゴリーがつくり出され、マイノリティのアイデンティティ葛藤という問題が浮上します。第5章で述べたように、マイノリティは年少のころから自分のアイデンティティに向き合うことを余儀なくされ、それには肌の色などの身体的特徴だけではなく使用言語の問題が絡むことも多いのです。言語とアイデンティティの密接な関係や、言語の喪失がアイデンティティの喪失につながることを示す調査は多く報告されています（たとえば、鄭・八島, 2006; Noels et al., 1996）。移民一世、二世の場合、家庭では継承語、学校では英語が使われるため、自ずと生活において2言語が使用されます。一般に言語シフトには三世代かかると言われますが、日本の在日コリアンの場合二世から言語シフトが起こっているようです。カナダを中心に、移住者の師弟の母語を支えるための継承語バイリンガル教育が行われていますが、教育を受け社会に進出するために必要な英語の習得と、祖国文化の継承の鍵となる言語の維持の両立は必ずしも容易ではありません。また社会において継承語が軽んじられることで自尊感情が傷つくなどの問題もあります。また、ノートンは、カナダの移民女性を対象に行った研究で、出身国では富裕層であったり、知識階級と見なされていた人が、移住後は社会階層が低くなりがちであること、社会階層を登るために必要な英語力の習得も、必ずしも英語を使用する機会が十分に得られるとは限らず、順調に進まないことを指摘しました（Norton, 2000）。以上のようなカナダの経験は日本に受

け入れているブラジル人などの労働者の経験する問題をそのまま表しています。宮島（2003）は、日本にいる外国人の子どもの文化資本（第3章参照）の少なさを指摘しています。日本国民のための教育の、漢字を中心とした「知の文脈」で、教育マイノリティと呼ばれる児童は「異なる知的・文化的場に入れられ、文化資本不適合の犠牲になっている」と宮島は指摘します（p. 135）。同じ校区に通う日本人の子どもより学習意欲が低く低学歴志向が顕著であることを報告した研究もあります（関口・宮本, 2004）。一方、移住してきた家族の中で、コミュニケーションの仲介者になったり、日本語が分からない家族と日本社会とのインターフェースになっている状況、病院でも親の通院で子どもが通訳をする状況などが報告されています。

　このような状況の中で、彼らには喪失される継承文化を維持する方略も、日本人として生きることを支える新たなアイデンティティ・オプションも十分には与えられていません。移民子弟が、明確で明るい未来のビジョンを描けるように、継承してきた文化の保持と同時に変化に開いたアイデンティティを支えるための介入が必要です。

4.2　帰国子女

　一方、日本人の海外子女・帰国子女とは、自分の意思でなく親の仕事の都合で異文化間を移動した子どもをさします。帰国後の日本への再適応の問題について教育関係者が関心を持ったため研究の対象として浮かび上がったという経緯があります。帰国を前提としていることや、対象がおおむね中流であることなど、上記の移民労働者の子弟の場合と事情が異なります。1970年代から研究が始まり、帰国子女が持ち帰った文化、主として西洋的な行動様式が日本の学校文化や規範と齟齬をきたし、学校で不適応を起こすなどの問題が指摘されるようになりました（佐藤, 1997）。その後、国際化の波を背景に彼らの国際的

経験を資産として評価すべきという観点から、特別枠など日本の学校における受け入れ体制が整備されるようになりました。逆にこのような状況を「新しい特権層の出現」とする見方も表れています（グッドマン, 1992）。最近では、こういった歴史的経緯を背景に海外・帰国子女のアイデンティティに注目する研究が行われています。たとえばカンノは、カナダで育った日本人子女を対象にした調査で、個人の性格や2言語の相対的能力、家庭環境などの要因により、経験の内実が多様であることを示しました（Kanno, 2000）。また、海外・帰国子女をめぐる言説に翻弄されながら、日本とカナダの文化のあいだを複雑に揺れ動く生徒たちのアイデンティティを描き出しています。一方渋谷（2001）の、帰国子女学級のエスノグラフィでは、生徒たちが、日本に同化しようとする従順な位置取りと、英語の使える帰国生としての反抗の位置取りを戦略的に使い分ける様子を描いています。

1972年以降は日本には新たな中国からの帰国者とその子どもたちの問題が浮上しました。英語圏からの帰国子女の場合、持ち帰った言語文化（英語）の民族文化的バイタリティが強い（すなわち文化資本力が強い）ため、本人も周りも維持する努力を傾けました。一方、中国からの帰国者の場合には、持ち帰った言語文化の維持というより、むしろ日本での生活の安定と適応に関心が集まっているようです。

4.3 海外留学

英語圏に移動する日本人留学生の異文化適応の研究においては、適応上の問題として、現地の学生のネットワークに入りにくいことが報告されています。キム（Kim, 2009）はカナダに留学した韓国人の学生が、英語を習得することを目的としているにもかかわらず、韓国人同士で固まる傾向にあるとしています。また、ランタとメッケルボーグの研究では、カナダの大学に留学する中国人学生の言語使用状況を、

一日の行動に関する細密なログを一定期間つけさせて調査したところ、一日の平均の英語使用時間は10分だったと報告しています（Ranta & Meckelborg, 2009）。同国人のあいだのつきあいが最も多く、ホストと英語を使ったコミュニケーションをする時間が極めて限られているということです。八島（2004）は、アメリカに一年間留学した高校生を対象に、アメリカの高校生がコミュニティに参加していくことの難しさ、英語でのコミュニケーションがうまくいかないことで自信を喪失すること、自己効力感の低下などの問題を指摘しました。友だちができないため孤立しやすくなり、言語習得が進まないという悪循環を引き起こすという状況も見られました。しかし、この文化では自ら積極的に環境に働きかけることしか解決の方法がないことに気づいていく生徒は、そこで勇気を振り絞って現地のネットワークに入っていこうとします。

　北米の大学に留学した日本人の場合、授業中に積極的に発言をしないと評価されないアメリカのアカデミック文化への適応の問題があります。日本の大学のような「ぬるま湯」の環境に慣れていると、競争が極めて激しく、良い成績を取ることに執着するアメリカの学生の中では、英語力のハンディもあり太刀打ちできません。吉武（2000）は、十全の参加ができない間は比較的親切にしてくれたクラスメートが、能力を発揮しだし競争相手と分かるやいなや、厳しく容赦しなくなるグループ内の関係性の変化について質的データをもとに論じています。一方モリタもエスノグラフィにより、カナダの大学院に留学した日本人女性を対象に、クラスのディスカッションに参加することの困難さは本人の意思や努力によってのみ克服できるものではなく、教室文化とその中に埋め込まれた力関係に影響を受けることを指摘しました（Morita, 2004）。その中で彼女たちは、アジア系の女性、非母語話者、知識の少ない者という自らのアイデンティティと対峙します。

以上のような研究は「異文化への移動」に伴う異文化接触に内在する力差を表し、異文化適応は必ずしも直線的に進まないこと、異文化コミュニケーションとは決して対等な両者が双方から歩み寄るというものではないことを示しています。通常、異文化に移動した人には葛藤が伴います。それゆえホストすなわち受け入れ側、第一言語を使える側、相対的に強い立場にいる人は、相手の置かれた状況やアイデンティティの問題に思いをはせる必要があるのです。

5 日本国内で出会う多文化

　多文化化する現在社会においては、海外に出ずとも異文化背景を持った人と出会ったり、一緒に仕事をしたりすることが多くなってきました。現在日本には約322万人の外国人が生活しています（2023年法務局）。前節で述べた異文化適応や接触の考え方は、ひるがえって異文化としての日本に移動して滞在している人が抱えている課題を表しています。海外に行って異文化適応を経験した人は、逆に受け入れる側になったとき、移動してきた人の気持ちや困難を理解することができるはずです。

　移民立国であるアメリカやカナダ、オーストラリアなどが経験してきたさまざまな問題は、日本が多文化国家となっていくうえで多くの示唆を与えてくれます。今後日本の人口は100年で4,000万人減少すると見積もられています。人口減少に伴い活力ある社会を維持するためには1,000万人の移民が必要になるとも言われています。今の日本人に多文化の人々を受け入れる受容性があるでしょうか？心の準備ができているでしょうか？現在さまざまな部門で起こっている問題を見ると、受け入れ国として異文化対応力を高める努力が必要なようです。次に国内の異文化接触の実態とコミュニケーションのあり方について考え

てみましょう。

5.1　人の移動と受け入れ国としての日本
5.1.1　日系ブラジル人労働者

　移民労働者の子弟の教育の問題については、すでに「4. 異文化への移動とアイデンティティ交渉」の節で論じたとおりです。1980年の後半から急増した外国人労働者の中で、特に日系ブラジル人の多くが、1990年ごろから日系という血を優先する政策のなかで、労働力不足を補うために来日しました。西田は、日系ブラジル人の工場労働者がどのようなコミュニケーション上の問題に出会うかについて、スキーマ（第2章参照）の齟齬という観点から調査しています。これによると、日系ブラジル人は、経営管理や業務遂行に関わる文化差に戸惑いを感じているというより、むしろ、同僚や上司との対人コミュニケーションや人間関係形成に問題を抱えていることを報告しています。具体的には「No」と言わないコミュニケーションの取り方や、上司のリーダーシップの取り方、さらに日本語での意思疎通に問題を感じています。この調査を踏まえて、西田らは、日本人とブラジル人の行動様式の違いについてお互いに前もってある程度知識を持つこと、日本側にはブラジル人を低く見がちな態度の変革を、また、日本の企業内の情報や仕事のやり方を外国人従業員が理解できるように明確に説明することなどが求められるとしています（西田, 2003）。日本に滞在するブラジル人の数は2008年にピークに達した後、2009年には不況のあおりを受けて減少しました。ブラジル人など外国人の雇用が景気の浮き沈みの調整弁となっていることが分かります。

　次に、最近インドネシア、フィリピンなどから主に医療の分野に入っている人材についての問題を見てみましょう。

5.1.2 看護・介護

　日本政府は経済連携協定（ＥＰＡ）により看護師、介護士の候補者として、2008年度にインドネシアから208名、2009年にフィリピンから283名を受け入れました。来日後6ヶ月間の日本語研修を経て、食事・入浴介助や排泄介助などの介護実践を開始しました（浅井・宮本, 2009）。特別養護ホームなどで働く看護師、介護士の候補者を面接調査した浅井・宮本は、現在のところ試行期間ということもあり、受け入れ側の対応もよく、順調な異文化接触が行われているようであると報告しています。しかし、日本語の国家試験に合格しない限り、正式な労働許可が下りないこと、また極めて難易度が高く合格率も低いと予想されるこの国家試験に対する強い不安を表明していたと言います。国民の老後を担う介護士が不足する中で、人手不足の解消の手段として海外から人材を受け入れておきながら、日本語能力と日本の資格にこだわる政府の方針に批判の声も上がっています。本章の前半で見たとおり、異文化への移動は、移動する個人に多くの心理的負担がかかり、カルチャーショックや異文化適応に伴うストレスを経験するのが普通です。海外からの研修生が、異文化である日本の職場への順調な適応を果たせるように支援する体制が必要です。実際の受け入れの現場でどのようなコミュニケーションの問題がありうるのか、それをどのように改善していくべきかについては、今後の調査を待たねばならないでしょう。

5.1.3 留学生

　現在日本では約23万人の留学生が高等教育機関で学んでいます（2022年度日本学生支援機構）。留学生30万人計画が発表された現在、受け入れる大学では施設や授業内容を充実させていくことが急務です。大学によっては半ば隔離したような状況で留学生が学んでいると

ころもありますが、日本人の学生と密な交流ができ一緒に授業を受ける環境をつくることはお互いにメリットがあるはずです。日本の高等教育機関がいかに国際化できるかは、留学生の扱いにかかっていると言っても過言ではないでしょう。

　留学生を対象にした研究は数多くの蓄積がありますが、その適応上の課題を長年調査した田中（2000）は、留学生は一般の日本人学生より適応上の問題が大きいことと、日本人との人間関係形成が一番の課題であることを報告しています。日本人学生が留学生を排斥しているわけではないのですが、自分たちの友人ネットワークにあえて留学生を取り込んでいません。一方留学生は言語面の自信のなさなどが原因で能動的な働きかけができずにいるといいます。この点は海外に留学した日本人の学生が抱える問題と共通しています。

　日本人と対人関係を築くうえで、留学生が困難を感じているのは、まず「感情や機嫌を損ねないように表現を曖昧にしたり間接的にものをいうため、誤解が起こりがちであること」があげられます。また日本人が明快な自己主張を避けるのに対し、相手の意図を察しないと思いやりがないなどの否定的評価を受けること、日本人の抑制のきいた自己表現に近寄りがたさを感じることなどがあげられています（田中, 2000）。留学生から見て分かりにくいとか奇異に感じられる行動は、日本人がいろいろな場面で異文化接触をする際に問題の原因になりやすいものなので、こういった声に耳を傾けることが大切です。

　一方日本語を教える教師と留学生の葛藤事例を調査した加賀美（2007）は、教師の戦争責任に関わる歴史観を問うたり、その教え方を抗議したり、意見を否定したりすることに教師が戸惑うことがあると指摘しています。このことはまさに言語を教える教室が異文化接触の現場であり、単にことばを教えるだけではなく、社会的意味が交換される場であること、両者にとってアイデンティティが交渉される場で

あることを示しています。

5.2 多様な人との出会い

　本章で述べたように、さまざまな理由で異文化間を移動する人が多くなっている現在、日本人と言っても帰国子女、帰化した人など、日本文化へのアカルチュレーションの程度もさまざまです。日本人対外国人という線引きで区別すること自体が実体を表さなくなりつつあります。異文化コミュニケーションでは、国籍による違いだけでなく、民族、ジェンダー、職業や年齢などいろいろな意味で自分と異なる人とのコミュニケーションを考えるようになっています。そういう意味では国内で日々行っている多様な人とのコミュニケーションが異文化接触であるとも言えましょう。この意味で文化や言語が異なる人とのコミュニケーションはその延長線上にあるのです。普段から自分といろんな意味で違う人と付き合ったり話をすることが異文化コミュニケーションの第一歩なのです。

5.3 グローバル化するビジネスと異文化接触

　グローバル・マインドを持った人が求められる中で、日本の若者の内向き志向が指摘されています。海外に出る若者や青年海外協力隊に参加を志願する若者が減っています。新入社員を対象にした調査では、海外赴任を命じられたら、会社を辞めても行かないと答える人の割合が増えています（経済産業省, 2010）。国内にいても世界の出来事はメディアを通して瞬時に知ることができ、海外の品物も簡単に調達できるとなると、海外に行くことの意味が変わってきているのかもしれません。海外に出ることがエリートコースと思われていた時代と違って、豊かで安全な日本をわざわざ出て、苦労したくないという気持ちもあるのかもしれません。再就職などやり直しがしにくい日本社会では、

できるだけ順調に就職し、リスクを回避したいという学生が多くなるのが当然であると指摘する研究者もいます（山岸・ブリントン，2010）。一方ビジネスや企業をめぐる情勢は、世界に積極的に出向き、世界の人々と対等に渡り合える人を求めています。競争力を維持するために企業は、出身文化を問わず、世界規模で有能な人材を採用しようとするでしょう。インターネットビジネスを始め金融や流通などを多角的に展開する「楽天」の社長は、将来は社員の何割かは日本人でなくなり、経営陣も半分くらいは外国人になると語っています。この会社ではすでに2012年には「社内の公用語」を英語にすると発表しました。また世界市場への進出を目指すユニクロも社内言語を英語にする趣旨の発表をしています。

　しかし、英語を共通語に決めるだけでは日常的に起こる異文化接触に対応できないかもしれません。本書で述べてきたように、異文化コミュニケーションを円滑に進めるには、コミュニケーションの技術面を磨くことも大事ですが、それ以上に、異質なもの、自分と違ったものを受け入れる態度、積極的に意思疎通を図ろうとする態度などと、違和感を持った時に判断を留保して、冷静に対応する感情制御能力など多面的な能力が要求されます。第8章で、コミュニケーションの阻害要因をまとめた後、第9章で、異文化とどうすれば上手につきあえるのか、どのようにその能力を磨けるのか、について考えることにします。

ディスカッション

　異文化接触は必ずしも海外に出ることだけで起こるものではありません。あなたがこれまでに経験した異文化接触をふり返って、誰とどこで、どのような接触をしたのかを書き出してみましょう。それが肯定的な経験だったか、何か問題があったか、問題があったとすればなぜ問題が生じたのかなどを考えてみましょう。どういう経験を含めるかはあなたが「異文化」をどう定義するかと関わります。

注
1. 詳しくは津田塾大学ホームページ
　http://www.tsuda.ac.jp/contents02.php?contents_id=0bTUVwUJ9XUt）
2. マイノリティというカテゴリーは必ずしも、少数派であることを成立条件としない。

第8章

コミュニケーションの阻害要因

アクティビティ

状況を思い浮かべながら、次の事例を読んでください。
「田中教授は、大学のゼミの時間中に急に体調が悪くなりました。どうも先程あわてて飲んだ薬がよくなかったようです。学生に荷物を持ってもらい、大学の保健室に行きました。その間もみるみるうちに顔面が蒼白になってきたので、保健室の係が呼んでくれた救急車で病院に向かいました。救急車内では、救急隊員２人がてきぱきと名前を確認したり、容態をチェックしたりしました。」

さて、この事例を初めて読んだときに目に浮かんだ「田中教授、つき添った学生、保健室の係、救急車の運転手と救急隊員２人」の性別、年齢、服装を書きとめてください。その結果を持ちよってグループで話し合ってみましょう。

　アクティビティでの話し合いの結果、グループ内で登場人物の性別は一致しましたか？なぜほとんどの人が同じような性別を連想してしまうのでしょうか。社会進出している人々の職業を男女比で見るとどれも均等ではないので無意識のうちに思いこんで決めてしまうのでしょう。もちろんテレビ、新聞、雑誌、などのメディアの影響も大きいでしょう。ここでは、そのような偏った思いこみをどうしてしてしまうのかをコミュニケーションの阻害要因として考えてみましょう。
　異文化コミュニケーションの醍醐味は、自分と相手との「違い」を見つけ、それを楽しみ、かつそれを活かして創造的な関係をつくり上げるところにあります。たとえば、一足の靴には、左足用と右足用が

あり、両方は対等の位置に置かれ、人間の歩行を促します。左右の靴の形は違っても対等な関係にあります。しかし、人間の場合は、自分と相手との違いを認めた段階で無意識のうちにも「差別感情」(中島, 2009) が忍び込むことがあることを知らなければなりません。

単純に他者に対して不快感を持ったり、嫌ったり、軽蔑したり、恐れるわけではありません。その背景には、自分自身を誇りに思いたい、優越感を持ちたい、よい集団に属したい、つまり「よりよい者になりたい」という願望がぴったりと貼りついているのです(中島, 2009)。

バルナは、異文化コミュニケーションにおける阻害要因として、1)「皆同じ」という前提、2) 言語の違い、3) 非言語メッセージの解釈の違い、4) 思いこみやステレオタイプ、5) 評価的な態度、6) 極度の不安、の6つをあげています (Barna, 1994)。そこでこれらを参考に、本章では、いくつか追加して、1)「皆同じ」という前提、2) 思いこみやステレオタイプ、3) 偏見、4) 差別的行為、5) エスノセントリズム、6) 評価的な態度と極度の不安、7) 言語・非言語解釈の違い、8) 暗示的なコミュニケーション、9) 差別的まなざし、を順に見ていきましょう。

■1 「皆同じ」という前提

海外旅行の出発を控え、多少の不安を抱えながらも、最後には、同じ人間なのだからことばはうまく通じなくても手振り身振りで何とかなるだろう、ということをよく聞きます。特にアメリカ人は、異文化の人との接触でも英語で話し、自分と同じ西洋の服装をしている相手が多いので、相手と自分は類似点が多くコミュニケーションはスムーズにいくはずという前提でコミュニケーションに臨むことが多いと言われます (Barna, 1994)。この前提がかえって相手との微細な相違を見えなくしてしまい、極端な場合には相手の文化に対する思慮に欠

たエスノセントリズム（5節を参照）的な態度を示す結果になってしまいます。

　一方、日本人は、「外国人」という表現からも分かるように日本人以外は「内の人」ではなく「外の人」つまり外国人であるから、初めから自分と相手とは違うという前提でコミュニケーションに臨みます。このため、外国人のことを理解しようと一生懸命に努力するのですが、外国人に理解してもらおうという期待はあまり持っていません（Barna, 1994）。とは言っても、日本人の海外旅行者数は、2023年は962万人おり[1]、さまざまな国での異文化接触を経験する昨今です。インターネットを通して訪問国の下調べをしてから出かけることも多いでしょう。そのような時に使用する言語や貨幣など明らかに違う点には注意を払いますが、コミュニケーション上の暗黙のルールや習慣などの違いには、あまり気を配らないことが多いようです。

　たとえば、海外旅行でお土産を買うことがあります。「お土産を買う」と言っても自分が行った証として記念になるものをひとつ買う場合と、親戚や友だちなどに帰国後あげるために大量に同じものを買う場合があります。日本人は後者の場合が多いようです。するとお土産屋さんでのやりとりは「10個買ったから袋も10枚ください」になります。10人別の人にあげるのだから袋も10枚分ほしいと思うのでしょう。または品物はむき出しでは差し上げられない、記念だから現地の包装紙もほしいなどの理由もあるのかもしれません。しかし、包装紙は別途お金を払って買うという習慣があるところでは、「袋も10枚」は理解されにくいでしょう。このように「お土産を買う」という行動は、どの観光客にも見られますが、物品のやりとり以外に期待することが異なると、店員とのコミュニケーションがぎくしゃくし、それを言葉の問題だと誤解すれば、何度も言い直すことになるかもしれません。その意味で何が同じ行動で何が違うのかを見極める力が必要でしょう。

また、後述しますが、相手と自分は同じと考えることから始まる「同情」は、相手と自分は異なるという前提で始める「共感」とは、違った世界観をつくります。この点も考慮して、人間は「皆同じ」ですべてのコミュニケーション行為を簡単に片づけないように心がけましょう。

2 ステレオタイプ

　私たちは、言語メッセージや非言語メッセージなどたくさんの情報に囲まれて生活しています。いつの時代でも社会や世界は複雑でダイナミックに変化しています。そのような世の中で詳細な情報をひとつずつ一人で吟味していたのではいつまでたっても行動に踏み出せません。そこで、私たちは、心理的に物事を整理しカテゴリーに分ける習慣があります。私たちの記憶の奥深くには、情報をカテゴリーに分類するスキーマがあり、そこで整理された情報をもとに外界を見ています。それをリップマン（1987）は、『世論』でステレオタイプと命名したのでした。ステレオタイプは、情報過多のなかで、思考の「節約」をするために行われる認知的な現象です。ステレオタイプには、肯定的なものと否定的なものがあります。ステレオタイプは生得的なものではなく、はじめは両親から、そして学校に行くようになれば友だちなどから社会化の過程で学んでいくことになります。ステレオタイプは、人間の集団を対象としたスキーマです。情報が整理され簡便である一方、自分の所属する集団以外の人たちに対するステレオタイプは単純で、大雑把、かつ極端になりがちであるという問題があります。特に異文化コミュニケーションにおいては、ステレオタイプに注意しなければなりません。その理由として次の4つの点があります（Samovar, et al., 2007, p. 171）。

1) ステレオタイプ的な見方では、自分が信じていることに合うように情報を選別してしまうので、真実が別にあっても気がつかないことがある。
2) 情報をカテゴリー化すること自体が悪いのではなく、ブラジル人はサッカーがうまいというようにブラジル人全員がまったく同じ特徴を持っているように考えてしまうことが問題になる。
3) ステレオタイプは、対象のグループを単純化し、誇張して一般化した表現である。そのため、真実に則したコミュニケーションではないので、コミュニケーションがぎくしゃくする原因になりやすい。
4) ステレオタイプ的な見方は、一度身につくとなかなか変わらない。ステレオタイプは、若いときに習得されその後、何度も繰り返し同じことを聞くことにより強化されていく。

このようにステレオタイプは、無意識のうちに身につけてしまうものですが、子どものときから対面で良い異文化コミュニケーションの経験があると、否定的な見方は変えることができるでしょう（Samovar, et al., 2007, p. 172)。この点については第9章で扱います。

3 偏見

　ステレオタイプ的な見方に否定的な感情が加わると偏見になります。偏見とは、特定の社会層、性別、性的志向、年齢、支持政党、人種、民族などの人間集団に対して、はっきりした根拠もないのに否定的な感情、たとえば、怒り、恐れ、嫌悪、不安などを持つことをさします。ですから、偏見は、情緒的な要素が強い態度の一種と言えます。他者に対する態度の中心に信念として偏見があり、それが頑（かたく）なであればあるほど、一度持った偏見は変化しにくいという特徴があります

(Samovar, et al., 2007)。

　情報過多の世界で情報を取捨選択して整理することが、ステレオタイプを生み出すと説明しました。そのように考えると多種多様につくられたステレオタイプに否定的な感情が伴う偏見も多種多様にあることになります。米国の心理学者、ブリスリン（Brislin, 1981）は、偏見（prejudice）の種類を6つに分けています。それらを金沢（1992）による説明と合わせて順に見ていきましょう。

3.1 偏見の種類
3.1.1 あからさまな偏見（red-neck racism）
　極端な偏見は「〇〇人はずるがしこい」「女には教育はいらない」などというものです。たとえば、南アフリカ共和国で1994年まで続けられた人種隔離政策すなわちアパルトヘイトがあります。そのほか、ネオ・ナチ・グループ、クー・クラックス・クラン、（女）性差別、人種差別などが当てはまります。これらについては学校教育で学ぶので、あからさまにこのような偏見を持つことを良しとして公言する人は限られています。

3.1.2 象徴的偏見（symbolic racism）
　象徴的偏見とは、「自分たちの集団が現状を維持しようとしたり、向上しようとしているのに対して、他の集団が邪魔をしているという気持ち」（金沢, 1992, p. 65）をさします。これは、無意識に多くの人が持つもので、なかなか自分では気がつきにくいものです。これらの人々は、自分たち以外の集団に対して、強い嫌悪感を持っているわけではなく、むしろ、自分たちの生活の現状（雇用、子どもの学校、住宅等）を邪魔されたくないという気持ちを抱いているのです。たとえば、シカゴで公営住宅にアフリカ系アメリカ人が住み始めると徐々に他の人

種の住人が引っ越していくということがありました。これは、象徴的偏見による現象と見ることができるでしょう。

3.1.3 トークン的偏見（tokenism）

トークンとは、代用貨幣のことをさします。ゲームセンターなどで100円硬貨の代わりに使うコインがありますが、それがトークンです。つまり「ある行為をする代わりに」という意味でここでは使っています。

異文化接触には、外国の音楽を聴く、海外映画を見るというものから学校で留学生の話を聞く、外国にルーツを持つクラスメートと友だちになる、留学先でホストファミリーにお世話になる、海外で出会った人と国際結婚するなど文化背景の違う人とのさまざまな関わり方があります。言い換えると一口に異文化接触と言っても相手との関わり方の密度によってさまざまなレベルがあることが分かります。そのような社会で、たとえば、新聞広告にアフリカの飢餓に苦しむ子どもの顔の大写真があり、募金を呼びかけていたら、迷わずあなたは、少額でも寄付するかもしれません。しかし、後日、キャンペーン拡大のためのチラシ配送を手伝ってほしいと頼まれたら、かなりの時間を取られるので断るでしょう。これは、たとえ低いレベルでの異文化接触（アフリカの子どもに直接会うわけではない）でも寄付という行為で支援したのだから、自分は、さらに時間が要求される大変な作業は拒否してもかまわないだろうと思うからです。さらに、低いレベルでの異文化接触をしたからもう他のことはしなくてもよいだろうと公然と高いレベル（現地の訪問など）での接触を避ける言い訳にすることもできます。これが、トークン的偏見です。ブリスリンは、このようなトークン的な行為にも無意識かもしれませんが、偏見という態度が潜んでいるとしています。

一昔前にベナン出身のゾマホンが、たびたびテレビに出演していた

ころ『ゾマホンのほん』（ルフィン, 1999）という本を出版しました。彼は、この本の印税で母国ベナンに学校を建設しようと思っていました。ところがある時、テレビに出演しており顔が売れていたこともあり、ある老夫婦から突然100万円の寄付を受けました。しかし、ゾマホンは、丁重にお返ししたそうです。皆さんはどうしてだと思いますか。

国内外で支援活動するNPOは、会員等にいろいろな寄付を依頼することがありますが、会員は、NPOが発刊するニューズレターを読むことで支援先と間接的に関わることができます。このような継続的な関わり方ができれば、たとえ直接現場に行って支援できなくてもトークン的偏見は、なくすことができるかもしれません。

3.1.4 時と場合による偏見（arms-length prejudice）

自分と相手とが置かれた状況の変化によっても偏見が表れたり隠れたりします。先に示したように異文化接触には、自分と相手との親密度の違いによってさまざまなレベルの関わり方があります。そこでトークン的偏見と同じように状況によっても異なる偏見が表れます。たとえば、留学生と一緒に大学の授業を受ける、国際交流活動をするといった相手との関わり度合いが比較的低い状況では相手を積極的に受け入れられても、仕事仲間として発展途上国に赴任したり、自分の子どもが国際結婚をする状況では、容易に相手を受け入れられなくなり、時には、相手に対して極端に冷淡になったり、敵意を持ったり、排他的になったりします。このように状況の変化によっても偏見は表れることがあります。このような人々は、偏見が表に出る度合いが時と場合によるので、自分に偏見があるとは思っておらず、周囲の人も気がつかないことが多いのです。

3.1.5 不快感（the familiar and unfamiliar）

　初めて海外に渡航するなど、異文化に接触する時は、不安だけでなく何をするにも不慣れなことが多く、思い通りにいかないと不快な気持ちになるものです。たとえば、海外でバスに乗るために自分は順番を守って並んでいたつもりでいても、いざバスが来たら皆我先に乗り込んでしまったとしたら、不快な気持ちになるでしょう。このように異文化の環境で単に不慣れな状況に出遭っただけでもすぐに不快感を覚えてしまうのも、その文化に対する一種の偏見です。

3.1.6 本当の好き・嫌い（real likes and dislikes）

　人間には理屈では説明できないがどうしても好きになれないもの・嫌いなものがあります。ブリスリンは、この理屈抜きに好き・嫌いの感情を持つことも偏見の一種であると考えています。たとえば、食事のときに相手が音を立ててスープを飲む癖があったときに、相手の文化背景も習慣も熟知しており、知識としては自分とは違う行為をすることを理解していても、感情的に好きになれないことがあります。このときにすでに偏見を持っていると考えるのです。

　以上、偏見の種類としてあからさまな偏見から単に好悪の感情を持つものまで幅広く偏見の概念を捉えて見てきました。特に不快感や好悪の感情は、後述する「差別的まなざし」とも関連がありますので、合わせて考えてみましょう。

3.2 偏見の機能（役割）

　偏見には、意識して気をつけることができるあからさまな偏見から無意識のうちに思わず抱いてしまう好悪の感情まで幅広くあることが分かりました。偏見がなくならないのは、このように多種多様に幅広

くあるだけでなく、偏見を持つことによって得になるなどのいくつかの機能があるからです。また、偏見は、ステレオタイプと同様に社会化の過程で学ばれていくので、幾世代にも続いていくことになります。特にアメリカなどのさまざまな人種が共存する社会では簡単にはなくなりません。そこで先のブリスリンは、偏見の4つの機能として以下のように説明しています（Brislin, 1981）。

3.2.1 功利的、適応的機能（The utilization or adjustment function）

移民が入ってきた地域で、たとえば移民に対して「彼らは仕事ができない」「怠け者だ」と常々言ったり、そう信じることで、「よそもの」に仕事を与えずにすませることがあります。また、ことばや習慣が違う移民の集団に対しては、受け入れ側も生活習慣の違いなどの説明に努力や忍耐が必要になることがあります。そうした労力を「余計なこと、面倒くさい」と思うことにより、相手の人たちを疎外したり、逆に自分の所属集団や自分の立場を守ろうとすることがあります。

自分の所属する仲間からよく思われたいときは、共通の敵をつくり、その敵を攻撃することで自分たちの仲間意識を高めることができます。自分の所属する集団への帰属意識を高めたり、逆に自分が疎外されないように他の集団に対して偏見的な見方をし、それを活用しているのです。その意味で、偏見を持つことで、自分の立場が有利になる、すなわち偏見には、功利的または適応的な機能があると言えます。

3.2.2 自我防衛的機能（The ego-defensive function）

偏見には、自尊心や自分自身のイメージを守るための働きがあります。たとえば、「今回の歴史の成績が悪かったのは、先生が外国にルーツを持つ人に特別点をつけたからだ」。このような発言から分かるのは、なぜ自分の成績が落ちたのかを考えずに、自己を守るために他者（マ

イノリティ) を否定的に捉えている態度です。心理学では、「投射」という用語があり、「自分の心の中にありながら、自分では認めたくない特徴、自分が見る自分のイメージには当てはまらないことを、自分ではなく他の人が持っていると無意識のうちに思いこんでしまうこと」をさします。「たとえば、自分の中にある攻撃的衝動を、自分では認めていないために、他の集団に対して無意識のうちにその攻撃的衝動を投射してしまい、「○○人は乱暴だ」といった気持ちを持ってしまうのです。そうすることにより、「自分は攻撃的ではない」という自己像が保たれるのです」(金沢, 1992, p. 63-64)。

　偏見にはこのように所属集団の維持や、そこでの地位といった社会的な要素を守るだけでなく自己概念や自尊心を守る働きもあります。

3.2.3　ある特定の価値を表す機能 (The value-expressive function)

　自分が良いと信じていることを公にすることで、自分の価値観を表明することになります。たとえば、自分が信じる宗教についてそれが一番だという信念が強すぎると他の「神」を崇める気持ちが理解できなくなり、他者が信じる聖書やコーランを焼くなどという暴挙が行われることがあります。このように宗教、政府、政治に関することが多いのですが、ある価値観を表明することは他の価値観を排除することにもなります。

3.2.4　情報機能 (The knowledge function)

　偏見が情報あるいは知識として機能することもあります。まったく知らない相手に対して、たとえ否定的な情報でも事前に予備知識として備えていると不安や戸惑いが軽減されます。たとえば、「○○人は、会議でも時間を守らずルーズだ」と事前に知っていれば、ある程度覚悟して、時間に遅れることを見越しての対策も打てることになるでしょ

う。その意味では、偏見は、真偽は別として時に情報として役に立つのです。

4 差別的行為

多種多様な偏見はさまざまな形で行為として表出されます。その典型は差別ですが、オールポート（Allport, 1954）は、50年も前に偏見の表出について差別も含め5つに分類して述べています。それらは今でも示唆に富むものですので、次に見ていきましょう。

4.1 ことばの暴力 （antilocution）

ある対象のグループを否定的でステレオタイプ的なことばで表すことがあります。それがオールポートが定義づけた「ことばの暴力」です。

歴史的には、アメリカ人が日本人に対して「ジャップ」と呼んだり、日本が中国を「支那」と呼んでいたことなどがあります。このような差別語や侮蔑語は多様にあり、使用が規制されています。さらに女性が教育を受ける過程では「女だてらに」「女のくせに」など女性蔑視の言葉が横行した時代がありました。

また、あえて差別語や侮蔑語を使わなくてもことば自体に本来の意味とは別にさまざまな価値観が付随しているものがあります。たとえば、私たちは、「青山、赤坂、白金、広尾、麻布、鎌倉、ニューヨーク、ハワイ」というブランド的な地名を学ぶと、その高級感をも正確に学びます。同じように、「こじき、めかけ、水商売、中卒、オタク、ジャップ、ホームレス、マフィア」などのことばを学ぶとき、それらに付随したマイナスの価値をも正確に習得します（中島, 2009, p. 189 に筆者下線部追加）。このようなことばそのものの意味だけでなくことばに付随した価値観にも配慮した言語の使用が求められます。

4.2　回避（avoid/and withdraw）

　回避とは、嫌いな対象グループから離れ、接触をしないという行動を取ることです。これでは、どのようにして問題解決に当たるのか、コンフリクト（意見の衝突）が深刻であればあるほど解決の糸口が見えなくなります。歴史的にはイスラエルとパレスチナのように紛争解決の目的で開催される重要な平和会議への出席を拒むというものなどがこのタイプの行動です。

4.3　差別（discrimination）

　差別とは、偏見を持った人が、対象グループを、教育、政治、雇用、入居、病院などの施設の利用から正当な理由もなく排除する行為で、主に社会制度、法律、規則、慣行のレベルで見られる現象です。外国人に対して、店側が「外国人お断り」という張り紙をし、外国人の利用を避けようとしたり（コラム参照）、ハンセン病患者に対して、旅館の利用を拒否したりするなど、差別的な行為はいつの時代にも見られます。

> **コラム　外国人お断り**
>
> 　「差別をしてはいけない」ということは誰でも知っていることですが、なかなか差別的な行為はなくなりません。たとえば住む部屋を探すときに留学生だと分かると条件が厳しくなったり、あからさまに拒否されたりすることがあります。そのほか、外国人ということで単純作業ばかりさせられたり昇進が遅れたりする、さらにはたびたび警察官に職務質問され、不法滞在の嫌疑をかけられるなどです。
>
> 　小樽市の温泉施設が「外国人の入場お断り」と張り紙を掲げ、

> 裁判で「差別に当たる」と認定され、施設側に賠償を命じる判決が出たこともあります。しかし、さまざまな差別行為を受けても、このように裁判まで起こして弱者（差別される側）の主張を強く世の中に訴えられるだけの経済的、時間的余裕が外国人にはないのも現状です。
> 　9節で説明する「差別的まなざし」が誰にでもあることを考えれば、日本での外国人に対する差別行為は、外国人だけの問題ではありません。多文化社会を迎え、労働者、留学生、研修員などさまざまな形態で外国人が日本に来ている時代に、すべての人にとって住みよい社会とはどうあるべきか、移民先進国の取り組みも参照し、日本も法整備だけでなく、教育を通した市民の意識の改革も必要ではないでしょうか。人々がグローバル・マインドとローカル・アフェクトを持った社会は、外国人に対してだけでなく、障害者、高齢者、弱い立場に追いやられた男性や女性に対しても「やさしい」社会になるのです。
>
> （朝日新聞「後絶たぬ「外国人お断り」」2008年10月5日参照）

4.4　暴力・暴動 (physical attack)

　差別的な行為がさらに激しさを増すと対象グループに対して暴力が増したり暴動になったりします。宗教対立のあげくに教会を焼き払ったり、9.11のテロなどの行為がこの例です。

4.5　大虐殺　(extermination)

　偏見の最も危険な表出は、対象のグループ全員を皆殺しにしようとする行為です。ナチスによるユダヤ人大量虐殺（ジェノサイド）、カンボジアでの反革命者とされた知識人などの虐殺、ユーゴスラビア連邦

解体にいたるさまざまな民族紛争、フツ族とツチ族によるルワンダ内戦など、何十万、何百万人の単位で虐殺し、対象グループを根絶しようとする行為です。

　このように偏見は、その強度によりことばの暴力から大虐殺まで種々の差別的行為として表出します。

5 エスノセントリズム（自民族中心主義、自文化中心主義）

　日本では、箸を使って食事をしますが、韓国では、箸とスプーンを使います。またインドでは、手でカレーを食べます。「手で食べる」と聞いただけで不快に思い、汚いと感じたらすでに私たちは、エスノセントリズム、すなわち自民族中心主義に陥ってしまっているかもしれません。

　エスノセントリズムとは、自分の文化は他の文化よりも優れていると考え、自分の文化の基準で他の文化も測るべきだという考えをさします（Samovar et al., 2007, p. 180）。箸で食べる習慣がある日本では、箸を使わないで「手で食べる」ことに抵抗があります。しかし、よくよく考えれば、握りずしやおにぎりは手で食べるわけですから、手で食べる＝不潔、にはならないはずです。

　このようなエスノセントリズムが強化されてくると、人種差別や性差別にもつながります。人種差別とは、身体的な特徴つまり皮膚の色、髪、顔立ち、目の色という外見によって人々をカテゴリーに分けることです。このカテゴリー化が人種の違いをもとにどちらかが劣位（優位）であるという偏見や差別を引き起こすのです（Roger & Steinfatt, 1999）。同様に、性差別（Sexism：セクシズム）とは、文化的・社会的に形成されたジェンダーや生物学的な違いであるセックスをもとに個人の特徴を捉え、どちらか一方のグループが優位（劣位）であるこ

とを主張する行為をさします。

　文化人類学者は、「ほとんどの人は、エスノセントリズムを持っている」（Samovar et al., 2007, p. 180）と言っています。「ある程度のエスノセントリズムは、社会をまとめるうえでも必要である」（Nanda & Warms, 1998, p. 17 in Samovar et al., 2007, p. 180）とも考えられています。エスノセントリズムは、無意識のうちに身につけてしまうものです。私たちは、学校で歴史、地理、文学、言語、政治、経済などを学びますがどこの国でも自分の文化を中心に解釈して学んでいます。たとえば、地図は、日本では日本が中心に、アメリカではアメリカが中心に描かれています。また、日本と韓国では、歴史の解釈が異なるため、それぞれの国の教科書を見直す作業が共同で行われています。エスノセントリズムは、自文化への帰属意識やアイデンティティを形成するので、社会で広く支持されることになります。そうなると特に、政治、倫理、宗教のコンテクストで視野が狭くなってしまう危険性があります（Samovar et al., 2007）。

6 評価的な態度と極度の不安

　ステレオタイプ、偏見、差別的な行為と見てきましたが、異文化接触の場面では、物事がうまく進まないと不快感など否定的な感情を持ち、即、「だから○○という国はだめなんだ」などとステレオタイプ的な考えにもとづき否定的に評価を下してしまうことが多くあります。これは、初めて訪問する場所、初めて会う人、進めていかなければならない交渉の未知の行方など異文化接触の場では、心配や不安になる要素が多々あり、それらが引き金となって断定的に評価してしまうということとも関連があります。実際に何が起こっていたのか事実を正確に確認しないままに評価を下してしまうのです。バルナはこのよう

な評価的な態度と極度の不安が、コミュニケーションを阻害すると指摘しています（Barna, 1994）。このような自分自身の評価的な態度に気づき、それを活かした訓練にD.I.E.法がありますが、その詳細は第9章で説明します。

7 言語・非言語解釈の違い

　皆さんは、エレベーターで「first floor」と言ったのに、英国では2階で降ろされ、アメリカでは1階で降ろされたという経験はありませんか？同じ英語でも使われ方が違うという例です。また、ガーナでは、食べることを「eat」ではなく「chop」と言います。使用する単語自体が違うということもあります。また日本語では「どちらまで？」「ちょっとそこまで」という挨拶ことばがありますが、これが挨拶だと分からなければ、どのように応えてよいか戸惑うかもしれません。このように言語の違いや使い方の違いが、コミュニケーションの阻害要因になることは、容易に考えられます。

　また、第4章の非言語コミュニケーションで見たように、同じジェスチャーでも文化により意味が異なり誤解されることもあります。さらに、ジェスチャーのように目に見えるものだけでなく、時間、空間、なわばり意識の違いなどは第三者に指摘されない限り分かりにくいものです。

8 暗示的な（インプリシット）コミュニケーション

　マレービアン（1986）は、ノンバーバル・ビヘイビア（非言語の行動）という呼び方をせず、インプリシット・コミュニケーション（暗示的なコミュニケーション）という用語を使い、言語に対する非言語の行

動に着目するのではなく、意志伝達における暗示的な部分（インプリシット）、すなわち話者の気持ちや態度、好き嫌いや、好みの伝達も含めて言語と非言語の関係に注目することを提唱しています。たとえば、外国からの研修員に技術研修をする研修所でのことです。研修所の受付係が、昨晩何の連絡もなく帰宅が遅かった研修員に向かって、門限を守るように注意していました。しかし、英語を正確に表現しようとするあまり、自信無げな顔の表情で弱々しい声の調子であったため、とても「注意を促す」態度ではありませんでした。このように相手の行動を注意するなら、それに合った態度で表現する必要があります。インプリシット・コミュニケーションが十分でないと誤解されかねません。

　異文化接触の場面で、コミュニケーションが思い通りにいかないのは、対象言語が思い通りに操れなかったり、ジェスチャーの意味の解釈を間違ったりと、言語と非言語コミュニケーションに起因するものが多々あることには間違いありません。しかし、言語学者ネウストプニー（1982）は、コミュニケーションの問題を、コミュニケーションの挫折、すなわち、メッセージが伝わらなかったり、誤解されたりという点だけを見ていたのでは不十分であると考えています。むしろ「何かを言うべきところで言わなかったり、沈黙を期待された時におしゃべりをしたり、あるいは、リラックスすべきところで高慢な態度をとったり、期待された時に挨拶をしなかったり、また不適当に笑うような行動が、コミュニケーション問題の主な根元である。「我々」から見ると外国人はここでルール違反を犯してはいるが、何かのメッセージの具体的な意味を変えているわけではない。」（ネウストプニー，1982, p.54）と指摘しています。

　しかし、「このような違反は否定的な評価を受け、拒否へと導く可能性がある。また、このような違反のために、コミュニケーション上の

不安定な状況が生じ、最後にはコミュニケーションの挫折が起こる確率を高める要因にもなる」と警告しています。つまり、いつ、どこで、誰に、どのように何を伝えるのかという、伝える内容と気持ちと、伝える様式やコンテクストが一体となることが必要です。つまり言語と非言語コミュニケーション（インプリシット・コミュニケーション）が一体となって、はじめてコミュニケーションは、成功したと言えるのです。逆に言えば、外国人であるとき、私たちは、さまざまなルール違反を犯しているのですが、相手の寛容な態度のおかげで、大問題に発展せずにすんでいるということでしょう。ただし、細かなルール違反でも相手に<u>否定的に評価</u>されたら、それ以上のコミュニケーションの進展は望めないということです。

9 差別的まなざし

　先に偏見には、理屈抜きの不快感、嫌悪感、好悪などの感情も含まれることを説明しました。中島（2009）は、社会制度上の差別は撤廃すべきであると考えるものの「われわれがある人に対して（ゆえなく）不快を覚え、ある人を（ゆえなく）嫌悪し、軽蔑し、ある人に（ゆえなく）恐怖を覚え、自分を誇り、自分の帰属する人間集団を誇り、優越感に浸る・・・という差別的感情は、――誤解されることを承知で言い切れば――人間存在の豊かさの宝庫なのである」(p. 9) と述べています。つまり、これらを悪として考えられる感情をも持ってこそ人間であるということです。人間である以上悪の感情を抱かないということがないのであれば、どのようなときにどのように悪の感情が起こるのか自分自身で見つめることは大事なことでしょう。

　そこで中島（2009）は、差別感を抱くことと差別的行為とのあいだに「差別的まなざし」を位置づけ、それに照準を合わせて以下のよう

に検討しています。中島は、まず、差別的まなざしについて栗原（1996）の厳密な議論を紹介しています。

> 　はじめにまなざしがある。まなざしが他者に注がれて自己とのちがいを識別する。ちがいを認めたまなざしは自分自身へ投げ返される。そのつどの状況の中で、他者に投げられたまなざしは、瞬時に、そのつどの自他のアイデンティティを振り分ける。
> 　しかし、まなざしはちがいの識別にとどまらず、その先に行く。まなざしは、そのちがいに力関係をもちこむ。上下、優劣、貴賤、正常―異常、中心―周縁、完全―欠如。いずれにせよ、まなざしは、一方のアイデンティティには価値付与的に、他方のアイデンティティには価値剥奪的に働く。まなざしが権力的関係をつくり出し、そのことが関係の両端にある人間の総体を傾斜的に、非対称的に規定するとき差別が完成する。（中島, 2009, p. 179-80）。

　差別的まなざしにおいては、このような目に見えない力関係が存在するので、まなざしを「向ける者」と「向けられる者」との立ち位置は固定しており、まなざしを向けられた者が同じまなざしを向け返せないとき、まなざしの差別が完成するというのです。中島（2009）は、さらに続く栗原彬の論考を次のようにやさしい表現で説明しています。

> 　しかも、まなざしを向けられた者は、それに「ノー」を突きつけることができず、それを承認せざるをえない。まなざしに対して気がつかないふうを装ったり（やり過ごし）、他のことにかまけているふうを装ったり（ずらし）、自分自身に対してまなざしを押し隠したり（自己隠蔽）、自分がまなざしから安全な地帯にいると思い込んだり（自己隔離）、さまざまなまなざしのうちにこのまな

> ざしを溶解させたり（拡散）、まなざしを注がれる理由以外の自分の特徴をあえて押し出したり（他の標識の強調）、まなざしを注がれる理由を追及せずにぼかしたり（ぼかし）、注がれているまなざしの対象からまなざしを逸らせるためにあえて異様な行為をとったり（逸脱）、自分はまなざしを受けるに値すると思い込んだり（過剰同調）、まなざしを向け返したり（反抗）・・・できるかもしれない。しかし、差別的まなざしを注がれたものは、まなざしとともに圧倒的に迫ってくる明確な意味づけを受け入れなければならないのだ。こうした理不尽な受け入れを栗原は「内面化」と呼んでいる。(p. 181-82)

このように差別的まなざしを向けられる者は、差別的行為を「内面化」して受け入れていきます。そして、差別的まなざしを向ける者には「この眼前の人でなくて自分はよかった」という自己肯定の要素が隠されており、それは、まなざしを受ける者に正確に見透かされてしまうのです（中島, 2009, p. 182）。

偏見と差別的行為の境にこのような「差別的まなざし」があるとしたら、私たちは、多様な人間関係のなかで「差別的まなざし」を向けたり、向けられたりして、自分と他者との境界線を幾重にも引いていることになります。中島（2009）は、自分に対する肯定的感情が強い人、すなわち、自己に対しての「誇り」や「自尊心」、「帰属意識」、「向上心」が強い人ほど「よいこと」を目指すなかに差別的な感情すなわち「不快」「嫌悪」「軽蔑」「恐怖」が潜んでいることに気がついていないと述べています。差別的まなざしを向けられた者は、敏感にそれをキャッチしコミュニケーションを断つかもしれません。私たちは、異文化コミュニケーションの過程でさまざまな「違い」を認識する際に、誰もが持ちうる「差別的まなざし」に留意しなければならないでしょう。

> **ディスカッション**
>
> 本文で、ブリスリン（Brislin, 1981）による6種類の偏見（prejudice）について見ていきました。そのなかで特に、「時と場合による偏見」「不快感」「本当の好き・嫌い」と「差別的なまなざし」の関係について可能ならば自分の体験を踏まえてグループで話し合ってみましょう。差別的まなざしを向けるときと向けられたときの両方の場合を、誰といつどのような状況で起きたのか、当事者の力関係も踏まえて考えてみましょう。

注
1. 2020年に発生した新型コロナウイルスの影響で渡航が制限されたため2023年は962万人で、2019年比5割程度まで回復した値である（法務省出入国在留管理庁）。

第9章

多文化とうまくつきあうために

1 グローバル・マインドとローカル・アフェクトとしての異文化コンピテンス

1.1 線の引き直しとしてのコミュニケーションの開始

　序章で、コミュニケーションは他者とのあいだの線の引き直しだと述べました。私たちは自分と他者のあいだに心理的な境界線を設けます。日本人である私と韓国人のあなた、女である私と男のあなた、仏教徒である私とキリスト教を信じるあなた、関西出身の私と関東出身のあなた、というように。異文化コンピテンスのひとつは、コミュニケーションを通して線を越えること、そして線の引き直しが柔軟にできるということです。そのためには相手を知ろうとすること、相手に自分を知ってもらおうとすること、つまり対話に開いていく気持ちが何よりも大事です。コミュニケーションとは、今ある線に気づきそれを引き直し続けることを意味します。相手の知らなかった側面を知り、親近感を持ったり、共通の興味を発見したりします。表面的な理由で苦手だと思っていた人に自分と共通の悩みがあったことが分かり、少し心が通じたら、これも線の引き直しです。日本人の学生が海外で韓国人と知り合い、話すうちに、戦争責任の議論になり、責任を問われて当惑したという話をよく聞きます（たとえばKobayashi, 2006）。こういう時、歴史認識の違いという溝は決して埋まらないと思いがちです。しかし、互いに歴史を継承しつつ今を生きる人間として、自分の正直な思いを伝えることでお互いをより深く理解する道が開けるかもしれません。線を越える可能性はコミュニケーションを始めないと決して生まれません。コミュニケーションに開くことで、相手を「異で理解できないもの」と決めつけ、永遠に越えられない境界線を引いてしまうことを避けられるのです。

　また、本書では、人間のコミュニケーションでは、キャッチボールのようにして私からあなたへ、次にあなたから私へと、交互にメッセージを投げるのではなく、話しながら反応し、相手の反応を見ながら話

し方を変える、またその間に影響し合い、互いに話すことによって考え方も接近したり離反したりしながら進行していくことを確認しました。つまり、コミュニケーションが進行するにしたがって互いに影響をし合い、考え方や態度が変化していくというようなダイナミックなものであるからこそ、今まで理解できなかった相手を理解できるようになるのです。また、コミュニケーションの産物として新しい発想や視点が生まれるのです。

本書で述べてきたコミュニケーションの考え方にもとづき、この最終章では、グローバリゼーションのなかで多文化化する社会で生きる力として「グローバル・マインド」と「ローカル・アフェクト」を提言します。それらを構成する具体的な要素を説明し、実際にどのようにそれらの力をつけるのか、その方法について述べます。グローバル・マインドは主に認知的な側面、ローカル・アフェクトは情動面ですが、お互いに関連しあっています。

2 グローバル・マインド

2.1 マクロの視点

「マクロの視点を持つ」とは目の前で起こっている現象がどういう社会的、文化的、政治的状況のなかで可能になるのか、視野を広げて見る能力を意味します。たとえばメディアでよく報道されるインドネシアとフィリピンからやってくる看護師、介護士とのコミュニケーションを考えてみましょう。彼らや彼女たちを理解するには、相手の言語を学習すればよいというわけではありません。ものを言うときに直接的か・間接的かなどコミュニケーション・スタイルの問題もあります。しぐさや人と接する時の身のこなしの相違もあるかもしれません。またコミュニケーションを支える芯のところでは、第2章で見たような価

値観や宗教の違いも考慮する必要があるでしょう。しかし、同様に大事なのは、私たちが日本で出会うフィリピンの人は、なぜどのような理由で日本に来たのか、どういう世界の状況が影響し現在日本にいるのかということをマクロな視点から考えてみることです。つまり、身の周りで起こっていることを、グローバルな現象と結びつける能力です。このためには第6章で述べたメディア・リテラシーも必要となります。

2.2 感情制御・判断留保

相手との間にコンフリクトが生じたり、自分がいらいらするとか違和感があるときに、判断を留保し、「なぜそういう状況が起こるのか」、あるいは「自分がなぜそのように感じるのか」、と立ち止まって考えてみることができる能力です。自分が理解できない状況に遭遇しても、過度に苛立つことも不安にさいなまれることもなく、また相手の言動に違和感を感じても、「不愉快な人だ」と即断せず判断を留保し感情を制御する能力でもあります。相手の言動が理解できないときに、それが起こったコンテクストについて冷静に考えることや、少し時間をかけて相手を知ろうとする気持ちを持つことも含みます。

2.3 対話力

対話力を持つと、人の話に耳を傾けしっかり聞くことができます。分からないことや「あれっ？」と思うことがあると、曖昧にしないで、人に尋ねてみます。相手の意見や考え方に心を開くと同時に、自己開示を通して、自分を理解してもらうためのコミュニケーション・スキルを持っています。また場面や状況に応じて、自分の感情、意思、考え、要望、要求を適切な形で表明することもできます。つまり相手の視点からものを見ることができ、相手の考えを理解しながら必要な自己主

張をすることもできます。自分が納得するまで妥協しないで対話を続けるしつこさも必要な要素です。同時に相手が自分の意図を理解したかどうかを見極めることも怠りません。このようなコミュニケーションの達人になるためには、自分のコミュニケーションの特徴を知り、場に応じてコミュニケーション行動を柔軟に調整できるように、行動選択の幅を拡充する必要があるでしょう。対話力を実践するためには認知面だけではなく、他者と関わろうとする勇気やコミュニケーションのエネルギーなど、情動も関係します。

2.4 異文化対話力と創造力

自分といろいろな意味で異なる人に関心を持ち、さらに2.3で述べた対話ができる能力をさします。異なった人との対話は新たな発想や創造を生み出します。地球規模の問題の解決においても、グローバルなビジネスにとっても、今地球に何が必要なのかという視点は必要で、そのために多様な視点の融合が必要です。もはや自分の会社だけが儲かればよいという時代ではありません。進出先の社会と共存し、地域社会に貢献していくという企業メッセージを送らないと、グローバルな企業は生き残れません。そういう時代には文化背景の異なる人々の声に耳を傾け、自分たちの意見も述べるという対話力が必要です。

多文化の人と出会い、コンフリクトを経験することは創造力が生まれるチャンスとなります。人間が困難に遭遇し、集団的に乗り越えようとするときに新たな創造の可能性があります。苦境に立たされたときや、ダブルバインドの状態こそが、何かが生み出される絶好の機会なのです（Engeström, 1987）。異文化での問題解決には創造性と多面的思考が必要となりますが、解決に向けた努力をすることで、逆にその涵養につながります。

以上のような「グローバル・マインド」はこれからの社会を生き抜

くために身につけるべき大切な能力です。しかし、私たちは、それだけでは不十分であると考えます。第1章で感性のコミュニケーションの重要性を述べましたが、鯨岡は、子どもが大人になり理性的なコミュニケーションが主流になっても、形を変えた感性のコミュニケーションが残っていると考えています。そこでこの「感性のコミュニケーション」をよみがえらせ磨くことも同時に必要と考え、認知的なグローバル・マインドに加えて、これからの地球市民が身につけるべき感性という意味で「ローカル・アフェクト」と呼ぶことにしました。「グローバル・マインド」と「ローカル・アフェクト」は相互に補完しあうものです。本書では、この両方ともがグローバル化を生き抜く若者にとって必要で、身につけるべきものだと考えます。

3 ローカル・アフェクト

3.1 直感的コミュニケーション能力

　まず、自分の身体と向き合い、自分の身体変化、感情変化に気づくことができるでしょうか？それがスタートです。次に、他者との生活に根ざした体験を共有することで引き出される能力があります。たとえば一定期間、他者と一緒に生活することにより、互いに相手の心の動き、感情や気持ち、体の状態に気づいたり、ケアしあうようになります。これがなぜ分かるようになるかことばでは説明しにくい直感的なものです。一緒に暮らしている家族の体調や気持ちが分かるのと似ています。同じリズムで生活を送り食事をするなど、生活リズムを共有することは、コミュニケーションにおけるリズムも共有することにつながっていきます。

　人と一緒にいて居心地がよいと感じるのはどんな時でしょうか。リズムが合っているとか、評価されないで存在そのままを受け入れられ

ているという感じ、あるいはお互いに相手の状態をケアしあっている安心感などでしょうか？会話の楽しさも居心地のよさを生みますが、このような、身体的なリラックス感というのも大事な気がします。

3.2 五感で文化を体感する能力

　本を読んで勉強するなど認知的な生活をしていると忘れがちな、またテレビや携帯電話の画面を見ていると喪失しがちな五感を使うコミュニケーション能力です。はじめて訪れる場所では、五感を研ぎ澄ましてコミュニケーションをする必要があります。よく観察すること、周囲の音に耳をすませることが基本です。現地で出会う人とは音声のやりとりが基本ですが、聴覚、視覚だけに頼らず、触覚、臭覚、味覚で文化を味わうことが異文化体験に奥行きを与えます。

　時に人は「私はかつてガーナで国際ボランティアを経験したことがあるので、ボランティアとはどういうものか知っており…」というように「経験」について語ることがあります。「経験」とは、常に何か目的があり、それを達成することで「私の経験」というように所有できるようになります。このような経験は「自己のなかに意味として取りこんで自己を豊かにしていくもの」（市村・早川・松浦・広石, 2003)です。このため、子どもの発達段階に応じて国内の遠足や旅行、海外の修学旅行などとさまざまな経験をさせ、その経験を感想文として言語化して内省させるのです。このようにして見た世界は、すべて言語化し、ことばの意味を介して解釈し理解したものです。それとは別に私たちは、五感で体感する「体験」をします。はじめて訪れた場所の空気、臭い、雑踏の雰囲気などです。ただただ驚いて「おお！」としか言いようがない、ことばに表現できないような深い感動などもあります。この意味での「体験」は、そのつど世界と十全に関わることによって五感で感じ取るものです。

同様に他者と理解しあうにも、言語・非言語コードの意味を解釈するだけでなく、五感を通して直感的に分かりあうという感性を基盤としたプロセスが必要です。これが野村（1983）（ワンポイント・スタディ参照）の言う「共生する身体」につながっていくのです。

ワンポイント・スタディ
共生する身体
　日本には「耳かき」という習慣があります。子どものころにお母さんの膝に頭を載せて耳掃除をしてもらった記憶がある人もいるでしょう。このとき、耳掃除をする人が注意して手を動かすことはもちろんですが、それに合わせて掃除してもらうほうも相手の動作に合わせて頭を動かさないように集中します。野村（1983）は、このとき肌を通して人間同士が「なじむ」体験をしており、これを通して「他人の行動を感能的に把握し、同調的に反応する能力が高められる」（p. 52）と述べています。そして、このような過程を通して私たちは周囲の人のしぐさや動作を自分のものにして取り込んでいるのです。これを野村（1983）は、「共生する身体」と呼び、「感能的同調という原初的コミュニケーションによっていっそう社会化され、ほかの多くの身体と共感・共鳴する」（p. 53）ことと説明しています。第１章で鯨岡（1997, 2002）の能動―受動の交叉モデル（図1-5）と原初的コミュニケーションを紹介しましたが、それと似た概念です。耳掃除の時のような二者の無意識に共鳴する動作がアナロジックにコード化されて、耳掃除という言語的な読み取りが可能な動作になるのです。つまり、「しぐさにおいてもことばにおいても、意味を通しては、主観の世界をこえることはできず、無意識を媒介することによってはじめて自己と他者のあいだに橋がかけられると言って」（p. 55）よいでしょう。二者の無意識の働きかけにより自己と他者はつながり、それだけ身体を通した無意識の行

為も重要なのです。

3.3 共感力

　共感力とは、相手と距離をおいて同情するのでなく、相手になったつもりで、相手と同じように感じる、感情移入のことをさします。映画を見ていると、主人公になったつもりで、悲しくなったり、怖くなったり、喜んだりすることがありますね。人の心に乗り移ったようなあの感じです。共感力を持つと、共感的な行動が可能になります。つまり自分だったらこうしてほしいと、自分のしてほしいように相手にすることではなく、相手の立場に自分をおいてみて、もしその状況だったらどうしてほしいかと考えて行動することです。大変難しいですが、相手のおかれている状況、価値観や性格などをもとにしっかり考えてみることが必要になります。共感力は感情面ですが、共感的行動は、認知・行動的な側面です。すなわち全人格的に臨むものです。

　「アフリカで飢饉が起きたので、カンパをお願いします！」という街頭募金があります。やせ細って骨と皮だけのような子どもの写真に思わず「かわいそうに」と、手持ちのお金を募金箱に入れることがあります。一般にこのときの心情を「同情」と言います。同情の前提には、自分と相手は同じように考えるだろうという発想があり、特に力関係がある場合には、優位にある者は、相手も自分と同じであると暫定的に判断して行動します。一方、先の「共感」は、相手と自分は違うということが前提となります。その背景には複数の異なった現実があることを認識した姿勢があります。この説を唱えたベネットは共感を「他の人の経験に対して想像的にそして知的にかつ感情的に参加すること」と定義しています（Bennett, 1979）。共感によって相手の経験に寄り添おうとすると、行為までも伴うことがあります。共感すると相手の問題意識が自分のものとなり、一緒に行動することがあるという

わけです。

　このように「同情」と「共感」の違いは、程度や対象の違いではなく、誰の観点で現象を見ているのかという視点の違いにあり、また想像力の違いでもあります。この意味では認知的な柔軟性も必要です。

3.4　オープンな心と柔軟性

　新しい経験、異なった考え方や感情の表出方法に対してオープンな態度を持つことができる能力です。自分と違う物事のやり方や、問題解決の方法を柔軟に受け入れることができる能力をさします。また従来のやり方に固執せず、必要に応じて自分の考え方や行動を柔軟に変えることができます。自分と似た人だけでなく、自分とは趣味や経歴、考え方の違う人と話をしたり、つきあったりできます。違いを楽しむことができる感性です。

　以上グローバル・マインドとローカル・アフェクトがどのようなものか見てきました。次にその鍛え方を考えますが、その前にマーティンとナカヤマの提唱する弁証法的な文化へのアプローチを紹介します（Martin & Nakayama, 2007）。これを「文化の問答」として異文化コンピテンスを鍛えるための考え方の基盤としたいと思います。

4　文化の問答

　時に私たちは、ある人の自己主張が強いのは、その人の文化背景によるものか、その人の性格なのかとか、日本人と中国人はいったい似ているのか違っているのかなどと考えることがあります。異文化の接触場面では、こういう考えを突き詰めてみることが大事なのです。マーティンとナカヤマは、文化を考える時の指針として、遭遇した現象についてさまざまな角度から眺め、弁証法的な問答をしてみることの大

切さを述べています。ここで「問答」と書いたのは、たとえば、「文化—個人の問答」では、ある人の行動がどれくらい文化に依存したことなのか、それとも個人の特質にもとづくものなのかと、自分の中で問うてみることを強調したかったからです。問答をしてみて、簡単にはどちらとも決められないということに気づくのが大事なのです。マーティンとナカヤマは、以下の6つの問答を提唱しています。それぞれ例をあげながら見ていきましょう。

6つの問答
　　1）「文化—個人」の問答
　　2）「個人—社会的役割」の問答
　　3）「相違—類似」の問答
　　4）「変化—不変」の問答
　　5）「歴史・過去—現在・未来」の問答
　　6）「特権—不利益」の問答

「文化—個人」の問答
　文化的とは、そのコミュニケーションのパターンが、あるグループの人に共有のものであるということで、個人的とは、その人個人の性格や特徴として見られるということです。
　たとえば、あなたのクラスにアメリカ人の留学生がいるとしましょう。授業中のディスカッションの際に、日本語で議論しているにもかかわらず、クラスで誰よりも頻繁に発言します。上手とは言えない日本語で、自分の意見を主張するばかりか、他の人の意見に対して反論します。このときあなたは、「やっぱりアメリカ人は自己主張が強いな」と文化背景にその原因を求めるでしょう。しかし、アメリカ人が皆この留学生の例のように議論好きとは限りません。この人の持って生ま

れた性格なのかもしれません。ひょっとしたら、この留学生は大学の弁論部で鍛えてきた議論の達人かもしれません。あるいは日本語の上達のために機会があれば日本語を使おうと決めていた努力家なのかもしれません。こういうときに役立つのが「文化―個人」の問答です。行動様式を、文化もしくは個人の特徴のどちらか片方に帰属させるのではなく、その両方であることに思いをはせましょう。

「個人―社会的役割」の問答

　私たちは、社会的な役割に応じたコミュニケーションをする場合もあれば、個人の個性を出してコミュニケーションをする場合もあります。たとえば教師は、先生としての役割を前面に出して学生に説教することもあれば、その人となりがふと表れるときもあります。訪問先の企業で迎えてくれた人があなたの荷物を持ってくれたのは、客であるあなたに対するホストとしての役割行動なのか、純粋な個人の親切心やあなたへの好意から出た行動なのか、判断できないことがあります。私たちはどんなに社会的な役割に準じた行動をしても、自分らしさを100パーセント隠すことはできないはずです。相手の言動の中に、役割とその人らしい行動の両方が合わさっていることを意識しましょう。

「相違」―「類似」の問答

　私たちは文化間の違いに注目しがちですが、同時に類似点に注目することも必要です。二つの文化には必ず類似点も相違点もあります。たとえば、日本では靴を脱いで家に入りますが、海外では靴を履いたまま家の中に入るのが一般的なところも多数あります。日本でも昔の家の土間では履物を履きます。同様にアフリカやアジアの村の家では煮炊きをする所は寝室とは別にあり履物を履いて作業します。このよ

うに家と言ってもどこまで靴またはサンダルなどの履物で動き回るのかは、文化（自然環境、家の構造、習慣など）によって違います。しかし、どんな家でも寝るときには、履物を脱ぎます。そして、通常、寝るところはベッドなどで地面より高いところにあります。寝るところを大事にし、段差があるところで靴を脱ぐと考えれば、日本の玄関にある段差の意味は、玄関を上がれば、和室があり畳で寝るという習慣と関連しているのかもしれません。文化を比較する時の観点として大切な問答です。

「変化－不変」の問答

　文化には、あまり変化しない静的な部分と、ダイナミックに変化していく部分とがあります。バングラデシュでは、農村の女性はあまり街に出て行きません。農作物を市場に売りに行くのも、市場で商売をしているのもほとんどが男性です。イスラム文化の影響もありますが、この生活スタイルは何年たってもあまり変わっていません。しかし、昨今では、村の女性貧困者でも携帯電話を持っています。雨期に村が孤立したときも携帯電話があれば情報交換できるのです。村から一歩も外に出なくても他の村の女性と話せるのです。このように文化にはなかなか変化しない部分と、ニーズと条件が合えば瞬く間に新しい生活スタイルに変わっていく部分があります。

「歴史・過去－現在・未来」の問答

　現在の人々を理解するのにも、過去や歴史の影響抜きには考えられません。現在では日本の女性もかなり社会進出を果たしていますが、先進国の中では、女性国会議員の数、企業などで役職についている人の数などは、相当低いのが実情です。[1] 女性の大学進学率や生き方のオプションの広がりを見ているとかなり自由になったようにも思います

が、夫婦共稼ぎの家族でも、「家事・子育て・介護」の負担は女性が担うという状況はあまり変化していません。日本におけるジェンダーの問題を考えるには、過去と現在の比較、制度導入の影響、たとえば男女雇用均等法の影響、その光と影、経済状況の影響などこれまでたどってきた制度的変化や生活水準の変化などを、歴史の中に位置づけて考える必要があります。また未来の社会に向けて少子化を解消しようとする努力の中でどのような言説が強くなってきているかなど、過去・現在・未来を通して問答する視点が必要となります。

特権―不利益の問答

　円高のときに海外旅行に出かければ、日本人は有利な立場に置かれますが、観光地ではそれを見越して日本人とその他の外国人観光客とを区別して対応することもあるかもしれません。たとえば、アジアなどに行くと何でも安いと感じ、現地語での挨拶も抜きに我が物顔で買い物をしていると、帰りのタクシーで大回りされ、通常以上の値段を請求されることもあるでしょう。また、逆に知らない土地で地図を持って途方に暮れた顔をしていれば、町の人がすぐに声をかけてくれることもあります。混みあったバスでは、無理をしてでも席を空け、優先的に座らせようとしてくれたりします。このように日本人風に見える自分の容姿が、海外では自分の意図とは別に、日本人であることを特権として行使できる立場になったり不利益をこうむる立場に立たされたりします。

　国籍、ジェンダー、年齢、人種、民族、経済的な差、見かけ、などについても同様に、完全に得をすることばかりでもなければ、100パーセント損をするということもないという考え方で、メタ的にコミュニケーションを分析するうえでも役立つ問答でしょう。

5 異文化コンピテンスに関する問答

　最後に異文化コンピテンスそのものに関する問答を見てみましょう。これまで、グローバル・マインドやローカル・アフェクトとして、また文化の問答として、異文化コンピテンスについて述べてきました。異文化に対応するためにどのような能力や知識が必要となるか分かっていただけたことと思います。しかし、皆さんの中には、行った先の文化の知識は必要ないのか？現地の言語能力は必要ないのか？相手が日本語を話せないときは外国語能力も必要ではないのかという疑問を持つ人がいるでしょう。この点に関係するのが、「文化一般的能力－文化特定的能力」という問答です

「文化一般的能力－文化特定的能力」の問答

　これまでの異文化コンピテンスの研究においては、文化一般的能力と文化特定的能力を分けて考えてきました（Gudykunst, 1991; Spitsberg & Changnon, 2009）。文化一般的能力とは、特に対象文化を特定せずに、様々な人々とコミュニケーションを図り互いを尊重しながら、多文化社会で生きていくための基礎的な力です。スポーツにたとえると、筋力や走る力などの基礎体力のようなものです。基礎体力がないと強いスポーツ選手にはなれません。上で述べたグローバル・マインドもローカル・アフェクトも文化一般的能力に相当します。どこか特定の国に出かけるときも、日本にいて多様な人々と共存していくうえでも必要になる基礎的な力です。

　一方、文化特定的能力は、バレーボール、野球など特定のスポーツをするための技術やルールの知識に相当します。いくら基礎体力があっても、バットの持ち方やスイングの仕方を知らないと野球はできません。同様にブラジルに滞在するのにポルトガル語もブラジルについての知識もまったく持たないのでは、表面的な異文化接触に終わってし

まうでしょう。たとえ相手が日本語の流暢な人であっても、相手の言語や文化の知識を持っていると、コミュニケーションを円滑に運ぶことができ、相手を深く理解することにつながるでしょう。その人が育った社会・文化のありようや、その人の思考を媒介し生活を支えてきた言語や行動様式を知ることは、その人をよく理解しようということなのです。

外国語の学習について
　自分の母語以外の言語を人間関係の樹立や維持、就職や生活のために使ってみる経験をすることは、その文化的観点を理解しそれに合わせたり、話し相手の視点を考慮しながら自分の意思を分かってもらうことです。母語ほどは自由に使えない言語で自己を表現すると、自分らしさが表出できず、アイデンティティに影響することもあります。一人前の大人であるはずなのに、歳相応の言語表現ができず、それが異文化での位置取りに関わると屈辱を経験します。日本人にとって、日本語以外のことばで「生きてみること」によって、日本にやってくる外国人の気持ちも分かるでしょう。外国語を学習し使えるようになる過程で、人はすでに多くの異文化接触を経験しているものです。また言語と文化の不可分な関係から、そのことばを学習することで、その文化の視点に身を置いてみることができるのです。

　以上のように異文化接触の場面において、さまざまに自分で問答し、遭遇する事象を多角的な視点で理解しようとする態度が重要です。

6 異文化コンピテンスは、どのように訓練できるのか

　以上述べてきたことからもう分かったと思いますが、異文化コミュ

ニケーションの能力は、普段の生活の中で、人とのコミュニケーションを大事にすること、自己開示をすること、相手を理解しようとすること、できるだけ多様な人と付き合い対話をすることで訓練できるのです。より多様な人と出会い、多様な生き方に触れるためには、実際に日本の外に出てみることも勧めます。

コミュニケーションの基礎体力を身につけ、コミュニケーションのエネルギーを養いましょう。そのためには知識という資源も必要です。また、感性やコミュニケーションプロセスへの気づきを促す基礎的なトレーニング法もあるので少し見ていきましょう。

6.1 グローバル・マインドとローカル・アフェクトの鍛え方
6.1.1 自分の感性をゆさぶってみる

誰でもどこでもできる方法で自分の感性の力に気づく訓練から取り組んでみましょう。たとえば、現在、履修している大学の授業で、自分がいつも座る定位置はありますか。座席指定で座るところが決まっていないのに、いつもだいたい同じところに座っていませんか。それでは、今日は、いつもとまったく違う場所にあえて座って授業を受けてみましょう。先生の声の響き、黒板の見やすさ、周りにいるクラスメートの様子などいつもと違う環境にいる自分の気持ちを受け取ってみてください。どんな感じですか。落ち着かないですか。さほど変わらないですか。それとも、抵抗がありますか。たとえ少しの抵抗感があっても実践してみてください。ささやかなことのようですが、異文化に行くときの気持ちを少し味わえます。異文化に行くとは、抵抗感や違和感があるものであり、それを乗り越えるからこそ自分に自信がつくのです。

次にもっと感性をゆさぶるには、丸一日携帯電話を持たずに過ごしてみましょう。または、時計を持たずに行動してみましょう。携帯電

話や時計がないと不便になるだけでなく、友だちとの連絡が取りにくくなり不安にもなるでしょう。しかし、それでもいつもどおりの生活を送るには、何とかしようと知恵が働くものです。周囲をよく見て時計を探したり、人に時刻を聞いたりなど、いつもとは違う行動をとる必要があるでしょう。それがどれだけできるかが自分自身へのチャレンジです。そんなこと面倒だ、と思えばそれまでです。何か新しいことに気づくためには、エネルギーがいるのです。

6.1.2　自己の中の葛藤に耳を傾ける

　感性を鍛えるには、あえて自分でいつもと違う行動をとる他に、さまざまな状況で悩む自分に気づき、素直に心の葛藤に耳を傾けることでも鍛えられると思います。

　筆者（久保田）は、スタディ・ツアーでゼミの学生をバングラデシュなど発展途上国に連れていくことがあります。バスなどで突然物乞いの親子や酸をかけられ焼けただれてのっぺりした顔の婦人[2]などに出合うと、知識としては、どのような境遇の人々か理解できても、感情的にはあまりのショックで早く私の目の前から立ち去ってほしいと願ってしまいます。

　中島（2009）は、自分の感情に対して誠実であることと、信念に対して誠実であることを提唱し、「差別する自分」を頭から断罪するのではなく「差別したい自分」と「差別したくない自分」とのせめぎあいを正確に測定しなさいと述べています。たとえば、バングラデシュの物乞いが、片手で子どもを腰に乗せて抱き、もう一方のやせ細った腕を動かし、つぼめた手を何度か口にあて、食べ物のためのお金をくれとジェスチャーで迫ってきます。そのようなとき、心の中では、目の前の人を「かわいそうに」と哀れんだり、「組織に雇われ演技しているのでは？」と疑ったり、「もう十分哀れんだから、早く消えてもらいたい」

「小銭がないことを理由に無視しよう」と思ったり、何もできない自分に嫌悪感を持ったりと葛藤が起きます。中島(2009)は、このように「差別感情に真剣に向き合うとは、「差別したい自分」の声に耳を絶えず傾け、その心を切り開き、抉り出す不断の努力をすることなのだ。こんな苦しい思いまでして生きていたくない。むしろ、すべてを投げ打って死にたいと願うほど、つまり差別に苦しむ人と「対等の位置」に達するまで、自分の中に潜む怠惰やごまかしや冷酷さと戦い続けることなのだ」(p. 219)と述べています。このような自分自身のなかで沸き起こる葛藤も自分の感性なのだと受け止め、機会があればそれを他者と話し合い、常にどう対応すべきか考えていくことは重要だと思われます。単に、ステレオタイプ的に「物乞」＝「かわいそうな人」と捉え、お金を与え、忘れさるのではなく、さまざまに沸き起こる自分自身の差別感情を意識し、友だちと話し合ったりして、どれだけ自分の心の葛藤と向き合うことができるかが、異文化を通して感性を鍛える第一歩でもあるでしょう。

6.1.3 共感力をつける

　物乞いに遭遇して心の葛藤が起きるのは、ある程度、相手の立場に立っていろいろなことが考えられるからかもしれません。それには、共感力を身に付ける必要もあるでしょう。共感力と言っても特別なものではありません。たとえば、2011年3月に起きた東日本大震災でさまざまな境遇に置かれた被災者の話を知って、自分の生活と重ね合わせて気持ちが揺らいだ人は大勢いることでしょう。それは、皆、同情だけでなく共感力を持っているからです。特に阪神淡路大震災を経験した人は、テレビで次々に映し出される津波の惨状を見てトラウマに陥りそうになり、あわててテレビを消したと言います。これほど共感することは、しんどいことでもあるのです。

前述したとおり、共感は相手と自分は違うという前提で相手の立場に立って感じるものです。相手の立場に立ってものが見られるようになるには、それだけ知識や想像力も豊かでなくてはならないでしょう。他者に対して共感すると、それだけ視野が広がり自分が一回り大きくなります。つまり以前とは違う自己の世界観ができ、沸き起こる考えや感情が誰のものなのか整理がつくようになってくるのです。その時点で他者に対して単に同情している自分と、共感して他者を理解している自分も区別できるようになります。

6.1.4 評価を即決で下さない態度を育成する

　異文化に接した時は、自分の生活習慣とは違う環境に行くので、何か変、いやだなと違和感に気づくことが多々あります。たとえば、インドやバングラデシュでは、右手でカレーを食べます。はじめは誰もが手で食べることに抵抗感を持ちます。手で食べるので「食べにくい」という理由ではなく、手で食べるのは「汚い」という抵抗感です。このように抵抗感や違和感を感じた時こそ、異文化を理解する絶好の機会なのです。人は、何か負の感情が起きるとすぐにそれをもとに評価してしまいます。つまり、「手で食べるのは汚い」だからバングラデシュ人はいやなんだという具合にです。しかし、そのようなときこそ負の感情から出発し、自分が他者をどのように判断しているかに自覚的になる必要があります。異文化においてこのように人は自分のやり方と違う反応や違和感のある言動に出会ったとき、まずむかついたり、相手を非難したりします。つまり相手に対する評価（Evaluation）が最初に起こりがちです。そこで、負の感情が起きたらすぐに評価するのではなく、自分の反応を冷静に分析するために、まず、現象を、正確に記述・描写（Description）することから始めます。次に、それを自分がどのように解釈したか（Interpretation）を考え、その解釈にもと

づいて評価が行われたことに気づくことです。つまり、「手で食べる」という描写→「カレーはスプーンで食べるものだ」という自分の常識にもとづく解釈→「手で食べるのは汚い」という評価に至ったということです。その次に相手、つまりバングラデシュ人の立場に立って同じ現象を見直してみましょう。「カレーを手で食べている」ことは確かですが、よく観察すると食べる前に手を入念に洗っており、日本人が寿司を握るように軽くご飯とカレーを混ぜて握って、親指で押し出すようにして口に入れています。手のひら全体を汚してはいません。一定の作法を守って食べています。衛生上、手を洗っているのは日本と同じですし、食べる作法が見えてくれば、その食べ方は美しくもあります。日本人もにぎり寿司は作法として手で食べ、その食べ方によっては上品さが加わるのと同じ感覚です。つまり日本でも、バングラデシュでも、手で食べるという習慣はおかしいことではないと評価できます。このように相手の立場にたって考えることで、現象の描写の仕方や解釈や評価が変わってきます。このように、評価→解釈→描写を逆転し、描写→解釈→評価（D.I.E.）の順番で違和感を感じた現象を分析する態度が身につけば、自ずと多角的な視点と評価を留保する能力が身についてくるはずです。さらに機会があれば、バングラデシュ人にカレーを手で食べることをどのように解釈しているか、またどのように評価しているかを聞いてみるのもよいでしょう。

6.1.5 ジャーナルをつける

　異文化接触の場面では、異文化に対する違和感を覚えるだけでなく、自分の思い通りに行かない場面や仕事が予定通りに進まない場面などでイライラしたり、頭にきたり、相手に対して怒りを感じたりすることが多々あります。そのときには、とり急ぎ手短なノートになんでも感じたことを書くことが気持ちの整理に役立つことがあります。感情

がゆさぶられ怒りを感じていれば、どこかにそれをぶつけたいものです。それを単に愚痴として他者に投げかけるだけでは、気づきが生まれません。そこで、とにかくノートに書きなぐってみるのです。昨今では、ブログを書く習慣を持っている人もいるでしょう。ブログは一般に公開されていることが多いので、それを意識すれば次第にトーンダウンされたことばで書けるようになります。単に自然な気持ちに任せて書くのならブログではなくノートに書いて、気持ちを整理してみましょう。

　気持ちが落ち着いたら、感情を交えず現状を描写し、さまざまな解釈を考えてみます。その際に、相手側の置かれている立場を把握できる情報を積極的に得たり、異文化の知識があれば、正しい解釈に到達する可能性は高くなります。

6.1.6　知識を積極的に得る

　相手の立場に立って考えられる共感力を伸ばすには、知識も重要になってきます。グローバリゼーションの時代を迎え、ヒト、モノ、資本が国境を越えて急激に動く時代にその現象を的確に捉え対応方法を教授することが必要です。しかし日本の小・中・高等学校では、このような内容を扱う教科はあまりありません。

　そこで、グローバル・マインドを持つためには、自分で意識してニュースを聞くこと、メディアに触れること、できるだけ多様な人と情報や意見交換をすること、多くの本を読むことです。特に異なった文化について書かれた本、外国の人が書いた本や小説を読むことも視野を広げます。今世界がどのような状況にあるのか、日本と世界のいろいろな国の経済的な状況などについて知ることや、序章に書いたように、グローバル化の影響でローカルに何が起こっているのかその関連を考えてみる視点も必要です。また、章末の資料で示したサイトから情報

を得ることもできます。グローバル・マインドを持つためにはインターネットの検索技術を身につけることも必要でしょう。

6.2 教育的アプローチ

学校教育の一環としては、総合学習の時間で開発教育や国際理解教育として扱ったり、社会・公民や国語・外国語科目などで教師の任意による取り組みでグローバルな視点について学ぶ機会があります。ここでは異文化の人々と交流したり、日本の中でも共同体経験をすることによりコミュニケーション能力を鍛える試みを紹介します。

6.2.1 グループ・プロジェクトにより実践共同体を経験する

コミュニケーション能力は、個人に属する能力として捉えることができますが、コミュニケーションは個人を越えた共同体プロセスです。それゆえ、コミュニケーション能力は他者とのコミュニケーションを経験しないと本当の意味で発達しないのではないかと考えています。素振りやランニングなどの基礎訓練は個人でもできますが、実際に試合をしないと、野球やサッカーなどの共同体的スポーツが本当にできるようにはならないように、コミュニケーション能力を発達させるためにコミュニケーションの醍醐味を経験することが必要になります。

実践の共同体に参加することを通して、私たちが共同で物事をやっていくその作業の分担や、お互いの弱いところを補い合って何かをつくり上げていくプロセスを経験することにより、共同作業を経験します。コミュニティに参加し、その中で役割やアイデンティティの変化を経験することもできます。たとえば、英語の授業の一環として行われる模擬国連のプロジェクトでは、学生が協働で問題解決のためにリサーチや、議論をすることで対話能力や、批判的思考を養うことができます（Yashima & Zenuk-Nishide, 2008）。また実践共同体としての

国際ボランティア活動に参加してみることで、若者の異文化コンピテンスや社会的スキルが上昇しエスノセントリズムが低下したという結果も得ています（Yashima, 2010）。

　もちろん、私たちは社会で生きていくなかで複数の実践共同体に参加し、その中で文化の一員と成っていくのですが、上の例のように教育の一環として実践共同体をつくり文化への参加を経験する試みも有効でしょう。

6.2.2　ICT(Information Communication Technology)を介した国際交流学習を活用する。

　皆さんは、インターネット上のSNS（ソーシャル・ネットワーク・システム）やブログなどで物理的に距離が離れている人と交流する機会があるでしょう。英語だったら英語圏の人と中国語だったら中国語圏の人と交流範囲を広げていくことができます。しかし英語や中国語で交流しているからと言っても必ずしも相手がアメリカ人や中国人とは限りません。英語を話すガーナ人や中国語に興味があるイギリス人かもしれません。現代は、インターネットを介してボーダレスに人の出会いが可能な時代です。個人がさまざまな異文化の人と接触することが異文化の人への偏見を軽減し、異文化コンピテンスを身につける機会となると言われています（Allport, 1954）。海外旅行、国外留学、ボランティア活動などさまざまな活動に従事するだけでなく、ICTを利用すれば、小・中・高校の教室にいても国際交流を通して異文化接触の機会は生み出すことができる時代です。発展途上国に派遣されている国際ボランティアの人と交流したり（久保田他, 2003）、シリアと日本の小学生が共同して1枚の絵を完成させる（久保田・岸, 2008）など、ICTを介すことで、個人的な接触の機会を増やすことができます。また共同作業をすることで、相手を単純なカテゴリーで判断するので

はなく個人として見ることができるようになります。さらに、ICTを介した交流では相手の身体的特徴などによる印象を抜きに、互いに対等な立場になって意見交換をすることができ、それが偏見を軽減する機会となることが知られています。

このように、ICTを介してまず交流してみるということは、単に海外の人と交流するというだけでなく、他者の視点の獲得にも役立ち、私たちの認識をさらに豊かにしてくれるものと言えましょう。

7 グローバリゼーションの時代に備えて

グローバリゼーションの時代にあって、人々はますます多量の情報をネットから得、効率を重んじて行動しようとします。それだけ言語や映像による情報に取り囲まれ翻弄されています。言い換えればそれだけ言語に依存した生活を送り、五感のうち文字映像や写真など視覚と言語音声から得る情報を重視しがちです。しかし、人間のコミュニケーションの営みを考えれば、これは偏った情報だと言わざるを得ません。このために本書では、シンボルを解釈するという意味でのコミュニケーションだけでなく、五感で体感するような、原初的なコミュニケーションの重要性を強調してきました。そして本章でも、グローバル・マインドという認知的なコンピテンスに加えて、ローカル・アフェクトを磨くことの大切さを述べました。

2011年の3月に東日本大震災が東北・関東を襲いました。地震の揺れや津波の映像をどんなに見ても、現場がどのようになっているのかなかなか分かりません。しかし、現地に行って報告するあるリポーターが、現地のにおいや音などを細かく描写していました。また、映像だけでは伝わらない状況をよりリアルに再現していました。リポーターも感性豊かでなければ、通り一遍の表現で終わってしまうでしょう。

このようにリポーターという仕事一つをとっても、自らの感性を磨き、自分自身が体感したことを豊かな表現力で視聴者に伝える能力が要求されていることが分かります。

　またこの震災において、日本人の我慢強さと協調性が試されました。海外のメディアの多くは、あの過酷な状況にあった被災地の人々が感情に流されず、我慢強く助け合って生きていること、犯罪が起こらないことに畏敬の念を込めた記事を報道していました。極限でも道徳感が保たれ、我慢強く他者を思いやれる、そのような日本人の姿が被災地で避難所の中で暮らす人のなかに見られたのです。このような共生する心とからだを持った日本人の良さが維持され、さらにより多様な人々との共存に向けてこれまでの日本人と少し違った能力を開発していくためのヒントを書いてきたつもりです。それは変化する世界に対応できる多様性に開かれた人をつくるということです。

　本書では、若者が、異文化コミュニケーション論について学びながら、文化やコミュニケーションについて考える機会をつくってきました。自分たちの周りで起こっている多文化化の現象に気づき、それとどう向き合っていくかを考えていただく第一歩になるようにというのが私たちの願いです。最後に、グローバル社会を生き抜くための異文化コンピテンスとして、グローバル・マインドとローカル・アフェクトをどのように磨くかについても述べました。本書で述べたことが、皆さんが、グローバル化する世界において、豊かに、柔軟に、そして自分らしく生きていくうえで少しでも役に立つことを祈っております。

注
1. 世界経済フォーラム（WEF）の2023年版「Global Gender Gap Report」（世界男女格差報告書）によると日本のジェンダーギャップ指数は146カ国中125位で過去最低である。他はアイスランド（1位）、英国（15位）、フィリピン（16位）、米国（43位）。
2. 花嫁の持参金（ダウリー）が不十分などの理由でいやがらせで酸を顔にかけられることがある。

◆日本語のサイト

国連開発計画（UNDP）駐日代表事務所：持続可能な開発目標
https://www.jp.undp.org/content/tokyo/ja/home/sustainable-development-goals.html

文部科学省：白書・統計・出版物
https://www.mext.go.jp/b_menu/b005.htm

国土交通省　観光庁：統計情報・白書
https://www.mlit.go.jp/kankocho/siryou/index.html

出入国在留管理庁
http://www.immi-moj.go.jp/toukei/

独立行政法人　国際協力機構：JICA海外協力隊など
https://www.jica.go.jp/volunteer/index.html

◆英語のサイト

国連開発計画（UNDP）：Human Development Reports
http://hdr.undp.org/en/data

Peace Corps（アメリカ平和部隊）
https://www.peacecorps.gov/

ActionAid International（国際開発NGO）
https://actionaid.org/

Global Nomads Group（若者の国際交流）
https://gng.org/

Education in Ontario（カナダ　オンタリオ州　多文化社会の教育事例）
https://www.ontario.ca/page/education-ontario

（2024年3月時点）

引用・参考文献

アリスン, A.（著）実川元子（訳）（2010）『菊とポケモン――グローバル化する日本の文化力』新潮社

Allport, G. W. (1954) *The nature of prejudice*. Reading, MA: Addison-Wesley.

Anderson, P. A. (1999) *Nonverbal communication: Forms and functions, 1st edition*. Mountain View CA: Mayfield.

安藤昭・赤谷隆一（2007）「昆虫（コオロギ科）の発音を刺激とする場合の音の評価に関する日本人とアングロサクソン系欧米人についての比較研究」『土木学会論文集D』63, p. 233-41.

青沼智（2010）「ことば・文化・帝国主義」池田理知子（編著）『よくわかる異文化コミュニケーション』ミネルヴァ書房

朝日新聞「"アイム・ソーリー"もっと素直に使おう」『朝日新聞 夕刊』2001年5月12日

朝日新聞「後を絶たぬ「外国人お断り」」『朝日新聞 朝刊』2008年10月5日

浅井亜紀子・宮本節子（2009年10月）「インドネシア人看護師・介護福祉士候補者をめぐる文化接触の課題」第8回多文化関係学会年次大会発表

東洋（1994）『日本人のしつけと教育――発達の日米比較にもとづいて』東京大学出版会

東照二（2009）『人を惹きつける「ことば戦略」――ことばのスイッチを切り替えろ！』研究社

Barna, L. M. (1994) Stumbling blocks in intercultural communicaton. In L. A. Samovar & R. E. Porter (Eds.), *Intercultural communication: A reader, 7th edition* (pp. 337-46). Belmont, CA: Wadsworth.

Barnlund, D. C. (1968) *Interpersonal communication: Survey and studies*. Boston: Houghton Mifflin.

Barnlund, D. C. (1975) *Public and private self in Japan and the United States*. Tokyo: Simul Press.

バーンランド, D. C.（著）西山千・佐野雅子（訳）（1979）『日本人の表現構造――

公的自己と私的自己・アメリカ人との比較』サイマル出版会

Bennett, M. J. (1979) Overcoming the golden rule: Sympathy and empathy. In D. Nimmo (Ed.) *Communication Yearbook 3* (pp. 407-22). Beverly Hills, CA: Sage.

Bennett, M. J. (1986) A developmental approach to training for intercultural sensitivity. *International Journal of Intercultural Relations, 10,* 179-96.

Bernstein, B. (1971) *Class, codes and control, vol 1: Theoretical studies towards a sociology of language.* London: Routledge & Kegan Paul.

Berry, J. W., Kim, U., Power, S., Young, M. & Bujaki, M. (1989) Acculturation attitudes in plural societies. *Applied Psychology: An International Review, 38,* 185-206.

Birdwhistell, R. L. (1970) *Kinesics and context essays on body motion communication.* Philadelphia: University of Pennsylvania Press.

Bourdieu, P. (R. Nice, Trans.) (1977) *Outline of a theory of practice.* Cambridge: Cambridge University Press.

Bourdieu, P. (Gino Raymond & Matthew Adamson, Trans.) (1991) *Language and symbolic power.* Cambridge: Polity Press.

Brislin, R. W. (1981) *Cross-cultural encounters: Face-to-face interaction.* Elmsford, NY: Pergamon.

Burgoon, J. K., Buller, D. B. & Woodall, W.G. (1996) *Nonverbal communication: The unspoken dialogue, 2nd Edition.* NY: McGraw-Hill.

Byram, M. (2008) *From foreign language education to education for intercultural citizenship: Essays and reflections.* Clevedon: Multilingual Matters.

Canagarajah, A. S. (1999) *Resisting linguistic imperialism in English teaching.* Oxford: Oxford University Press.

Carbaugh, D. (1995) "I can't do that!" But I "can actually see around corners.": American Indian students and the study of public "communication". In J. N. Martin, T. K. Nakayama, and L. A. Flores (Eds.) *Readings in intercultural communication: Experiences and contexts, 2nd edition.* (pp. 138-48). NY: McGraw Hill.

Cargile, A. C. (1997) Attitudes toward Chinese-accented speech: An investigation in two contexts. *Journal of Language and Social Psychology, 16,* 434-43.

Chiba, R., Matsuura, H. & Yamamoto, A. (1995) Japanese attitudes toward English accents. *World Englishes,* 14, 77-86.

鄭喜恵・八島智子（2006）「在日韓国人の言語使用とアイデンティティ」『多文化関係学』3, p. 142-49.

Cronkhite, G. (1986) On the focus, scope, and coherence of the study of human symbolic activity. *Quarterly Journal of Speech, 72,* 231-46.

Dalton-Puffer, C., Kaltenboeck, G. & Smit, U. (1997) Learner attitudes and L2 pronunciation in Austria. *World Englishes, 16,* 115-28.

Dewaele, J. M. (2010) *Emotions in multiple languages.* Basingstoke, UK: Palgrave Macmillan.

土居健朗（1971）『「甘え」の構造』弘文堂

Eibl-Eibesfeldt, I. (1972) *Love and hate: The natural history of behavior patterns.* NY: Holt, Rinehart and Winston,（アイブル＝アイベスフェルト, I.（著）日高敏隆・久保和彦（訳）（1986）『愛と憎しみ――人間の基本的行動様式とその自然誌』みすず書房）

Ekman, P. & Friesen, W. V. (1969) The repertoire of nonverbal behavior: Categories, origins, usage, and coding. *Semiotica, 1,* 49-98.

Engeström, Y. (1987) *Learning by expanding: An activity theoretical approach to developmental research.* Helsinki, Finland: Orienta-Konsultit.

Giles, H., Bourhis, R. Y. & Taylor, D. M. (1977) Towards a theory of language in ethnic group relations. In H. Giles (Ed.) *Language, ethnicity, and intergroup relations* (pp.307-348). London: Academic Press.

Giles, H., Coupland, J. & Coupland, N. (Eds.) (1991) *Contexts of accommodation.*

Cambridge: Cambridge University Press.

Giles, H. & Noels, K. A. (2002) Communication accommodation in intercultural encounters. In J. N., Martin, T. K. Nakayama, & L. A. Flores, (Eds.) *Readings in intercultural communication* (pp. 117-26). Boston: McGraw-Hill.

グッドマン, R.（著）長島信弘・清水郷美（訳）（1992）『帰国子女：新しい特権層の出現』岩波書店（Goodman, R. (1990) *Japan's "international youth": The emergence of a new class of schoolchildren*. Oxford: Oxford University Press.）

Gudykunst, W. B. (1991) *Bridging differences*. Newbury Park, CA: Sage Publications.

Gullahorn, J. T. and Gullahorn, J. E. (1963) An extention of the U-curve hypothesis. *Journal of Social Issues, 19,* 33-49.

萩原滋（1996）「日本のテレビCMにおける外国要素の役割」川竹和夫・杉山明子（編著）『メディアの伝える外国イメージ』（p. 113-31）圭文社

萩原滋（2004）「日本のテレビ広告に現れる外国イメージの動向」『メディア・コミュニケーション』（慶應義塾大学メディア・コミュニケーション研究所紀要）54, p. 5-26.

Hall, E. T. (1959) *The silent language*. NY: Doubleday and Company.

Hall, E. T. (1966) *The hidden dimension,* NY: Random House.

Hall, E. T. (1976) *Beyond culture*. NY: Anchor Books.

ホール, E. T.（著）國弘正雄・長井善見・斎藤美津子（訳）（1966）『沈黙のことば——文化行動思考』南雲堂

ホール, E. T.（著）日高敏隆・佐藤信行（訳）（1970）『かくれた次元』みすず書房

ホール, S.（著）小笠原博毅（訳）（1998）「文化的アイデンティティとディアスポラ」『現代思想』26, p. 90-103.

ホール, S.（著）宇波彰（訳）（2000）「誰がアイデンティティを必要とするのか？」ホール, S.・ドゥ・ゲイ, P.（編）『カルチュラル・アイデンティティの諸問題——誰がアイデンティティを必要とするのか？』(pp. 1-35) 大村書店

原尻英樹（1995）「日本における異文化間教育の理念――在日朝鮮人研究の立場から」『異文化間教育』9, p. 98-111.

橋爪大三郎（1988）『はじめての構造主義』講談社

畠山けんじ・久保雅一（2000）『ポケモン・ストーリー』日経ＢＰ社

ハウエル, W. S.・久米昭元（1992）『感性のコミュニケーション――対人融和のダイナミズムを探る』大修館書店

林吉郎・永田アデア・山本喜久江・コミサロフ, A.（2010）「異文化コミュニケーション――現在、過去、未来」『異文化コミュニケーション』13, p. 13-38.

Hofstede, G. (1980) *Culture's consequences: International differences in work-related values.* Beverly Hills, CA: Sage.

Hofstede, G. (1991) *Cultures and organizations: Software of the mind.* NY: McGraw-Hill.

Hofstede, G. (2001) *Culture's consequences, comparing values, behaviors, institutions, and organizations across nations, 2nd Edition.* Thousand Oaks CA: Sage.

ホフステード, G.（岩井紀子・岩井八郎訳）（1995）『多文化世界――違いを学び共存への道を探る』有斐閣

本名信行（2010，6月）「多文化共生時代の英語教育――English across cultures」特別講演　大学英語教育学会中部支部研究会

市村尚久・早川操・松浦良充・広石英記（編）（2003）『経験の意味世界をひらく――教育にとって経験とは何か』東信堂

池上嘉彦（1984）『記号論への招待』岩波書店

池上嘉彦・山中桂一・唐須教光（1994）『文化記号論』講談社

Inglehart, R. & Welzel, C. (2005) *Modernization, cultural change, and democracy: The human development sequence.* Cambridge: Cambridge University Press.

Ishii, S. (1984) *Enryo-sasshi* communication: A key to understanding Japanese interpersonal relations. *Cross Currents, 11,* 49-58.

石井敏・岡部郎一・久米昭元（著）古田暁（監修）（1987）『異文化コミュニケーション――新・国際人への条件』有斐閣

Ivy, D. K. & Wahl, S. T. (2009) *The nonverbal self communication for a lifetime.* Boston, MA: Allyn & Bacon.

加賀美常美代（2007）『多文化社会の葛藤解決と教育価値観』ナカニシヤ出版

金沢吉展（1992）『異文化とつき合うための心理学』誠信書房

Kanno, Y. (2000) Kikokushijo as bicu-ltural. *International Journal of Intercultural Relations, 24,* 361-82.

片倉もとこ（2008）『ゆとろぎ――イスラームのゆたかな時間』岩波書店

加藤周一（2007）『日本文化における時間と空間』岩波書店

川竹和夫・杉山明子（編著）（1996）『メディアの伝える外国イメージ』圭文社

経済産業省（2010）「産学官でグローバル人材の育成を～産学人材育成パートナーシップ」グローバル人材育成委員会「報告書」http://www.meti.go.jp/press/20100423007/20100423007-3.pdf

Kim, T. Y. (2009) The sociocultural interface between ideal self and ought-to self: A case study of two Korean students'ESL motivation. In Z. Dörnyei, & E. Ushioda (Eds.), *Motivation, language identity, and the L2 self* (pp. 274-294). Clevedon, England: Multilingual Matters.

Kim, Y. Y. (2001) *Becoming intercultural.* Thousand Oaks, CA: Sage.

金泰泳（1999）『アイデンティティ・ポリティクスを超えて――在日朝鮮人のエスニシティ』世界思想社

北山忍（1998）『自己と感情――文化心理学による問いかけ』共立出版

Kluckhohn, F. R. & Strodtbeck, F. L. (1961) *Variations in value orientations.* Chicago: Row, Peterson.

Knapp, M. L. (1972) *Nonverbal communication in human interaction.* NY: Holt, Rinehart and Winston.

Kobayashi, Y. (2006) Interethnic relations between ESL students. *Journal of Multilingual & Multicultural Development, 27,* 181-96.

国連開発計画（UNDP）（2010）「人間開発報告書2010」http://www.undp.or.jp/publications/pdf/1011.pdf

久保田真弓（1986）「生まれ変わり」『第21回NHK厚生文化事業団心身障害福祉賞実践記録入選集』p. 16-27.

久保田真弓（2001）『「あいづち」は人を活かす——新しいコミュニケーションのすすめ』廣済堂出版

久保田真弓・岸磨貴子（2008）「海外との交流学習の展開」水越敏行・久保田賢一（編著）『ICT教育のデザイン』（p. 235-56）日本文教出版

久保田真弓・小池浩子・徳井厚子（2003）「インターネットを利用した異文化理解教育——青年海外協力隊員と高校生の交流」『異文化間教育』17, 38-51.

鯨岡峻（1997）『原初的コミュニケーションの諸相』ミネルヴァ書房

鯨岡峻（2002）『〈育てられる者〉から〈育てる者〉へ——関係発達の視点から』日本放送出版協会

久米昭元・長谷川典子（2007）『ケースで学ぶ異文化コミュニケーション——誤解・失敗・すれ違い』有斐閣

Kume, T., Tokui, A., Hasegawa, N. & Kodama, K. (2001)「A comparative study of communication styles among Japanese, Americans, and Chinese: Toward an understanding of intercultural friction.」『神田外国語大学COE先端的言語理論の構築とその多角的な実証——ヒトの言語を組み立て演算する能力を語彙の意味概念から探る 2001年報告書』（p. 361-402）

呉智英（1997）『現代マンガの全体像』双葉社

栗原彬（1996）「差別とまなざし」『講座 差別の社会学2　日本社会の差別構造』弘文堂

リップマン, W.（著）掛川トミ子（訳）（1987）『世論 上』岩波書店

Liska, J. & Cronkhite, G. (1995) *An ecological perspective on human communication theory.* Fort Worth: Harcourt Brace College Publishers.

李洙任・田中宏（2007）『グローバル時代の日本社会と国籍』明石書店

Lutz, C. (1988) *Unnatural emotions: Everyday sentiments on a Micronesian atoll and their challenge to Western theory.* Chicago: University of Chicago Press.

Lysgaard, S. (1955) Adjustment in a foreign society: Norwegian Fulbright grantees visiting the United States. *International Social Science Bulletin, 7,* 45-51.

Martin, J. N. & Nakayama, T. K. (2007) *Intercultural communication in context, 4th edition.* NY: McGraw Hill.

Martin, J. N. & Nakayama, T. K. (2008) *Experiencing intercultural communication—An introduction, 3rd edition.* NY: McGraw Hill.

丸山真純（2006）「時間と文化──「時計時間」と「自然時間」「出来事時間」」橋本満弘・畠山均・丸山真純『教養としてのコミュニケーション』（p. 148-79）北樹出版

松沢哲郎（1995）『チンパンジーはちんぱんじん──アイとアフリカのなかまたち』岩波書店

松沢哲郎（2002）『進化の隣人──ヒトとチンパンジー』岩波書店

McNamara, T. F. (1987) Language and social identity: Israelis abroad. *Journal of Language and Social Psychology, 6,* 215-28.

Mehrabian, A. (1968) Communication without words. *Psychology Today, 2,* 52-55.

マレービアン, A.（著）西田司・津田幸男・岡村輝人・山口常夫（訳）（1986）『非言語コミュニケーション』聖文社（Mehrabian, A. (1981) *Silent messages: Implicit communication of emotions and attitudes, 2nd edition.* Belmont, CA: Wadsworth.）

箕浦康子（1984）『子供の異文化体験──人格形成過程の心理人類学的研究』思索社

Minoura, Y. (1992) A sensitive period for the incorporation of a cultural meaning system: A study of Japanese children growing up in the United States. *Ethos,*

20, 304-39.

箕浦康子（2002）「日本における文化接触研究の集大成と理論化」平成12年度〜13年度科学研究費補助金基盤研究（C）（2）課題番号12610118　研究成果報告書

宮島喬（1999）『文化と不平等——社会学的アプローチ』有斐閣

宮島喬（2003）『共に生きられる日本へ——外国人施策とその課題』有斐閣

モリス, D., コレット, P., マーシュ, P. & オーショネシー, M.（著）多田道太郎・奥野卓司（訳）（1992）『ジェスチュア——しぐさの西洋文化』角川書店（Morris, D., Collett, P., Marsh, P., & O' Shaughnessy, M. (1979) *Gestures, their origin and distribution,* London, Jonathan Cape Ltd.）

Morita, N. (2004) Negotiating participation and identity in second language academic communities. *TESOL Quarterly, 38,* 573-601.

村松泰子（1997）「2.3　テレビCMのジェンダー分析」鈴木みどり（編）『メディア・リテラシーを学ぶ人のために』（p. 100-20）世界思想社

長尾隆司（2004）「コオロギで探る人間の心」『At home time』http://www.athome-academy.jp/archive/biology/0000000165_all.html

中垣優子（2011）「日本語アシスタントの「再適応」プロセス——異文化体験から日本への帰国を経て」関西大学外国語教育学研究科修士論文

中島和子（2010，3月）「カナダの継承語・バイリンガル教育と日本の年少者言語教育」関西大学大学院外国語教育学会第4回研究大会

中島義道（2009）『差別感情の哲学』講談社

中村伊知哉（2003）「ポップカルチャー政策概論」*RIETI Policy Discussion Paper Series 04-P-008,* p. 1-15.

中村和夫（2004）『ヴィゴーツキー心理学　完全読本』新読書社

中村真（1991）「情動コミュニケーションにおける表示・解読規則——概念的検討と日米比較調査」『大阪大学人間科学部紀要』17, p. 115-45.

中野恵美子（1997）「テレビ・ドラマとマイノリティ市民――「障害者」の問題を中心に」鈴木みどり（編）『メディア・リテラシーを学ぶ人のために』（p. 121-45）世界思想社

Nanda, S. & Warms, R. L. (1998) *Cultural anthropology, 6th edition.* Belmont, CA: Wadsworth.

ネウストプニー, J. V.（1982）『外国人とのコミュニケーション』岩波書店

ＮＨＫ放送文化研究所（世論調査部）（2011）『2010年国民生活時間調査報告書』平成23年2月

西田ひろ子（編）（2000）『異文化間コミュニケーション入門』創元社

西田ひろ子（編）（2003）『日本企業で働く日系ブラジル人と日本人の間の異文化間コミュニケーション摩擦』創元社

西田司・西田ひろ子・津田幸男・水田園子（1989）『国際人間関係論』聖文新社

Nishizaka, A. (1995) The interactive construction of inter- culturality: How to be a Japanese with words. *Human Studies, 18,* 301-26.

Noels, K. A., Pon, G. & Clément, R. (1996) Language, identity and adjustment. The role of linguistic self-confidence in the acculturation process. *Journal of Language and Social Psychology, 15,* 246-64.

野村雅一（1983）『しぐさの世界――身体表現の民族学』日本放送出版協会

Norton, B. (2000) *Identity and language learning: Gender, ethnicity and educational change.* London: Longman.

Ontario Ministry of Education (1989) *Media literacy: Resource guide,* Queen's printer for Ontario, Toronto.（カナダ・オンタリオ州教育省（編）FCT（訳）（1992）『メディア・リテラシー――マスメディアを読み解く』リベルタ出版）

大渕憲一（1992）「実験室から現実の社会へ――日本人とアメリカ人の対人葛藤」渡辺文夫・高橋順一（編）『地球社会時代をどう捉えるか――人間科学の課題と可能性』（p. 18-37）ナカニシヤ出版

大谷麻美（2007）「異文化間コミュニケーションにおけるtopic-shift――何がミスコ

ミュニケーションを引き起こすのか」『日本英語コミュニケーション学会紀要』16, p. 1-14.

大谷麻美（2010）「言語コミュニケーション——文化の価値観とコミュニケーションスタイル」塩澤正・吉川寛・石川有香（編）大学英語教育学会（監修）『英語教育学大系第3巻　英語教育と文化——異文化間コミュニケーション能力の養成』（p. 53-59）大修館

Orbe, M. (1998) *Constructing co-cultural theory: An explication of culture, power, and communication.* Thousand Oaks, CA: Sage.

ペルクゼン, U.（著）糟谷啓介（訳）（2007）『プラスチック・ワード——歴史を喪失したことばの蔓延』藤原書店（Poerksen, U. (1995) *Plastic words—The tyranny of a modular language.* PA: Penn State Press.）

ピンカー, S.（著）椋田直子（訳）（1995）『言語を生みだす本能　上』日本放送出版協会

Ranta, L. & Meckelborg, A. (2009) *How much exposure do international graduate students really get? Measuring language use in a naturalistic setting.* Unpublished manuscript.

リッチモンド, V. P. & マクロスキー, J. C.（著）山下耕二（編訳）（2006）『非言語行動の心理学——対人関係とコミュニケーション理解のために』北大路書房

Rogers, E. M. & Steinfatt, T. M. (1999) *Intercultural communication.* Prospect Heights, IL: Waveland Press.

ルフィン, Z.（1999）『ゾマホンのほん』河出書房新社

佐伯胖（1995）『「学ぶ」ということの意味』岩波書店

櫻井孝昌（2009）『アニメ文化外交』筑摩書房

Samovar, L. A., Porter, R. E. & McDaniel, E. R. (2007) *Communication between cultures, 7th edition.* Boston, MA: Wadsworth Cengage.

佐藤郡衛（1997）『海外・帰国子女教育の再構築——異文化間教育学の視点から』玉川大学出版部

Schramm, W. (1954) How communication works. In W. Shramm (Ed.) *The process and effects of mass communication* (pp. 3-26). Urbana, IL: University of Illinois Press.

関口知子（2001）「在日日系ブラジル人生徒のアイデンティティの全体像」『異文化間教育』15，p. 162-87.

関口知子・宮本節子（2004）「姫路市小中学生の学習意欲格差：多文化教育のための予備研究」『姫路工業大学環境人間学部研究報告』6, p. 89-102.

Shannon, C. & Weaver, W. (1949) *The mathematical theory of communication.* Urbana, IL: University of Illinois Press.

渋谷真樹（2001）『「帰国子女」の位置取りの政治──帰国子女教育学級の差異のエスノグラフィー』勁草書房

渋谷真樹（2006, 6月）「カルチュラルスタディーズにおける文化とアイデンティティ──ディアスポラな経験への接近」異文化間教育学会第28回大会　ケースパネル発表

Siegal, M. (1996) The role of learner subjectivity in second language sociolinguistic competency: Western women learning Japanese, *Applied Linguistics, 17,* p. 356-82.

Spitzberg, B. H. & Changnon, G. (2009) Conceptualizing intercultural competence. In D. K. Deardorff (Ed.) *The SAGE handbook of intercultural competence* (pp. 2-52). Thousand Oaks: SAGE Publications.

菅原和孝（2010）『ことばと身体──「言語の手前」の人類学』講談社

スターン, D. N.（著）小此木啓吾・丸田俊彦（監訳）神庭靖子・神庭重信（訳）（1989）『乳児の対人世界　理論編』岩崎学術出版社（Stern, D. N. (1985) *The Interpersonal world of the infant : A view from psychoanalysis and developmental psychology.* NY: Basic Books, Inc.）

鈴木一代（1995）「インドネシアと日本人」渡辺文夫（編）『異文化接触の心理学──その現状と理論』(p. 39-45) 川島書店

鈴木みどり（編）（1997）『メディア・リテラシーを学ぶ人のために』世界思想社

鈴木みどり（編）（2003）『Study Guide メディア・リテラシー〈ジェンダー編〉』リベルタ出版

鈴木孝夫（1973）『ことばと文化』岩波書店

Tajfel, H. (1974) Social identity and intergroup behavior. *Social Science Information, 13,* 65-93.

Tajfel, H. (1981) Human groups and social categories: *Studies in social psychology.* Cambridge: Cambridge University Press.

高橋正夫・シャロン, S. B.（1996）『「ガイジン」生徒がやって来た──「異文化」としての外国人児童・生徒をどう迎えるか』大修館書店

竹内オサム（2005）『マンガ表現学入門』筑摩書房

田村紀雄（1999）『コミュニケーション──理論・教育・社会計画』柏書房

田中克彦（1981）『ことばと国家』岩波書店

田中共子（2000）『留学生のソーシャル・ネットワークとソーシャル・スキル』ナカニシヤ出版

田中義久・小川文弥（編）（2005）『テレビと日本人──「テレビ50年」と生活・文化・意識』法政大学出版局

Tannen, D. (1991) *You just don't understand: Women and men in conversation.* NY: Ballantine Books.

The World Values Survey Association. *World Values Survey.* Retrieved from http://www.worldvaluessurvey.org/ on November 18, 2011.

Tomasello M. (1999) *The cultural origins of human cognition.* Cambridge, MA: Harvard University Press.

友沢昭江（2010年7月）「移動する子どもの言語教育──日本型の移民社会の可能性との関連において」多文化関係学会中部・関西地区研究会

Trager, G. L. (1958) Paralanguage: A first approximation. *Studies in Linguistics, 13,* 1-12.

津田幸男（1991）『英語支配の構造——日本人と異文化コミュニケーション』第三書館

角田忠信（1978）『日本人の脳——脳の働きと東西の文化』大修館書店

上野千鶴子（編）（2005）『脱アイデンティティ』勁草書房

Ward, C., Bochner, S. & Furnham, A. (2001) *The psychology of culture shock, 2nd edition.* London: Routledge.

Ward, C., Okura, Y., Kennedy, A. & Kojima, T. (1998) The U-curve on trial: A longitudinal study of psychological and sociocultural adjustment during crosscultural transition. *International Journal of Intercultural Relations, 22,* 277-91.

Yamada, H. (1992) *American and Japanese business discourse: A comparison of interactional styles.* Norwood, NJ: Ablex.

Yamada, H. (1997) *Different games, different rules: Why Americans and Japanese misunderstand each other.* NY: Oxford U.P.

山岸俊男・ブリントン, M. C.（2010）『リスクに背を向ける日本人』講談社

山ノ内裕子（1999）「在日日系ブラジル人ティーンエイジャーの「抵抗」——文化人類学と批判的教育学の視点から」『異文化間教育』13, p. 89-103.

柳田邦男（1991）『事実の核心』文春文庫

八島智子（2004）『第二言語コミュニケーションと異文化適応——国際的対人関係の構築をめざして』多賀出版

Yashima, T. (2010) The effects of international volunteer work experiences on intercultural competence of Japanese youth. *International Journal of Intercultural Relations, 34,* 268-282.

Yashima, T. & Zenuk-Nishide, L. (2008) The impact of learning contexts on proficiency, attitudes, and L2 communication: Creating an imagined international community. *System, 36,* 566-585.

八代京子・町恵理子・小池浩子・吉田友子（1998）『異文化トレーニング——ボー

ダレス社会を生きる』三修社

吉田佐治子（2002）「マンガと理解」坂元昂（監修）高橋秀明・山本博樹（編著）『メディア心理学入門』（p. 39-53）学文社

好井裕明（2010）「女／男であること」串田秀也・好井裕明（編）『エスノメソドロジーを学ぶ人のために』（p. 76-94）世界思想社

吉武正樹（2001）「アメリカ合衆国における大学院講義内のコミュニケーション――留学生を取り巻く「民主的領域」」『ヒューマン・コミュニケーション研究』（日本コミュニケーション学会）29，p. 57-75.

人名索引

あ

アイブル＝アイベスフェルト／I. Eibl-Eibesfeldt 129
浅井亜紀子と宮本節子 230
東照二 103
東洋 62
アリスン／A. Allison 201-03
池上嘉彦 90, 118
石井敏／S. Ishii 30, 99
イングルハート／R. Inglehart 75-77
ウィーバー／W. Weaver 23, 25, 36
ウォード／C. Ward 212, 214-15
エクマンとフリーセン／P. Ekman & W. V. Friesen 119, 121
オルブ／M. Orbe 82-83
大渕憲一 101
オールポート／G. W. Allport 247

か

カーガイル／A. C. Cargille 109
加賀美常美代 231
片倉もとこ 133
カナガラヤ／A. S. Canagarajah 106, 111
金沢吉展 214, 241, 246
カーボー／D. Carbaugh 68
カンノ／Y. Kanno 226
北山忍 61
キム／Y. Y. Kim 220-21, 223, 226
鯨岡峻 39-44, 264, 266
久保田真弓 127, 196, 282
久米昭元／T. Kume 44, 80, 100

クラックホーンとストロードベック／F. R. Kluckhohn & F. L. Strodtbeck 71-72
栗原彬 255-56

さ

佐伯胖 66
佐藤郡衛 225
渋谷真樹 169, 176
シャーノン／C. Shannon 23-25, 36
ジャイルズ／H. Giles 102
ジャイルズとノエルズ／H. Giles & K. A. Noels 102
シュラム／W. Schramm 26-28
鈴木孝夫 93
鈴木みどり 184-85, 191
関口知子 176, 225

た

タジフェル／H. Tajfel 168
田尻智 202
田中共子 231
ダルトン＝パファー C. Dalton-Puffer 109
チバ／R. Chiba 109
津田幸男 28, 109-10
角田忠信 143
ディズニー／W. Disney 200, 202-03
デワール／J. M. Dewaele 107, 174
土居健郎 62
トマセロ／M. Tomasello 64-66

な

中島義道 237, 247, 254-56, 276-77
西田司 28, 95
西田ひろ子 28, 60, 69, 95, 229
ネウストプニー／J. V. Neustupn'y 174, 219, 253
ノートン／B. Norton 224

は

林吉郎 69
バーランド／D. C. Barnlund 28-29, 95, 138-39
バルナ／L. M. Barna 237
ハーン、ラフカディオ／L. Hearn 61
バーンスタイン／B. Bernstein 104
ピンカー／S. Pinker 89
ブリスリン／R. W. Brislin 241-42, 244-45, 257
ブルデュー／P. Bourdieu 56, 63, 76, 83, 108
ベネット／M. J. Bennett 220-22, 267
ベリー／J. W. Berry 222-23
ホフステッド／G. Hofstede 72-75
ホール、エドワード／E. T. Hall 69, 93, 96-97, 104, 118-19, 131-32, 134-35
ホール、スチュアート／S. Hall 168-69, 176

ま

マーティンとナカヤマ／J. N. Martin & T. K. Nakayama 10, 54, 63, 68, 83, 98, 164, 166-67, 268
マレービアン／A. Mehrabian 151-53, 252
箕浦康子／Y. Minoura 58, 82, 92, 172
宮島喬 56, 225
モリタ／N. Morita 227

や

八島智子／T. Yashima 224, 227, 281-82
柳田邦男 197
山岸俊男 & ブリントン, M. C. 232-33
山ノ内裕子 176
吉武正樹 227

ら

ラッツ／C. Lutz 61
リスガード／S. Lysgaard 211
リップマン／W. Lippmann 186-87, 239
ルフィン、ゾマホン／Zomahoun Idossou Rufin 242

事項索引

あ

ICT (Information Communication Technology) 282-83
あいづち 127-28, 130
アイデンティティ 14, 73, 82, 106-09, 157-79, 202, 219, 222-27, 231, 251, 255, 274, 281
アイデンティティ・オプション 225
アイデンティティの表象 109
アイデンティティ形成 173
アイデンティティ葛藤 224
アイデンティティ交渉 224
あからさまな偏見／red-neck racism 241, 244
アカルチュレーション 222-23, 232
アクション性 34
アジア 2-3, 7, 62, 71, 73, 194, 209, 227
アダプター（適応動作） 121, 128
アナログ（類推性） 34-35, 147
アニメーション（アニメ） 192, 197-98, 200-04
アバター 143-45
アフェクト・ディスプレー（感情表出） 121, 128-29
甘え 62, 217-18
甘えのスクリプト 218
アメリカ 6-8, 14, 30, 53, 58, 68-69, 71-73, 82-83, 97-101, 112, 120, 130-32, 139, 142, 160, 163, 164-66, 172, 175, 182, 187, 192, 200-03, 208, 211, 227-28, 251-52, 254, 284
ある特定の価値を表す機能／The value-expressive function 246
暗示的（インプリシット）コミュニケーション 252-54
意識 127-29, 148-49
意識のグローバリゼーション 4-5
意図 27, 41, 148
異文化コンピテンス 17, 260, 273-75, 282
異文化接触 8-9, 87, 207-34, 238, 242-43, 251, 253, 273-74, 279

異文化センシティビティ発達モデル 222
異文化対話力 263
異文化適応 209, 211, 213, 220, 226, 228, 230
異文化への移動 210-11, 213-14, 222, 224, 227, 230
イラストレータ（例示動作）.. 121, 126, 147, 149
違和感 16, 56-60, 88, 127, 160, 165, 173, 195-96, 204, 213, 218, 233, 262, 278-79
インターカルチュラル・アイデンティティ 223
インターネット 64, 143, 145, 170, 183-84, 201, 203, 210, 233, 282
英語の覇権 111-12
エスノセントリズム（自民族中心主義／自文化中心主義）...................... 237, 250-51, 282
エネルギー 12, 37, 263, 275-76
エンブレム（表象）.. 46-47, 119, 121, 124-26, 154
遠慮—察しコミュニケーション・モデル 30, 99
オープンな心... 268

か

海外子女.. 225
絵画記号.. 200
外国語の学習 111, 274
外国人 238, 272
外国人性 173, 219
解釈／Interpretation 278
解釈の違い 237, 252
解読化 27, 32
開発教育.. 281
回避／avoid/and withdraw 248
外部自己フィードバック 30
会話のコンテクスト 170
顔の表情......................... 13, 45, 118-19, 121, 126-27, 129, 144, 146, 150-53, 253

画一化	187
価値観	66-67, 70-71, 73, 76-77, 79
価値観の文化比較	70
価値次元の国際比較	72-73
価値次元比較	78-79
価値志向	71-72
価値前提	71, 78
葛藤	101, 106, 167, 186, 223-24, 231, 276-77
葛藤の解決	101
カテゴリー	10, 89, 91, 105, 163-64, 166-68, 172, 176-78, 224, 234, 239-40, 250, 282
上座、下座	136
カルチャーショック	210-11, 213, 230
環境要素	142-43
韓国	4, 6-7, 14, 58, 74, 111, 129, 136-37, 139, 160, 163, 165, 172, 174, 179, 194, 226, 250-51, 260, 270
感情移入	267
感情表現	152, 173
感情制御	262
感性的コミュニケーション	42-43, 61
感性をゆさぶる	275
感能的同調	266
擬音語・擬態語	45, 86, 189
聞き手	15, 26, 32, 40-41, 127-28
記号	44, 47, 59, 90-91, 104, 118
記号化	27-28, 30, 32
帰国子女	68, 176, 208, 224-26, 232
儀式的コミュニケーション	63
記述・描写／Description	278
キャッチコピー	189-90, 204

教育的アプローチ	281
共感	7, 44, 87, 239, 266-68, 277-78
共感力	267, 277, 280
共生する身体	266
強調／accenting	150
極度の不安	237, 251-52
近接空間（プロクセミックス）	134
空気を読む	62
クール	203
クラッシュ	67-68, 70
グループ・プロジェクト	281
グローバリゼーション	1-17, 182, 204, 261, 280, 283
グローバル・マインド	2, 4-5, 17, 197, 232, 249, 260-61, 263, 268, 273, 275, 280, 284
訓練	9, 17, 89, 108, 170-71, 177, 209, 216, 252, 274-75, 281
経験	33, 210-11, 234, 265, 267-68, 281
経験の場／a field of experience	27, 29
経済連携協定（EPA）	229
継承語	106-07, 110-11, 174, 177, 224
継承語の維持	107
継承語バイリンガル教育	106
計数性（デジタル）	34-35, 147
言語教育政策	107, 110-11
言語権	110
言語コミュニケーション	34-35, 86, 102, 117, 120, 151, 153-54, 253
言語シフト	224
言語社会化	173
言語習得の敏感期	173
言語政策	105, 110
言語と思考	87, 90-91

言語と認識	87, 92, 105
言語の相対的地位や力／ethnolinguistic vitality	102
言語表現	152, 274
現実	186, 188
原初的コミュニケーション	43, 65, 266
権力の格差	73-75
広告	55, 182, 188-90, 193-94, 197, 203-04, 242
構築主義的	168
公的自己	95
行動様式	9, 53, 55, 57, 60-61, 66, 76, 81, 166, 174, 213, 219, 225, 229, 270-71, 274
行動選択の幅	263
高文脈型コミュニケーション	69, 93, 96-97, 99
功利的、適応的機能／The utilization or adjustment function	245
交流モデル／The Transactional Model	28-30, 32, 117
高文脈・低文脈型コミュニケーション	93, 96
声	25, 35, 45, 130, 134-35, 144, 149, 150, 152-53, 253
コード	118, 266
コード・スイッチング	102, 106
コーピング	210, 216
五感で文化を体感する能力	265
国際交流学習	282
国際理解教育	281
国籍	6, 9, 162-63, 167, 169, 177, 232, 272
個人主義	72-76, 79
個人主義的	69, 71-73, 271
「個人—社会的役割」の問答	269-70
個人的アイデンティティ	159, 169
固定的	26, 79, 83, 105, 177, 186, 189, 194
ことばの暴力／antilocution	247, 250

コミュニケーション・スタイル	14, 17, 43, 68, 80-81, 94, 96-98, 100-02, 215, 261
コミュニケーション・モデル	23, 30-32, 42, 49
コミュニケーションの構成要素	31
コミュニケーションの修復	34
コミュニケーションの阻害要因	17, 235-57
コミュニケーションの問題	9, 16, 60, 230, 253
コミュニケーション調整理論	102
コミュニケーション能力	21, 216-17, 281
コミュニティへの参加	217, 219
コンテクスト（文脈）	15, 35, 96-97, 162, 189
コンフリクト（意見の衝突）	248

さ

在日コリアン	163, 165, 179
在日日系ブラジル人	176
サイン	44-48, 118, 122, 154-55
雑音源（ノイズ）	23, 25
雑種的なもの／hybridity	82
サピア・ウォーフの仮説	87, 89-90
サブカルチャー	81, 132
差別／discrimination	248
差別行為	249
差別的行為	237, 247, 250, 255-56
差別的まなざし	237, 244, 249, 254-57
CM	55, 190-91, 193-94, 203
恣意性	90
恣意的な関係	46, 121
ジェスチャー	13, 47, 102, 121-24, 144, 148-49, 153, 252-53, 276
ジェンダー	10, 14, 16, 68, 74, 81, 91, 98, 101, 162, 183, 190-91, 213, 232, 251, 272, 284

ジェンダー・アイデンティティ	161
自我防衛的機能／The ego-defensive function	245
時間の概念	131
自己開示	94-96, 113, 275
自己開示の文化比較	95
視線	121, 126, 144, 146
自他のカテゴリー化	172
実践共同体	281-82
私的自己	95
シニファン（記号表現）	90
シニフィエ（記号内容・意味されるもの）	90
自文化相対的	221
自文化中心的	221-22
ジャーナル	279
シャーノンとウィーバーのモデル	23, 25, 36
社会化	13, 67, 83, 87, 97, 173, 239, 266
社会的アイデンティティ	159, 162, 166, 168-69, 177
社会的アイデンティティ理論	168
社会的現実／social reality	105-06
社会文化的適応	212, 214-15
謝罪の文化	63, 99
集団主義	72-73, 75, 78
集団主義的	69, 71, 271
柔軟性	7, 268
周辺言語	120, 130, 144
儒教的ダイナミズム	73-74
手話	34, 119-20
障害者	105, 169, 249
象徴的偏見／symbolic racism	241-42

情報機能／The knowledge function 246
（女）性差別 241
人工品 140-41
人種差別 241, 250
身体障害者 196-97
身体的特徴 139-40, 166, 224, 283
身体動作 119-21, 146-47, 154
シンプトム／symptom 44-45, 47-48, 118, 154
シンボル／symbol 34, 44, 46-48, 63, 86-87, 90, 96, 118, 154, 283
シンボル活動 48
心理的適応 212
スキーマ 59-60, 217, 239
スキーマ・スクリプト 59, 215
スキーマの齟齬 60, 215, 229
スクリプト 60-61, 63, 217-18
ステレオタイプ 16-17, 81-82, 184, 186-87, 189, 194, 196, 237, 239-41, 245, 247, 251, 277
ストレス 171, 211, 213-16, 220, 230
ストレス・アダプテーション・成長モデル 220-21
ズレ 189, 199
制限コードと複雑コード／restricted code and elaborated code 103-04
性差別（Sexism：セクシズム） 241, 250-51
政治的に正しい（PC）表現 105, 164
「生存」対「自己表現」 76-77
世界の区切り方 88
席順 136-37
セックス 183, 190, 251
接触行動 137-39
線的モデル／The Linear Model 23-25, 32
センブランス／semblance 44-48, 86, 118, 129, 154

「相違―類似」の問答 269-71
相互構築／transaction 33
相互作用性／intereaction 33
相互作用モデル／The Interactional Model 26, 29, 31-32
創造力 263
ソーシャル・スキル 218-19
ソーシャル・ネットワーク・システム（SNS） 143, 282
ソング 61-62

た

ターン 80, 100
大虐殺／extermination.. 250
体験 27, 46, 90, 208, 215, 264-66
大衆文化 192
対人関係の意味空間 92, 105, 172-73
対人距離 134-35, 153
態度 109, 237-38, 240, 242, 246, 251-54, 268, 278-79
対等の位置 237, 277
ダイナミック 15, 33, 151, 153, 261, 271
第2言語 107, 174
第2言語と感情 107
代用／substituting 149
対話能力 281
対話力 262-63
多言語使用 105, 107
多チャンネル性 146
Wカーブ 212-13
ダブルバインド 263
多文化化 2, 5-8, 17, 53, 107, 165, 209, 228, 261, 284

| 事項索引

多文化国家 228
多文化社会 1-17, 141, 196-97, 249, 273
多民族国家 8, 163
多様性 79, 168, 200, 284
単純化 186-87, 194, 223, 240
男性らしさ対女性らしさ／masculinity vs. feminity 74
違い 10, 53, 94, 172, 174, 202, 215, 236-37, 255, 257
力関係 14, 104-05, 227, 255, 257, 267
力差 14, 81, 101-02, 104, 108-09, 112, 176, 228
地球市民 264
知識 31, 59-60, 69, 76, 108, 166, 217, 224, 227, 229, 244, 246, 273-76, 278, 280
チャンネル（媒体） 25, 32, 135, 146, 153
中国 2-4, 6-9, 14, 53, 58, 74, 81, 125, 164, 174, 182, 194, 209, 226, 247, 268, 282
鳥獣戯画 198
調整／regulating 150
直感的コミュニケーション（能力） 264-65
沈黙 68, 100, 130, 253
ディアスポラ・アイデンティティ 168-69
ディズニー 200, 202-03
手がかり 28-29, 35, 117, 153
テクノアニミズム 203
デジタル（計数性） 34-35, 147
テレビ 155, 183, 191-97, 200, 243, 277
テレビ会議 127, 144-45
テレビ番組 55, 71, 103, 113, 125, 149, 194-96, 203
伝達 21, 41-42, 44, 67, 120, 144, 152-53, 201, 253
「伝統的」対「世俗的・理性的」 76
同期型メディア 144
投射 246

同情	267-68, 277-78
闘争の場としての文化	82
動的な過程	33, 54
トークン的偏見／tokenism	242
時と場合による偏見／arms-length prejudice	243
時計時間	132
「特権—不利益」の問答	269, 272
努力	12, 37, 216-17, 226-28

な

内部自己フィードバック	30-31
ナショナル・アイデンティティ	162-63
ニュース	185
人間関係	35, 62, 68, 70-72, 92-93, 101, 116-17, 120, 131, 136, 155, 215, 217, 229, 231
人間と自然の関係	72
人称代名詞	92-93
認知・情動・行動	58
認知・情動・行動のパターン	54, 64
ノイズ	25, 32
能動—受動の交叉モデル	39

は

バイカルチュラル	223
ハイフォン付きのアメリカ人	164-65
話し手	26-27, 32, 109, 127
話す権利	14
ハネムーン期	211-12
ハビタス	55-57, 61-62, 83
バングラデシュ	106, 125-26, 139, 142, 178, 250, 270-72, 276, 278-79

判断留保	262
反復／repeating	126, 150-51
非言語コード	118-20, 143-46, 154-55, 266
非言語コミュニケーション	13, 48, 80, 86, 115-55, 252-54
非言語メッセージ	12, 15, 28, 35, 116, 118-19, 148-51, 155, 239
ビゴツキー派	91
必然的な関係	44, 90
否定形の不在	148-49
否定的な感情	240-41, 251
非同期型メディア	144
批判的思考	281
批判的に読み解く力	191, 204
評価／Evaluation	278
評価的な態度	237, 251-52
表現方法	124, 173, 198-99
描写→解釈→評価（D.I.E.）	279
フィードバック	27
不快感／the familiar and unfamiliar	128, 237, 244, 251, 254, 257
不確実性の回避／uncertainty avoidance	74
負の感情	278
文化一般的能力	273
「文化一般的能力—文化特定的能力」の問答	273
文化学習	64
文化間の移動	14
文化圏	38
文化産業	201, 203
文化実践への参加	218
文化資本	57, 108, 225-26
文化資本不適合	225

「文化—個人」の問答	269
文化的アイデンティティ	109, 168, 172-73
文化的自己	172
文化的実践	13, 54, 59-62, 66
文化的スクリプト	217
文化特定的能力	273
文化とパワー	82-83
文化の一般的傾向と個人の傾向	75
文化的規範	68, 218
文化の共有や継承	87
文化の問答	268, 273
文化の共有、継承、変化	54-66
文化表示ルール	129
文化普遍的な感情の表出	154
文化文法	172-73, 215, 217
文化モデル	68
変化・差異に開かれたアイデンティティ	177
「変化—不変」の問答	271
偏見	16, 32, 165, 168, 187, 237, 240-48, 250-51, 254, 256-57, 282-83
偏見の機能（役割）	244-45
偏見の種類	254
暴力・暴動／physical attack	249
ポケットモンスター	200-01, 203-04
ポスト構造主義	91
ポストコロニアル	106
補足／complementing	149-51
ポップカルチャー	201
ポリクロニックな時間（Pタイム）	131
ポリティカル・コレクトネス／Political correctness, PC	105, 164

本質化／essentialize 79
本当の好き・嫌い／real likes and dislikes 244, 257

ま

マイノリティ 163, 166, 224-25, 234
マイノリティのアイデンティティ 166
マクロの視点 261
マクロレベルの文化差 70
マジョリティのアイデンティティ 166
マルチチャンネル 153
マルチプル・アイデンティティ 162
マレービアンの法則 151-52
マンガ 197-200, 203, 205
マンガ的記号 198
マンガ文化 197
民族的アイデンティティ 163-67
民族文化的バイタリティ 226
無意識 127-29, 148, 266
無国籍 201
矛盾／contradicting 150-51
メッセージ 25-35, 40, 42, 96, 98, 116-19, 140-41, 144-46, 148, 153, 253
メッセージの内容 35
メディア 22, 33, 82, 144-45, 170, 183-87, 196-97
メディア・リテラシー 16, 183-85, 187, 191, 197, 203-04, 262
目標言語や言語の話し手に対する態度／language attitudes 109
文字記号 200
モノクロニックな時間（Mタイム） 131

や

Uカーブ 211-13, 220

ら

リエントリー・ショック 213-14
力動感／vitality affect 40, 43
リズム 103, 126-27, 130, 196, 264
理性的コミュニケーション 42-44, 264
類推性（アナログ） 34-35, 147
ルール違反 253
「歴史・過去―現在・未来」の問答 271
レギュレータ（発話調整子） 126-27, 150
連続性 35, 146-47, 168, 176
ローカル・アフェクト 2, 5-7, 17, 249, 260-61, 264, 268, 273, 275, 284

わ

話題転換 100
笑い 37, 61, 130

著者紹介

八島智子（やしま・ともこ）

関西大学外国語学部・大学院外国語教育学研究科教授を経て現在名誉教授。博士（文化科学・岡山大学）。専門は応用言語学と異文化コミュニケーション論にまたがる。主な研究テーマは、第二言語習得の社会・文化的な側面、および情意的側面、第二言語使用と異文化接触・アカルチュレーション。主な著書には、『第二言語コミュニケーションと異文化適応——国際的対人関係の構築をめざして』（多賀出版、2004）、『外国語学習とコミュニケーションの心理』（関西大学出版会、2019）、分担執筆に *Motivation, Language Identity and the L2 self* (2009, Multilingual Matters、7章担当) および *Handbook of Language and Intercultural Communication* (2012, Routledge、3章担当)、主要論文としては "Influence of attitudes and affect on willingness to communicate and L2 communication." *Language Learning*, 54. (2004)、"The effects of international volunteer work experiences on intercultural competence of Japanese youth." *International Journal of Intercultural Relations*, 34, (2010) など。この他、文科省検定済高等学校英語科教科書『セーリング』および教授用指導書の執筆、『応用言語学事典』、『異文化コミュニケーション事典』など事典の項目執筆にも関わってきた。

久保田真弓（くぼた・まゆみ）

関西大学総合情報学部・大学院総合情報学研究科教授を経て現在名誉教授。インディアナ大学スピーチ・コミュニケーション研究科にてPh.D.取得。専門は非言語コミュニケーションおよびコミュニケーション論。青年海外協力隊に従事したことから開発教育の視点も重視している。主な研究テーマは、人間のコミュニケーションにおける身体の役割、国際理解教育とICTの活用など。

主な著書には、『「あいづち」を活かす』（廣済堂、2001）。共同編著に『異文化コミュニケーション事典』（春風社、2012）、分担執筆に「アクションリサーチ」末田清子他編著『コミュニケーション研究法』（ナカニシヤ出版、2011）、「第7章 異文化間コミュニケーション」山本雅代他編著『異文化間教育のとらえ直し』（明石書店、2016）、共訳にキャロライン・モーザ『ジェンダー・開発・NGO——私たち自身のエンパワーメント』（新評論、1996）主要論文に「日中韓比合同アクティブラーニング・セミナーにおける「学び」—企画・運営・実施・参画の観点から—」『関西大学高等教育研究』9. (2018)、What is "Communication"?—Beyond the Shannon & Weaver's Model. *International Journal for Educational Media and Technology*, 13(1). (2019)などがある。

異文化コミュニケーション論
グローバル・マインドとローカル・アフェクト

2012年10月20日　初版第1刷発行
2024年 4 月10日　初版第7刷発行

著　者　八島智子／久保田真弓

発行者　森　信久
発行所　株式会社　松柏社
　　　　〒102-0072　東京都千代田区飯田橋1-6-1
　　　　電話03 (3230) 4813
　　　　電送03 (3230) 4857
　　　　http://www.shohakusha.com

印　刷　中央精版印刷株式会社

装　幀　小島トシノブ
本文レイアウト組版　木野内宏行 (ALIUS)

Copyright © 2012 by Tomoko Yashima, Mayumi Kubota
ISBN978-4-7754-0184-2
Printed in Japan

定価はカバーに表示してあります。
落丁・乱丁本は送料小社負担にてお取り替えいたしますので、ご返送ください。
本書の無断複写 (コピー) は著作権法上での例外を除き禁じられています。